VIDA MINHA

DOMINGOS OLIVEIRA
VIDA MINHA
AUTOBIOGRAFIA

1ª edição

EDITORA RECORD
RIO DE JANEIRO • SÃO PAULO
2014

CIP-BRASIL. CATALOGAÇÃO NA PUBLICAÇÃO
SINDICATO NACIONAL DOS EDITORES DE LIVROS, RJ

O45v

Oliveira, Domingos, 1936-
Vida minha / Domingos Oliveira. – 1. ed. – Rio de Janeiro: Record, 2014. il.

ISBN 978-85-01-06700-5

1. Oliveira, Domingos, 1936-. 2. Atores e atrizes de cinema – Brasil – Biografia. I. Título.

14-14949

CDD: 927.92
CDU: 929:792.071.2

Copyright © Domingos Oliveira, 2014

Encarte: Axel Sande/Gabinete de Artes

Todos os direitos reservados. Proibida a reprodução, armazenamento ou transmissão de partes deste livro através de quaisquer meios, sem prévia autorização por escrito. Proibida a venda desta edição em Portugal e resto da Europa.

Texto revisado segundo o novo Acordo Ortográfico da Língua Portuguesa.

Direitos exclusivos desta edição reservados pela
EDITORA RECORD LTDA.
Rua Argentina, 171 – 20921-380 – Rio de Janeiro, RJ – Tel.: 2585-2000

Impresso no Brasil

ISBN 978-85-01-06700-5

Seja um leitor preferencial Record.
Cadastre-se e receba informações sobre nossos lançamentos e nossas promoções.

Atendimento direto ao leitor:
mdireto@record.com.br ou (21) 2585-2002.

Sem Bach, Deus seria diminuído. Sem Bach, Deus seria um tipo de terceira ordem. Bach é a única coisa que pode nos dar a impressão de que o universo não é um projeto fracassado.

Se existe algo absoluto, é Bach.

Bach compromete a ideia do Nada. Sem Bach eu seria um niilista absoluto. Portanto, não foi o homem que inventou Deus. Deus é um sentimento de Bach. Tal é o poder da Arte.

SUMÁRIO

PARTE UM   Primeiros tempos

1. Fotografias	13
2. Carmelita e jardim de infância	19
3. De Botafogo ao Leblon	22

PARTE DOIS   Eliana

1. O sofá grená	41
2. Faculdade	50
3. Primeira boêmia	54
4. Os Castelas	56
5. Quando conheci Joaquim	60
6. De como era a paixão	61
7. Sétimo céu	64
8. O detalhe e o plano geral	66

PARTE TRÊS   Sobrevivência

1. O Artista e o Príncipe	73
2. Eu me recordo do teatro	76
3. Eu me recordo do cinema	80
4. Eu me recordo da TV	85

5. Historietas do teatro 88
6. Historietas do cinema 96
7. Historietas da TV 99
8. Figuras inesquecíveis 101
9. Valentina 107

PARTE QUATRO Leila Diniz

1. Feliz Natal 113
2. Sexta-feira, 13 121
3. Fama 126
4. Conclusão 130

PARTE CINCO Ohana

1. Nazareth 137

PARTE SEIS A inocência perdida

1. Filmes meus 149
2. Filmes dos outros 154
3. 21 anos sem cinema 157

PARTE SETE Lenita

1. Romance na tarde 163
2. Testemunhas 168
3. LSD 171
4. Tubarões 180

PARTE OITO Mariana

1. Amores de Mariana 193
2. O carro que volta da boate 199

PARTE NOVE Mandamentos

1. Livro de autoajuda — 213
2. Cavalinhos alados — 218

PARTE DEZ Priscilla

1. Fatos e poemas — 229
2. Pink e Afonso — 232
3. Janelas baixas — 238
4. A cachoeira e o teatro — 241

PARTE ONZE Priscilla 2

1. Revolto mar de rosas — 247
2. A dor do amor — 251
3. As sombras — 255
4. Desafiando os velhos cavaleiros — 258
5. Metralhadoras — 260
6. De repente, a volta — 262

PARTE DOZE Os caminhos do escritor

1. Dramaturgia — 267
2. Como escrevo — 271

PARTE TREZE Diário da dor

1. Diagnóstico — 279
2. Parkinson — 280
3. Úmero — 281
4. Invasões bárbaras — 283
5. O medo — 284
6. Ode à alegria — 286
7. Queda da própria altura — 288
8. Medonho — 290

9. Esquisita — 292
10. Exames — 294

PARTE CATORZE Final dos livros

1. Burros — 299
2. Diálogo dos cinquenta e setenta — 301
3. Princípio do fim — 309
4. Balanço geral — 311
5. O editor — 314

Adendo — 317

Agradecimentos, ou o livro dos outros — 333

PARTE UM
Primeiros tempos

1 | Fotografias

Aquele homem, isto é, Domênico, isto é, Mingão, isto é, Dimanche d'Olivier, isto é, Rodrigo, Felipe, Vieira, Cabral, Brandão, também chamado O Príncipe ou O Poeta, isto é, Domingos José Soares de Oliveira, isto é, Domingos Oliveira, isto é, eu, aquele homem quase não nasceu, segundo a lenda familiar. Parto difícil a fórceps, mãe quase morta, foi expelido exangue e resistiu indiferente às decididas palmadas do parteiro. Recusava-se a respirar, estava entalado na roleta que dá acesso à vida. Cansado de espancar a criança, o parteiro desistiu e jogou-a na cesta dos fracassados. Foi nesse momento que, segundo a lenda, seu tio Olímpio, médico e militar, irrompeu quarto adentro — pois naquele tempo se paria em casa — e com um vigor de caserna tacou-lhe a mão. Decidido a quebrar o bebê ao meio ou fazê-lo chorar.

Assim vim ao mundo.

A barbárie aconteceu num casarão da rua da Matriz, 43, fundos, de frente para a rua das Palmeiras, não me lembro que número, Botafogo, Rio de Janeiro, em 28 de setembro dos idos de 1936. O garoto saiu tímido, baixinho, orelhudo, amedrontado e asmático. Não por culpa da mão pesada do tio Olímpio, mas provavelmente porque assim estava escrito nas estrelas.

"Aujourd'hui, maman est morte. Ou peut-être hier, je ne sais pas."

Li O *estrangeiro* de Albert Camus com 17 anos de idade. Em seguida, li *A queda*. Camus era lindo, alto, tinha polêmicas com Sartre, era o autor de *Calígula* e tinha morrido absurdamente num desastre de automóvel. Chorei sua morte como a de um irmão.

Com 18 anos estava imerso no mais intenso encantamento dostoievskiano. O velho Fiódor nunca me pareceu complicado, pesado ou lento. Para mim sempre foi sopa no mel, a vida concentrada. Dostoiévski tem seu humor.

Coloquemos junto a isso o fato de eu ser filho de Carmelita e neto do mitológico José e logo se compreenderá por que, naquela época, eu não tirava da cabeça a ideia da morte. Hábito que, em verdade, mantenho até hoje. Difícil explicar as razões para a melancolia de um rapaz saudável de 22 anos. Conta a Fernanda Montenegro que, numa mesa-redonda sobre a velhice e a morte, coube-lhe o lugar de ser a última a falar. Tudo tinha sido dito quando a roda chegou a ela, que então pontificou: "A única tragédia do mundo é a morte de um jovem." Perigo esse que não corro mais.

Eu era um rapaz bem complicado, confesso. Fumava muito. Gostava de ficar olhando o mar. Achava o mar bonito, mas tinha horror à ideia de entrar nele. Às vezes ficava sem cigarros, mas não ia ao botequim comprar, mesmo quando tinha dinheiro. Achava que não valia a pena. Era difícil eu achar que alguma coisa valia a pena, mesmo quando estava com uma vontade inequívoca de fazer essa coisa.

Ateu, claro. Acreditar numa vida depois da morte, nem pensar. Basta essa. Era quase uma burrice. Todas as hipóteses soavam como contos da carochinha. Ou seja, fui um adolescente/adulto típico do meu tempo. "Um garoto do século" sob a sombra de uma Guerra Mundial suja. E, morando em Copacabana, longe de Saint-Germain-de-Près.

*

De minha infância não recordo nada.

E desperto para o mundo da consciência apenas aos 15 ou 16 anos de idade. Esta sensação, de borracha-passada-nos-anos, de cortina baixada sobre os luminosos-primeiros-dias, é a que tenho do início da minha vida.

Esparsos instantes acendem-se na memória perdida.

A figura de um jardineiro vigoroso, que me convencia, ao mesmo tempo que exigia segredo, ser todo o cimento do jardim uma grande tampa de um subterrâneo, onde viviam jacarés famintos que podiam ser vistos através dos ralos, se alguém tivesse coragem de olhar. Que eu não tinha! O nome dele era seu Corrêa, português, que também adorava me contar umas tremendas sacanagens e mostrar fotos antigas de prostitutas francesas deitadas em divãs.

Os pratos separados. Os talheres separados. O primo Carlinhos, que ia morrer de tuberculose, de quem eu não podia chegar perto, senão também ia morrer. Mas que um dia me foi permitido olhar. De longe, na varanda. Sentado na cadeira de vime branco, pálido e espiritual, de olhos translúcidos enquanto os de minha mãe marejavam. E o primo Carlinhos me olha belo. Com olhar que não era o da Morte e sim da Bondade. Minha mãe que me pega pelo braço, para me tirar dali.

Meu avô, o José dos Barbantes, ficou rico com uma fábrica de barbantes, novidade absoluta na época. Teve oito filhos, um dos quais minha mãe. Morreu quando eu tinha três anos. Consta que eu era seu neto predileto. Tenho certeza de que esse homem tem grande importância na minha vida, embora eu não tenha memória dele. Apenas fantasio.

Penso que deve ter sido um bom sujeito, o José. Tem um olhar terno, isso aparece nas velhas fotografias. Devia ter valor, uma vez que era um homem pobre na juventude, e, mesmo assim, conseguiu casar com minha avó, menina rica, baiana de Santo Amaro da Purificação, dona de fazenda e escravos. José a trouxe para o Rio, onde as oportunidades profissionais eram maiores.

Tiveram oito filhos, que dilapidaram o dinheiro todo, com uma eficiência espantosa. Era uma fauna de tios! E um bando de netos, um bando selvagem, sendo eu o mais moço.

Olho sempre uma certa fotografia datada de 1906, a mais antiga que tenho. Certamente uma foto de estúdio. Aparecem três filhos e quatro filhas. São sete. Parece que havia mais um que morreu muito jovem, mas disso não sei. Da esquerda para a direita: Olímpio, Lulu, Luís, Dadinha (inteligente, mas antipática), tio Zeca (que tinha um braço mais curto que o outro), tia Arlete e tio Raimundo, o mais bonito.

Famoso como bom dançarino de tango, Raimundo, homem de amores e cassinos, era casado com a Jovina, na verdade uma puta trazida por ele do Rio Grande do Sul. Mas a Jovina gostava tanto dele que acabou sendo aceita pela família, incrível. De pé, tia Beata, a mais velha, que logo casou com um homem rico, industrial baiano do açúcar. Nunca mais apareceu. No centro, o poderoso Zé Pereira e dona Mocinha, minha avó. Do lado direito de Zé Pereira, pequenina no chão, está Carmelita, minha mãe. Com quatro ou cinco anos de idade, porém já muito séria, olhando a câmera com responsabilidade. Toda essa gente morreu faz muito tempo. Grande arte é a fotografia.

A família tinha um tique particular que logo se reparava: cheirar os dedos o tempo todo, em busca de uma suspeitada impureza, ou coisa assim.

Quando sentiu que ia morrer, José chamou minha mãe e sentenciou: "É, Carmelita, é você que vai tomar conta de Mocinha. Te incumbo disso." Mocinha era como todo mundo chamava minha avó Eulália, dona Mocinha. "Mocinha é uma criança e nos teus irmãos eu não confio." Minha mãe aceitou orgulhosamente e ele morreu.

Minha avó não era uma criança, como julgava José. Era uma fera esperta e respeitadíssima. Seus aposentos ocupavam todo o andar de cima no casarão de Botafogo. Tinha um quarto bege impecável, com muitas sedas, onde não entrava ninguém. Um armário de estilo Carpentier em madeira clara, que ninguém abria. Porque, no fundo desse armário, havia um saco de dinheiro, e Eulália tinha pânico, estremecia nas bases, diante da ideia de alguém descobrir e roubar o dinheiro dela. Porque aquele era para os filhos! A herdeira soltava lentamente aquele dinheiro para os filhos, na medida da intensidade da súplica. Mocinha era uma rainha.

Mesmo a família sendo muito numerosa, vivi uma infância solitária e guiada passo a passo por minha possessiva mãe. E quem administrava o dinheiro? Meu pai, é claro. Fortemente tutelado pela minha mãe e com frequência acusado de ladrão pelo resto da família.

Vovó morreu pensando que ainda era rica, graças à humildade laboriosa de meu pai, que, na qualidade de administrador, nunca deixou chegar a ela sua verdadeira situação financeira.

A minha mãe era uma pessoa inteligente, muito tenaz e agressiva, mas tinha medo de qualquer novidade, de qualquer coisa que a desestabilizasse. Era difícil conversar. Porque ela tinha os seus princípios, seu mundo arrumado na cabeça, suas ideias, e não saía delas nem a pau. Era devota de São Judas Tadeu. Minha mãe fazia promessas, escrevia orações, imprimia e distribuía.

Se por um lado Carmelita era dominada pela soberba de Eulália, por outro era para mim uma mãe dedicadíssima. Ela me vestia, me penteava, me dizia o que eu deveria fazer a cada situação. Era forte, como o avô José. Quando sofria uma derrota qualquer, considerava uma ofensa. E devolvia em dobro.

José roubava-me da minha mãe, para minha alegria, e me levava para dormir com ele. Na cama imensa do lençol com perfume, do colchão macio em que dava vontade de pular. Foi o avô José que me ensinou a rezar e a cantar para a santa. A caixinha de música de Nossa Senhora de Lurdes repetia: avê, avê, avê Mariá... Eu ajoelhado, José me ensinava a juntar as mãos em prece.

Um homem não cabe em um livro. Por mais que o biógrafo se esforce, será sempre um recorte pobre e pálido da pessoa que o homem foi. Em geral, como leitor, pulo desavergonhadamente os capítulos da infância nas biografias que leio. Infâncias não são para serem escritas. São boas para os filmes, quando os filmes são ótimos. A infância não é um lugar de palavras, talvez de imagens. Entretanto, é chegada a hora das memórias. Mentirei talvez um pouco, ou talvez muito. Como poderá o leitor saber? Simplesmente. As coisas mais incríveis são sempre a verdade. Mas é possível que eu esteja mentindo, neste momento em que digo isto.

Aquela casa em Botafogo, com imensos cômodos, mármores e vitrais, representava, na verdade, o triunfo de José Pereira, meu avô, considerado um homem de grande tirocínio para os negócios. Este Zé Pereira, segundo conta a lenda familiar, era um homem alegre e severo quando necessário. Diziam mulherengo, embora nunca tenha causado nenhum escândalo. Gostava do teatro. Principalmente o teatro de revista da praça Tiradentes, onde comprava camarotes inteiros e até frisas para os amigos e parentes. Dizem que era amigo pessoal de comediantes e vedetes notórios na época, e que tinha sido padrinho de batismo do filho do Mesquitinha e confidente de Virgínia Lane. Não sei de nada disso. Não tive a oportunidade de conhecê-lo **tão** intimamente. Na única boa foto que restou, ele está de pé na varanda da casa, com samambaias ao fundo, e eu neném no seu colo. Um que começa e outro que acaba.

2 | Carmelita e jardim de infância

Tenho oito anos, minha mãe doente. Ausente. E fecham a porta, porque é impressionante para uma criança. Alguém me explica a doença de minha mãe. É um irmãozinho, que se perdeu. Mas eu nem tinha ouvido falar que ela estava grávida! Na casa de Botafogo, o portão maciço de metal, que não deixava ver nem ser visto pela vizinhança. O portão maciço. Mil vezes olhado, por onde vai chegar meu avô (ou será meu pai?) com o presente. O presente nosso de cada dia. Talvez balas de coco, talvez amêndoas confeitadas.

E uma noite, quando já não existia meu avô, vejo sair do quarto meu pai e minha mãe para uma festa no cassino da Urca. Vestem-se de gala e aparecem, lindos. Choro, grito, esperneio, também quero ir. E, quanto mais faço isso, mais chego perto do abandono.

Que terei feito de errado? Escorregado pelo corrimão da escada da sala grande? Onde ninguém ia, onde o mármore do chão parecia um espelho, se não parecesse um tabuleiro de xadrez? Não sei, não me lembro da falta que cometi. Eu tinha tanto medo da capela do fundo do corredor. E dos santos dentro do santuário por trás do vidro. Daquele lugar sem janelas, no coração e no centro da casa, onde todos tinham de ajoelhar naquela cadeira engraçada e grená, que não era para sentar e sim para ajoelhar. Onde ninguém falava alto senão Deus castiga. Eu não queria ir lá. Lembro, porém, que meu pai me arrastava pela mão. E eu perdia o equilíbrio, e berrava, e ele me mandava calar... Até que perdeu a paciência e me bateu. Talvez para agradar minha avó.

E houve o dia que eu não quis ficar no colégio. Meu avô José já tinha morrido havia algum tempo, o luto ainda imperava na família. Ele próprio tinha comprado para mim os cubos com letras coloridas. Como se fosse uma herança. Jardim de infância no Colégio Santa Rosa de Lima. E eu não quis ir, chorei. Arrastado pela mão, Carmelita me entregou para freiras sisudas e malcheirosas. É assim que recordo a sala do colégio das freiras. Imensa e muito clara, com gravuras fascinantes: cavalos pastando perto de uma árvore em um verde gramado; uma casa de chaminé fumegante na beira de um riacho; uma mãe com seus filhos fazendo piquenique.

Queriam também que eu brincasse ao sol com as outras crianças. Mas o sol queimava, talvez fizesse mal, talvez me matasse, o sol. Foi quando foi decretada a hora de dormir. Uma freira me agarrou e me pôs numa cama, onde eu deveria ficar imóvel. Como podia dormir se tinha medo?

Passada aquela hora maldita, começou o recreio. Agora estou cercado por uma multidão de crianças que em tudo se assemelha a mim e em tudo diverge. Quando mamãe foi me buscar no colégio, muitas horas depois, não quis falar nada com ela. Calei-me, por mais perguntas que me fizesse. Quando cheguei em casa, falei diretamente com minha avó. E disse a ela, com certeza do que dizia: "Se meu avô fosse vivo, eu não ia ao colégio, ele não ia deixar." Nunca mais me mandaram para o colégio! Estudei anos dentro de casa, com uma professora particular, dona Adalgisa. Todo o curso primário eu fiz em casa. Até hoje não sei se isso foi bom ou se foi mau. Carmelita, no fundo, gostou da solução. Também ela sentia saudades de mim.

O fascínio dos cubos de madeira com o desenho das letras. A suspeita do mundo que havia por trás daquilo. O prazer, válido em si, de compreender e controlar as combinações das letras, de unir a elas um significado. A atividade lógica de aprender a ler. Intensa alegria, primeira alegria adulta.

Pearl Harbour era bombardeada, raiava o Dia D, estourava a bomba atômica em Hiroshima. A Segunda Grande Guerra chegava ao fim, os criminosos julgados em Nuremberg. Hollywood mostrava beldades como Rita Hayworth, Ingrid Bergman e Ava Gardner. Brecht escrevia *Mãe coragem* e Orson Welles realizava *Cidadão Kane*. A coca-cola chegava ao Brasil. No cinema *Casablanca*, e *Vestido de noiva* no teatro. Cai Getúlio, morre Gandhi, é inaugurado o Cassino Quitandinha em Petrópolis... e eu não tomo conhecimento de nada disso.

Faço o primário em casa, com dona Adalgisa, minha primeira grande paixão. Depois, fui apaixonado por todas as minhas professoras do curso primário. Com dona Adalgisa estudei muito, passei na admissão do Colégio Anglo-Americano. Não em primeiro lugar, como minha mãe queria. Mas em sétimo.

Segunda alegria adulta, posto que solitária: Júlio Verne e Monteiro Lobato. Entender as manchetes, ler os gibis, prazer infinito!

Lembro também, quando eu era garoto, numa dessas tardes em Petrópolis: peguei uma enciclopédia no alto da estante e fiz uma lista de todos os livros que tinha que ler na vida! Não li a metade. Minha geração não foi dos livros. Foi do cinema e da história em quadrinhos.

Mil novecentos e quarenta e cinco, nove anos, minha mãe me acordando e todo mundo dançando no jardim as canções americanas, porque tinha sido assinado o armistício. Foi um belo momento de festa. As músicas eram alegres ou românticas e as crianças foram tratadas quase como adultos.

3 | De Botafogo ao Leblon

Minha mãe Carmelita, malgrado suas extraordinárias qualidades, compartilhava de um hábito social comum às famílias burguesas da época. Toda vez que lhe convinha, mentia, sem o menor escrúpulo. A família era toda assim. Para crianças, então, a mentira era uma conduta obrigatória. Aquelas de Carmelita eram tão constantes e bem urdidas! Fizeram com que eu ainda menino chegasse a confundir o certo com o errado, o ilusório com o concreto.

Depois que meu avô morreu, foi vendida a casa grande de Botafogo. Num sinal escandaloso, porém jamais comentado, do início de uma decadência financeira. Nos mudamos para o Jardim de Alah, Leblon, que era até onde iam os bondes. Vovó sempre achou o fim do mundo. Mudamos para um apartamento. Ninguém mais morava em casas. Os apartamentos eram considerados mais práticos.

O Leblon foi uma passagem. Fomos logo para outro apartamento. Em Copacabana. Constante Ramos, 67. Perto do Cinema Metro e das Lojas Pernambucanas. Na verdade, eram dois apartamentos ocupando um andar inteiro. Lembro-me de eu e meus irmãos contando a quantidade de passos do quarto da minha mãe, na esquerda, nos fundos, até o da minha avó, na direita, nos fundos: corredor, primeira grande sala, com a mesa em que cabiam trinta pessoas, e depois a sala da minha avó, com objetos e móveis sempre cobertos com panos brancos, para não empoeirarem. Eram mais de cem passos.

No colo de alguém, minha primeira imagem de cinema da qual me recordo é a de um navio de guerra singrando os mares, a quina do barco invencível levantando ondas. No som, o formidável hino da marinha americana, "Anchors Aweigh", que fazia de qualquer pessoa um herói. Aquela imagem de guerra foi, para mim, a própria alegria, o próprio entusiasmo e a vontade de viver!

Blecaute, Leblon, últimos meses da Guerra. De repente, soava uma sirene e tínhamos que obedecer às ordens do rádio, apagar todas as luzes porque poderia haver um submarino alemão "na costa" querendo torpedear o Brasil. E os fumantes estavam terminantemente proibidos de acender o cigarro. Porque era sabida a técnica dos alemães: colocar o dedo no gatilho quando o fósforo é riscado, fazer pontaria enquanto o cigarro é aceso e então atirar.

Ao lado do Cinema Metro, morava uma menininha por quem fiquei perdidamente apaixonado, mas que não me dava bola, chamada Nara Leão. Tinha uma irmã famosa, que todo mundo achava linda, a Danusa. Fui assistir *Lili* no Metro e Nara estava três filas na frente. Nunca esqueci. Ela já convivia com a bossa nova e com aqueles rapazes mais velhos. Portanto, foi entre o "Hi Lili, Hi Lo" e o "Barquinho a navegar".

Mil novecentos e quarenta e seis ou sete: Copacabana é a princesinha do mar. Dutra fecha o jogo. Nunca houve uma mulher como Gilda, e Tyrone Power anda no "fio da navalha" de Somerset Maugham. Explosão da bomba atômica no Atol de Bikini. Ademir, Zizinho e Heleno. Tenho dez anos.

*

Estou estudando no Anglo-Americano. O colégio é imenso. Hoje, na formação de cantar o hino nacional, fui colocado no primeiro lugar da fila. Fiquei chateado, parece que sou mesmo meio baixinho, mas ainda posso crescer muito.

Todo mundo ficou olhando quando o chofer chegou para me buscar. Acho que sou o garoto mais rico daqui.

Ganhei do Miguel no jogo de búlica. Fiquei tão contente que dei uns palitos franceses da minha merenda para ele.

Lembro-me do dia em que peguei o bonde andando pela primeira vez. Que sensação! A gente tem que correr do lado, segurar e pular. Não é difícil, mas, se errar, o tombo é feio. Isso sem contar que pode ser fatal. De qualquer modo, se mamãe me vê, ela me mata.

Lembro-me também do dia em que ouvi Dorival Caymmi pela primeira vez, e da coleção de Guri que comprei e botei em cima do armário, uma pilha enorme, da qual eu só me permitia ler uma revistinha de dois em dois dias, economizando o prazer.

Certa vez, subi sem querer a escada do vestuário das meninas internas. Nunca dei sorte com elas. Era cruelmente desprezado.

Mas, no "show" do colégio, primeiro e único, porque depois ninguém conseguiu organizar outro, eu dançava com todas as meninas no final, apoteose de teatro de revista. Eu dançava até com a Carmen, que tinha um namorado muito mais velho.

Cabe aqui lembrar esta minha primeira invenção dramatúrgica. Entrava em cena de calças curtas, com as bochechas sardentas autopintadas, olhando timidamente para o chão. Alguém perguntava: "Como é que é seu nome, meu filho?", e eu abria um sorriso de Jack Nicholson e respondia: "Joãozinho." O pianista, acho que era o pianista, retrucava: "Joãozinho o quê?", e eu dizia, acreditando que isso fosse engraçadíssimo: "Joãozinho, o monstro!" Então, contava anedotas para distrair o público nas passagens entre um número e outro. Não tiveram nenhuma ideia melhor para aquele impasse cênico.

Minha melhor anedota, eram todas péssimas, porém a mais libertina, era sem dúvida a do elefante que oferece carona para uma formiguinha atravessar um rio caudaloso. Chegando ao outro lado, a formiga agradece. E o elefante, revelando-se subitamente um cafajeste, responde com voz grossa: "Que obrigado coisa nenhuma, vai descendo essas calcinhas." Até hoje contar piadas "de intervalo" me parece uma missão cativante. A do mosquitinho, já contei várias vezes em festas de recebimento de prêmios: "Mosquitinho quer muito ir ao teatro, a mãe dele não deixa porque é muito moço ainda. Chato como só um mosquitinho sabe ser, ele insiste insistentemente, até a mãe perder a paciência... 'Então vai, meu filho. Mas cuidado com os aplausos!'"

Como empresário teatral, minha primeira investida foi no grêmio do colégio, a montagem de O *dote*, de Artur Azevedo. Confesso que com a finalidade precípua de beijar a Carmen, conforme mandava a rubrica. Deus, como eu amava a Carmen! Tenho certeza de que não tenho mais a menor ideia do quanto amava a Carmen! Ela não deu beijo nenhum, Artur Azevedo que se danasse com suas rubricas. Nunca mais o grêmio produziu nada.

Eram tempos violentos, lá fora: o Garcia, o famoso Garcia, masturbava-se dentro da sala de aula. O professor Medeiros um dia me pediu conselhos sobre o que fazer com ele! Já o professor de inglês, recém-chegado ao Brasil, Mr. Blum, pedia autógrafos aos alunos. O professor Leon, de educação física, tentava introduzir a esgrima, ela própria, no curriculum. A "culhoneira voadora", também chamada o "suporte atlético", era lançada depois do banho dos rapazes e caía com estrondo e escândalo em cima da mesa de estudo das meninas. Eu tinha uma maleta de ferro e ela prendia direitinho o meu guaraná, que derramava num guardanapo com os palitos franceses que mamãe botava. Ficava nojento. Por que mamãe não troca o guardanapo da minha merendeira? E havia o inspetor, que se chamava seu Carvalho. Era careca e nunca sorria.

Eu tinha 12 ou 13 anos quando gostei de Ângela. Ângela! Ela era interna no colégio, ou seja, a maçã do paraíso. Era proibidíssimo conversar com as "internas" no recreio, entrar no "estudo" das "internas" e muitas coisas mais.

Agora, eu estava apaixonado pela Carmen. Que era amiga da Ângela e não era interna. Porém, um dia a Ângela sorriu para mim no recreio e troquei de paixão em um átimo. Talvez porque a Carmen não sorrisse nunca e, pelo contrário, fizesse cara de enjoo quando eu aparecia.

Meia hora antes de o recreio começar, eu já ficava nervosíssimo. Minto. Ficava nervoso na hora de sair para o colégio, às sete da manhã, pensando na hora do recreio. Vestia-me sempre o melhor possível. Tinha ganhado, no meu último aniversário, de minha mãe, um cachecol de seda branca com franja nas pontas, para usar com o smoking que um dia iria ter. A grande agonia eram os dias de "ginástica". Tinha por bem sair de casa às seis, de cachecol, além de penteadíssimo com Gumex. Trocava o calção, fazia a ginástica, mas depois não tomava banho, senão ia despentear o cabelo.

Tinha ginásticas a que a Ângela assistia.

Era terrível. Peito pra fora, barriga pra dentro, confesso que meu físico não era tão bonito quanto precisava. O pior é que as internas só assistiam a parte final, que ou era "peixinho" ou era basquete. "Peixinho" é um salto que a gente tem de dar por cima de um cavalete, não importa com quanto medo você esteja. A boa técnica ordena mergulhar resolutamente, apoiar primeiro com as mãos e depois rolar numa cambalhota. Jamais apoiar diretamente com a cabeça. Exatamente o que fiz, e justo quando Ângela estava olhando (será que ela viu?). No basquete eu era ruim. Meu amigo Herculano traiu sua posição de capitão de time e me passou a bola. Herculano nunca devia ter feito isso. Fiquei nervoso. Abracei a bola e saí correndo em direção ao campo mais livre, sem notar que não era o do adversário. Não teve importância, porque errei a cesta.

Um dia tomei coragem e resolvi que tinha de dizer a Ângela que a amava com paixão e loucura. Mas, para isso, a gente tinha de sair juntos. Aonde ir? Não tive dúvida. Considerei que o lugar certo era a ópera. Convidei Ângela para ir comigo à ópera. Ela aceitou! Então fomos. Ao Municipal, ver *La Bohème*. Minha primeira grande preocupação foi saber se a ópera era imprópria até 18 anos. Se fosse, tudo estaria perdido. Pedi à mamãe para telefonar. Era imprópria até 14, Deus seja louvado. Mamãe emprestou o carro, com chofer e tudo. Botei o cachecol e fui buscar Â-n-g-e-l-a. Ela estava linda, me esperando na porta, a mãe dela na janela.

"Quem sou? Sou um poeta. Que coisa faço? Escrevo. E como vivo? Vivo!" Rodolfo cantava isso, de pulmões abertos, para Mimi. Eu, solidário, emocionadíssimo. Num repente de audácia, fiz a vida imitar a arte e peguei na mão de Ângela! Ângela tirou a mão. Peguei de novo. Ela tirou de novo.

No intervalo, comprei balas.

"Quando me vou, sozinha pela rua." Segundo ato. Eu não estava entendendo muito bem a história da ópera, essa é que é a verdade. Era em italiano. De repente todos ficaram tuberculosos. Antes do terceiro ato, era minha última chance de me declarar. Intervalo outra vez. Ângela foi ao toalete. Aproximei-me de uma das sacadas do teatro e olhei as luzes da rua longínqua. O vento frio, as pessoas passando. Rolou a lágrima, veloz, e parou, ainda no rosto. Falando rápido, enquanto as luzes apagavam, disse tudo. Foi mais fácil do que pensava. Tinha tudo pronto "Gosto de você" (melhor que "te amo"). "Vou ser o homem mais feliz do mundo se você gostar de mim. Se você gosta de mim, deixa pelo menos eu ser seu amigo e, se der, confidente." Ângela então me falou do namorado. Um rapaz parecido com o Tony Curtis, segundo ela. Se não gostasse do Tony Curtis, gostaria de mim — disse. Eu tinha tudo, tudo que uma menina podia querer... Além do que, eu era muito moço e o Tony Curtis já tinha vinte anos, além de ser artista de cinema.

Bonita a ária final! Mimi morre e Rodolfo grita seu nome como se estivesse enterrando uma faca no peito!

Há uns anos vi Ângela na rua. Reconheci. Conversamos dois minutos, antes de aparecer o ônibus que tomou. Não é que Ângela acabou casando com o Tony Curtis!? Tem dois filhos. Eu disse que gostaria muito de conhecê-los.

Lembrando-me desses meus primeiros passos, nas vielas do amor, de repente me pergunto, espantado: como pude ser um garoto tão romântico? Quase um psicopata do amor? Porque éramos todos assim. Filhos de Hollywood. O filme terminava quando o mocinho encontrava a mocinha. Uma música bonita tocava e o letreiro: "The End." A morte não existia porque a vida acabava ali, gloriosamente. Era o "American way of life", modelo obrigatório, uma vez que o resto era a Rússia, onde comiam criancinhas.

Tinha 12 anos no máximo. Então, fui para casa e decorei um pedaço do texto. Tive o mau caratismo de me aproximar do professor e falar baixinho que queria muito fazer a peça, que já sabia um pedaço de cor. Aí ele me deu o papel. Era para fazer três apresentações, mas só teve uma, porque saí de lá com 42 graus de febre! De tanta emoção. Era o teatro chegando à minha vida! Eu fazia o cardeal português, que tinha 82 anos. Lembro-me do momento em que, muito emocionado, passei a mão na cabeça, e saiu aquela nuvem de talco! A plateia ria muito, mas também chorava. Sempre quis remontar a peça (*A ceia dos cardeais*, de Júlio Dantas), mas acabei fazendo isso num filme, *Juventude*, com Aderbal e Paulo José:

> — Em que pensas, cardeal?
> — Em como é diferente o amor em Portugal.

O Dino me impressiona. Tenho a impressão de que serei amigo dele, pelo menos conhecido, a vida toda. Hoje, no colégio, o Dino me deu um conto que escreveu. É muito bom. É um escritor! Falei para ele entrar no Clube Literário Barão de Macaúbas. Afinal, tem pouca gente nesse colégio realmente interessada em literatura, música e cinema. Os imbecis só pensam em esporte. Vai ser bom ficar amigo do Dino, ele é mais alto do que eu. Ou seja, mais um para me proteger do Garcia, pois, se for contar com o inspetor Carvalho, estou frito.

Minha virgindade eu perdi com a ajuda inestimável do mesmo Dino, e o Dino tinha perdido a dele com a ajuda inestimável do tio dele, que foi quem deu o dinheiro e o endereço da Lucia. A Lucia era no Leme, conhecida do Dino, que não só tinha trepado a primeira vez com ela, como já tinha ido lá duas vezes depois do evento. Dino ficou apaixonado pela Lucia, o que não impedia que dividisse sua amada com os amigos mais íntimos.

É inesquecível a primeira vez! Acordei nervoso e depois fiquei nervosíssimo: será que conseguiria? Meu pau, coitado, ia subir na hora certa? Minha hora no apartamento com a Lucia, tratada pelo Dino, era às 16h30. Para acalmar, fomos ao Metro de duas às quatro. Agora revelarei um detalhe em que nenhum leitor vai acreditar, mas que juro ser verdade. O filme que estreava naquele dia chamava-se *Cantando na chuva*!

Nervoso e vendo o Dino dançando pelas ruas de Copacabana, no melhor estilo Gene Kelly, chegamos ao edifício da Lucia. Ele se recusou a subir comigo. Apesar de minha insistência, disse que não ficava bem. Interfonou e subi. A Lucia abriu a porta, era gordinha, mais ou menos o corpo da minha mãe. Entrei. O que aconteceu lá dentro, juro, sumiu da minha memória, evaporou, não deixou cisco. Sei que tudo que tinha que entrar, entrou, tudo que tinha que sair, saiu, mas fora isso não me lembro de nada.

No dia seguinte, fui rever *Cantando na chuva*, aquele filme maravilhoso! Revi cinco vezes a cena do final em que ele acende as luzes do estúdio e canta para a Debbie Reynolds. Aquilo foi demais para o meu coração. Não esqueço um fotograma.

*

Com meu amigo Dino, nome completo Baruh Bernardo Menasche, embora isso pareça incrível, de alguma forma convivo até hoje. Escritor, não foi nunca. Não conseguiu. Embora tivesse todas as oportunidades. Em compensação, tem uma memória cibernética, lembra tudo. Fizemos o colégio juntos, namoramos e casamos nas mesmas épocas. Dino sempre foi da turma. Vou telefonar para ele, quando sair do computador.

Hoje é um velho judeu milionário, brilhantíssimo. Um dos maiores colecionadores do mundo de estatuetas *art déco*. Cada uma valendo uma fortuna. Vou telefonar para ele.

Dois de agosto de 1948. Estou com ódio do professor Leon. O idiota acredita que faz parte da nossa educação física passar correndo por cima da barriga dos outros. Isso não se faz. Ele sabe que não posso com água fria, mas, mesmo assim, obrigou-me a mergulhar como todo mundo. É um absurdo! Como se já não me bastasse o torcicolo que ganhei pulando o cavalo de pau, fazendo o tal movimento "peixinho". Odeio educação física.

Só tem um aluno melhor do que eu no colégio. Sou o primeiro da classe B. Mas ele é o primeiro da classe A. O Garcia. Só que ninguém gosta dele e todo mundo gosta de mim. Se eu quiser, barro o Garcia nas notas.

Fim do ano letivo. Férias. O Clarêncio não gosta muito que eu jogue Monopólio com ele. Diz que sou meio criança. Ele é que é mais velho. O pai do Clarêncio joga cartas com o meu pai. Somos vizinhos nessa casa de Petrópolis que mamãe alugou para as férias de verão. Acho que me apaixonei pela irmã dele, a Clarice. Não sei se ele vai gostar. Acho melhor não deixá-lo descobrir, nem ela, por enquanto.

Zé Roberto, meu irmão, pegou uma pererreca na horta e jogou para dentro de casa. Mamãe ficou possessa. Não sei se papai disse isso só para tranquilizá-la, mas parece que ele vai mandar cimentar a horta e construir uma quadra de basquete. Não sei se vou gostar.

Tive muita asma na casa de Petrópolis. Acho que o ruço, nome que dão para a neblina, me faz muito mal. O peito tomado, a falta de ar, a febre. Mamãe me transferia para o quarto dela e não me deixava botar o nariz na rua depois das quatro da tarde. Mesmo quando todo mundo ia ao cinema. Creio que foi naquele quarto que senti, pela primeira vez de verdade, a solidão. Eu ficava todo agasalhado, olhando o caminho das gotas de chuva que caíam na vidraça.

A rua de Petrópolis era uma ladeira que terminava num barranco. Mas, antes de terminar, tinha uma casa... Onde moravam duas, três, quatro, cinco meninas da nossa idade. Que nunca saíam. Era a "casa das meninas". De vez em quando passávamos por lá e cumprimentávamos. Mas nunca tivemos coragem de falar com nenhuma delas.

Verdade é que férias é muito bom, mas o colégio é mais divertido. Recomeçaram as aulas!

Herculano, Paulinho, eu e Dino fomos ao Metro ver um filme de ficção científica: *Destino à lua*. Bacaníssimo! Estamos sempre juntos, os quatro.

Eles não saem lá de casa! De modo que vovó Mocinha nos deu uma sala, na outra área de serviço, que nunca é usada, para que estudássemos sem atrapalhar ninguém. Nessa sala vovó também guardava sua coleção de santos que veio de Botafogo. É atualmente nosso lugar preferido, apesar de todas aquelas velas. A gente fica horas ali depois da escola ouvindo discos e conversando assuntos importantes. Ninguém nunca vai lá, a não ser mamãe, para avisar que o lanche está na mesa. O Dino batizou o lugar de "Boate do Santuário". Vovó mata a gente se descobrir.

Passamos a tarde toda na "Boate" treinando dança. É importante saber dançar bem, as mulheres dão valor. Ouvimos Doris Day, Harry James, Nora Ney, Dick Farney e Lúcio Alves. Como a "Boate" tem uma porta que dá direto para as escadas do prédio, já recebemos amigos lá e talvez consigamos levar até meninas, quando mamãe e vovó tiverem saído.

Jogos da Primavera. O Anglo-Americano tem as meninas mais lindas do Brasil! São deusas gregas, de coxas de fora, fazendo ginástica. Vamos todos explodir de tanto amor por elas!

Dino tem uma memória de elefante, o Dumbo de Walt Disney. Eu já disse isso? Conta que eu ficava horas ao telefone quando me interessava por uma menina, enquanto ele e o pessoal me enchiam o saco para que largasse o telefone e fosse jogar xadrez. Afinal, era final do campeonato. O Dino ganhou. E também jogamos muito pôquer na "Boate do Santuário".

Não sei como comecei a namorar a Vitória, que morava em frente, na Constante Ramos. Mas um namoro muito pouco físico, demos dois beijos e foi só. Ela tinha aquela irmã que era uma gracinha, o Dino ficava alucinado pela irmã. Tinha também o Paulinho, nosso colega. Paulinho era alto e ruivo, e a tia da Vitória, que era gorda solteirona, gostava muito dele. Paulinho ficou apavorado. Uma vez teve que sair correndo de lá.

E eu tinha uma característica quando falava ao telefone com uma menina que me interessava: ficava nervoso e pegava, distraído, qualquer coisa que botassem na minha frente. Então, Dino e Herculano, com uma pinça, esquentaram uma moeda numa vela e a deixaram na minha frente. Bom, dei um berro ouvido em toda Copacabana quando a peguei. Vitória não entendeu nada. Fiquei com o Dutra tatuado no polegar. Pensando bem, fui muito sacaneado pelos meus amigos íntimos, na adolescência. Como todo mundo. Senão não era amizade.

O Dino sentava atrás de mim e levantava os meus cotovelos sutilmente, batendo com eles na carteira no meio das aulas mais silenciosas, e eu não podia gritar. E nós tínhamos um colega muito alto, um tcheco, que morara na China. Numa aula de inglês, que era a última do dia, Dino e Herculano trocaram o casaco de nós dois. E ficaram esperando. Quando vesti o casacão, a turma toda caiu na gargalhada. O professor ficou danado e acabou me expulsando: eu, que era um bom aluno de inglês, acabei tendo de copiar não sei quantas vezes a mesma frase. Sacudi minha caneta-tinteiro em cima do Herculano, que ficou todo manchado!

Uma coisa que havia muito naquela época era a figura do penetra. De repente, numa festa de família, pulavam o muro uns oito cafajestes sem serem convidados e passavam a mão na bunda das meninas. Enfim, obrigavam que as pessoas se metessem em brigas. Um pouco para impressionar, e também para nos proteger e nos preparar para esse tipo de ocorrência, começamos a fazer halteres. O halterofilismo estava em plena moda, era quase obrigatório. No meu caso era patético, porque tinha um desvio na coluna, uma escoliose, e o dono da academia, o Bastiou, campeão mundial de halterofilismo, que depois virou iogue, me pendurava numa esteira para esticar minha coluna. Não foi um longo período, mas foi um período no qual, segundo o Dino, "o Domingos saiu-se muito mal". Paralelamente, tínhamos duas outras atividades esportivas. Jogávamos sinuca no CIB (Clube Israelita Brasileiro). Isso era um cacife do Dino, pois, para jogar nos bares, precisava ter mais de 18 anos. O tio dele era presidente do clube e deixava a gente jogar lá. A segunda coisa que criamos foi um time de basquete, o BBC (Bazuca Basquete Clube). Eu jogava mal. Já disse isso? Bom esportista era o Herculano. O que tinha de mau aluno, tinha de bom esportista. O Garcia descobriu e de vez em quando aparecia lá para sacanear. Ele tinha muita competição com Herculano.

Certa vez, num fim de semana, viajamos para Petrópolis. Ficamos numa pousada que tinha um rinque de patinação. Não sei como mamãe deixou. Acontece que eu tinha medo de dormir no escuro. Se faltava luz de noite, tinha pesadelos e acordava gritando. Em geral, gritava: "Mamãe!" Mas o Dino disse que isso não era problema nenhum, que já organizara tudo, e que, se isso acontecesse, eles entravam os três atrás de mim, animadíssimos, completando: "Eu quero, mamãe eu quero!" Rimos anos com essa piada absolutamente sem graça.

Por que será que turma de adolescentes, em geral, é de quatro, como as quatro estações do ano, ou os quatro pontos cardeais? Ou será uma impressão minha? A divisão de Jung dos tipos psicológicos também é em quatro: razão, emoção, sentimento e sensação. Minha mãe, no cassino, sempre apostava no preto quatro.

Ah, sim, amávamos as mesmas meninas.

O Herculano, que era o mais bonito de nós todos, já tinha conseguido ir ao cinema com uma ou duas e até dado umas bolinadas. A gente morria de inveja.

O Dino tinha uma amiga chamada Raquel Levy, que era amiga minha. Que inclusive tinha um pai muito rico. Já rapazinhos, gostávamos de ir ao Quitandinha. Melhor dizendo, adorávamos ir ao Quitandinha. Para quem não sabe, o Quitandinha era um hotel-cassino em Petrópolis, com arquitetura hollywoodiana. Que não chegou a refulgir plenamente porque, logo depois da inauguração, Dutra fechou o jogo. Um mau gosto geral caracterizava tudo. Mas era relevado por nossa adolescência. Íamos sempre que podíamos. Íamos direto para o centro da sala do cassino, onde as roletas nunca chegaram a entrar, para dar gritos curtos e ouvir aquele eco inacreditável repetir três ou quatro vezes. Na volta, passávamos na piscina de água quente ou na gaiola gigante, cheia de papagaios multicoloridos provando aos turistas que estavam no Brasil.

Pois bem, a Raquel tinha um belíssimo apartamento lá e dava festas. Garçons nos serviam coisas. Uma vez, Dino comeu três quartos de um melão espanhol. Serviam bebidas como coca-cola com cachaça, Saint Peterguine e até uísque.

Sempre tinha pedalinhos num enorme lago em frente ao hotel. Era uma loucura! Lugar deslumbrante. Nos bailes de carnaval, vinham a Kim Novak, o Orson Welles, a Rita Hayworth acompanhada pelo Jorge Guinle, o playboy globe-trotter. E teve até teatro com o grande Silveira Sampaio, nosso ídolo!

Pois é. A Raquel tinha uma amiga de corpo bonito, mas feinha, a Maria da Graça. Ela me disse que a amiga queria namorar o Dino, mas, como ele estava sempre apaixonado por uma outra, inacessível, então a

Raquel veio falar comigo e eu comecei a namorar a tal feinha. Acontece que ela era uma moça muito carente e imediatamente permitiu uma aproximação sexual atípica, até para compensar sua insegurança. Foi o primeiro caso mais sério da minha vida. Mas o Dino ficou putérrimo de ter perdido essa. Ele dizia e dizia sempre com certeza filosófica: "Só não treparam porque o Domingos não quis. Respeitou a virgindade dela, essas merdas. Domingos tinha uma angústia porque ela não era a Amada." Havia sempre em nós a busca pela mulher total, aquela que reunisse o amor e o sexo. Para sempre.

No segundo ginasial nossa vida mudou. A vida de todo mundo mudava, porque o terceiro científico era o ano do vestibular! Mudou tudo e para nós mais ainda, uma vez que, cumprindo uma maldição/ tradição da época, nós três íamos fazer vestibulares diferentes: o Dino para direito, o Herculano para medicina, e eu, imaginem, para engenharia. Paulinho não ia fazer vestibular, para tristeza nossa. O pai dele tinha uma loja e queria que ele começasse a trabalhar de verdade.

Procuramos colégios vagabundos que nos deixariam tempo para estudar num "cursinho", que era preparatório para o vestibular. Mudei de colégio, fui para o Guanabara do segundo para o terceiro ano. Uma baderna de dar gosto. Os professores desinteressados, ninguém ia à aula, e uma vez entrou um tijolo pela janela, jogado por algum aluno lá de baixo. Espatifou no chão com ruído de explosão atômica. O Dino foi o único corajoso que ficou no Anglo-Americano. Mas não pensem que deixamos de nos encontrar! Inclusive, nessa época, arranjamos uma mesa de pingue-pongue para a "Boate do Santuário".

Garcia era o penetra por excelência. Houve uma festa a que ele foi e aconteceu o seguinte: dois garotos discutiram e desceram pra brigar na rua, e nós todos descemos para ver. O Garcia desceu pela escada; o Dino, com o Herculano, pelo elevador. Começamos a assistir à briga e de repente parou um táxi e saltou um homem adulto, e o Garcia, que vinha descendo correndo as escadas, viu quando esse homem se aproximou de um dos brigões e puxou o cara de cima do outro. Esse homem era um baixinho atarracado, usava terno. O Garcia, vendo esse estranho agarrar o amigo dele, pegou o embalo e deu um pontapé na cara do sujeito, que caiu no chão, de costas, perto do Dino e do Herculano. Assim, a uns dois metros. E o Dino viu quando ele meteu a mão na altura da cintura. Ele disse pro Herculano que o homem ia puxar uma carteira, que era da polícia, mas o cara puxou uma arma, deu três tiros! Uma bala pegou a um palmo da cabeça do Dino. Saímos correndo no quarteirão e pegamos a cena por trás, o cara ainda com a arma na mão. Ele fugiu, saiu a reportagem no jornal. Atirara assustado, pra se defender, porque o Garcia, quando jogou o homem no chão, partiu com tudo para cima.

Isso foi dois anos antes de o Garcia morrer assassinado, só que foi a facadas, de um paraíba operário de obra com quem, sem motivo, ele folgou. Foi no velório do Garcia que nós, adolescentes, conversamos pela primeira vez a sério sobre a morte e outras dores incuráveis.

Tenho dois irmãos: José e Raimundo. Quatro anos entre cada um, e sou o mais velho.

Eu e meus irmãos somos muito diferentes. Meu irmão José, em qualquer lugar que esteja, só ele fala, mesmo porque fala dez vezes mais alto do que qualquer outra pessoa. O Raimundo é tímido. Nós três nunca brigamos. Somos pessoas sensíveis, deve ter vindo de papai. Na minha época de adolescente, minha mãe se queixava do meu pai ser "omisso". Hoje, vejo que isso era uma consequência: ao lado de uma pessoa muito possessiva, você só pode ser um omisso. Não tinha outro jeito. "Carmelita é assim mesmo", ele dizia. Morreu há muito tempo, corajosa e sobriamente, antes de minha mãe. Sinto-me perto dele até hoje. Tenho um retrato dele na área de trabalho do meu computador.

Meu tio inesquecível, Jackson, toda família tem um. Marido da tia Neném, irmã da minha mãe. De todos os tios, o preferido das crianças era ele. Que tinha um bordão para repetir em situações inesperadas, quando alguém ficava doente ou estourava um pneu: "A vida não é nada disso." Nos verões em Petrópolis, íamos passeando pelas ruas com ele apontando e dizendo: "Aquele prédio ali é uma fábrica de água quente; aquele ali é de empacotar fumaça." Mas tia Neném, a caçula das irmãs e esposa de Jackson, ficava sempre envergonhada porque ele bebia. O tio Jackson era o bêbado da família. A família escondia as crianças frequentemente, trancava num quarto para que não víssemos, corrompendo assim nossa educação, tio Jackson chegando bêbado em casa. Ele chegava quieto, calado, culpado, nenhum escândalo. Era um boêmio característico da época. Inocente, que, no fim de um carnaval, foi encontrado bêbado, completamente nu, nas piscinas da praça do Lido, dentro d'água, com uma havaiana feita de guardanapos do restaurante.

Foi no tio Jackson, no fundo de seus olhos, que percebi pela primeira vez o que era humano. Minha tia Neném, que, se bem me lembro, era Maria do Carmo, era apaixonada por ele. Morreu jovem ainda. O Jackson sobreviveu mais uns cinco anos recluso e depois morreu também.

O Dino tinha uma amiga chamada Irene. Que tinha uma amiga chamada Eliana. Com quem casei.

PARTE DOIS
Eliana

1 | O sofá grená

Eu nunca tinha visto uma garota assim! Estudava no Bennett, era baixinha como eu, estava de boina, muito bonitinha. Era avant-garde. Incrível, ela conversava com os rapazes! E fumava! Sem filtro! O nome dela era Eliana.

Nós três caímos de amores imediatamente. Houve uma competição amigável/feroz que durou uma semana inteira. Dino teve um flerte, mas Eliana resolveu se apaixonar pelo Herculano. Mas acontece que eu também estava na parada e sempre fui mais galante. Ou insistente. Sei que Eliana acabou namorando comigo.

Três anos depois estávamos casados.

O Dino conta a história assim: segundo ele, eu namorava a Maria da Graça, aquela menina feinha que ninguém queria namorar. Mas eu não assumia a Maria da Graça! Tinha certa vergonha, mas não queria acabar completamente, por causa da sacanagem. E porque, verdade seja dita, Maria da Graça ficou apaixonadíssima por mim. Conta o Dino que ele ficava numa situação muito chata nos bailes de formatura, porque Maria da Graça vinha lhe falar chorando. Era o confidente dela, aquelas coisas. E eu não podia contar para Eliana, que era muito ciumenta e não sabia da existência da Maria da Graça.

Dino conta também que um dia eu estava esperando a Eliana chegar e aí chegou a Graça.

E que então eu tive de romper de uma maneira meio radical, a Maria da Graça tentou o suicídio. Ou ao menos disse que tinha tentado. Chegou a me propor que ficasse com a Eliana, mas continuasse com ela, que aceitava assim mesmo! Mas eu não queria, preferindo a busca "do meu grande amor".

O Dino gostava de contar nossa história. Páginas de um romance que não escreveu.

Poucas coisas não sei descrever com palavras. Subíamos a montanha, eu e Graça, seguindo a trilha do teleférico, que levava ao prédio de apartamentos da rua Saint Roman, até um lugar onde ninguém nos via. Lá nos beijávamos. Aquele beijo molhado, imoral, do qual ela não saía nunca. Eu a tocava e ela me tocava de um jeito que nunca tinha sido tocado antes. E o mundo subitamente entumescia. As pedras, as montanhas, o chão, o muro, nossos corpos entumesciam. Para depois transmutarem-se em líquidos inesperados densos e brancos. Que vinham junto com uma febre irracional, reveladora de uma possibilidade humana inesperada, extrema, aquela de viver longos momentos sem pensar, livre do jugo da consciência.

Os primeiros contatos com o sexo são esquecidos logo, ainda na adolescência. Não por querermos assim, mas porque ninguém resistiria à intensidade de manter viva essa recordação.

E, no meio disso, ao lado, por cima e por baixo: o vestibular! O vestibular é uma batalha confusa que a sociedade inventou para jovens aprenderem a dar porrada uns nos outros, em vez de ficarem fazendo xixi na cama. Nós estudávamos o dia inteiro. Dino passou direto e os pais dele não esperavam menos. Eu gostava de matemática e física. Em química, era péssimo.

Eliana logo me levou para jantar na casa dela. Disse que seus pais tinham convidado, queriam me conhecer. O tremor das minhas mãos deu lugar a um completo deslumbramento quando deparei com Cândido e dona Estela. Eram adoráveis. Cultíssimos! Finíssimos! Eu não conhecia nada daquilo. Durante todo o jantar falamos sobre livros e filmes. Depois, praticamente ordenaram que nós dois saíssemos sozinhos e fôssemos ver o *Cidadão Kane*, que aquele dia passava não sei em qual cineclube. Aquilo era incrível, porque pais em geral proibiam que os namorados saíssem sozinhos. Aquela era sem dúvida gente diferente.

Com o prosseguir do namoro, logo fiquei íntimo de Cândido, que trabalhava numa multinacional. Tinha sido integralista, mudando de ideia depois, como muitos intelectuais da época. E passou a ser um nacionalista democrata patriota. Quase desmaiei quando me confessou que tinha também desejado ser escritor e até escrito um livro de juventude, chamado *Geração decisiva*. A geração de Cândido, muitos deles por serem mais ricos e capazes, tomava para si a responsabilidade do "mundo". Pedi para ler. Ele sorriu e disse: "Depois. O livro não é bom." Cândido logo gostou de mim, e Eliana teve orgulho disso.

"Os artistas são um só. Para um artista, conhecer outro é um acontecimento avassalador, que pode mudar o mundo", disse Cândido. Eu não sabia nada sobre arte, embora desde sempre tenha querido saber. Pelas carinhosas mãos do pai de Eliana, conheci Dostoiévski, Nietzsche, Descartes, Rilke. Ouvi Beethoven e ouvi Wagner. Pelas mãos dele, recebi o mundo pelo qual vivo até hoje. Cândido foi o primeiro que percebeu em mim o artista. O artista que ele não era, ou não se achava, segundo o próprio.

E a mãe de Eliana não precisava mostrar nada, dizer nada, fazer nada. Ela era linda! E a beleza tem suas razões. Amava Greta Garbo, era fã de *Hiroshima, mon amour* e semeava seu deslumbramento por onde passava. Única comparação possível: Vivien Leigh! Era educadíssima como Cândido. Muito tempo depois, soube que eram primos. Desnecessário dizer que levei lá imediatamente Dino e Herculano, que também ficaram loucos de paixão por dona Estela.

Eu não saía mais da casa de Eliana. Mal via minha mãe. Da faculdade para lá. A sala do apartamento deles era harmônica. Pé-direito alto, típica construção do Flamengo nos anos 30 ou 40. Tudo era muito quieto de tarde, e eu, com o pretexto de esperar Eliana, ficava ali, lendo os livros e ouvindo os discos.

Ouso dizer, sem pudor, uma coisa extrema sobre o concerto para violino de Beethoven, o único que compôs para violino. Que Cândido me mostrou. Aquele concerto é a minha cara. O concerto para violino de Beethoven é o retrato exato, na sua forma mais nobre, da minha alma adolescente.

Foi também nessa época, lembro, que minha mãe começou a antipatizar com Eliana. Nunca ia à casa dela, mesmo quando convidada; era contra aquele namoro. Um dia me perguntou, com um brilho malvado no olhar: "Afinal, você está apaixonado por essa menina ou pelos pais dela?"

Fiquei noivo. Terminada a escola de engenharia, casaríamos. Como os mares não são de rosas e como o leitor arguto pode até ter previsto, a essa altura minha mãe odiava Eliana, e Eliana começava a odiá-la em igual teor. Costumava me criticar muito dizendo que eu era submisso, obediente demais, que devia reagir contra a possessividade da minha mãe.

Por exemplo, um dos maiores aborrecimentos do meu pré-casamento, para que o leitor tenha ideia do tamanho do ringue, foram as bodas de prata de meus pais na igreja. Eliana resolveu transformar a questão numa querela religiosa radical. Recusou-se a comparecer. Os problemas, "gravíssimos", eram da ordem: "Se você não acredita em Deus, não deve subir no altar! Ou ficamos nos bancos da igreja, já que não acreditamos em Deus!" A discussão ficava grave porque Eliana introduzia no assunto questões éticas, da coerência do direito que eu tinha de ser eu mesmo etc. Queria que discutisse esses assuntos com minha mãe! Coisa que eu não podia fazer, porque minha mãe era indiscutível, não ia entender nada e ficaria possessa. Chegou a me bater, esquecida que meus braços já eram suficientemente fortes para impedi-la. Mamãe chorou muito e esse momento foi horrível.

Eliana também era possessiva e violenta. Verdade seja dita. Humilhava-me, deixava-me louco. E eu, de algum modo, desejava me ver livre daquele namoro tormentoso, embora a amasse perdidamente.

Um dia, cansado de estudar química orgânica, ando pela rua e deixo minhas pernas me levarem. Não tinha tido muito tempo de ver Eliana, por causa do vestibular, apesar de estarmos noivos. Foi quando me atacou, pela primeira vez, com sua comum inexorabilidade, um típico sentimento masculino. Comecei a pensar que, a despeito de apaixonado por ela, talvez fosse cedo para casar. Embora apaixonado, sentia asfixia, minha falta de liberdade, a dor de estar perdendo uma infinidade de amores que a vida poderia oferecer.

Dezenove anos, um rapaz confuso. Num caderno de notas rabiscado, trancado num fundo de gaveta, bem escondido, para ninguém ver. "Conflitos a resolver": morar ou não morar no campo?; procurar as prostitutas?; amo ou não amo a Eliana?; devo dar a bunda como experiência?; que fazer quanto à masturbação?

Dizem que a melhor parte da vida é o meio. O princípio é muito confuso e o final, decadente. Concordo. Fui um rapaz complicado, com dúvidas de toda espécie. Os jovens sofrem muito.

Queríamos ser um só, Eliana e eu. Não suportávamos as diferenças. Uma vez, indo para a faculdade de engenharia, lembro-me de que parei na Cinelândia para ver um velho alimentar os pombos. Aquilo para mim foi tão bonito. Em certo momento, porém, não sei bem por que, tive de sair fugindo de lá. Porque Eliana não estava. Porque era uma traição a ela assistir sozinho a algo tão bonito... Os jovens perdem tempo e sofrem como se houvesse tempo a perder.

Noite. Fui ao "Farolito". Um bar de prostitutas, daqueles fechados, que sempre me infundiram pavor. De qualquer modo, eu tinha então mais de 18 anos. Não podiam me barrar. Passos desconfortáveis em direção ao bar. Era um lugar vermelho, obscuro, quase na esquina da minha casa na Constante Ramos. Pedi um uísque. Fiquei sentado lá sem me mover, até ninguém mais reparar na minha cara de menino. Não tinha muita gente. Eram dez da noite. Homem tinha um, mais cinco ou seis mulheres e garçons. Duas mulheres juntas na mesa do canto.

A decoração podia ter sido bonita um dia: espanholas dançando e signos do zodíaco pintados em vidros iluminados por trás. Nomes de drinques junto às datas-limite de cada signo. Perfume forte no ar. Um homem na mesa tirou do bolso um saco de balas coloridas e ofereceu, jogando sobre a mesa. As mulheres aceitaram. Riram e olharam para mim. Por que prostitutas parecem tão perigosas? Por que pareço tão culpado? Fui embora, escorraçado pelo meu ainda juvenil moralismo.

Não contei a Eliana que tinha ido ao "Farolito". Eu que costumava contar tudo.

Visto com a lente do tempo, minha mãe me fez muito mal e muito bem. Bem, porque foi dela que herdei minha força (tenho alguma nos momentos difíceis). Mal, porque tentou me possuir. Tentou fazer, como quase todas as mães, com que eu permanecesse uma criança, dependente dela o mais tempo possível. Foram a sabedoria e a aceitação da vida provindas de meu pai que, unidas à ferocidade materna, fizeram-me encontrar aquela mola que, num susto, joga o palhaço para fora da caixa quando encostamos no fundo.

O grená! O sofá de veludo grená que, na sala de visitas, abrigou nossas primeiras febres de desejo. E começou a tornar-se um incômodo prenúncio de discussões prolongadas e cansativas sobre a possibilidade da existência do amor. Eliana tinha vinte anos, eu tinha 22. Nessa idade, "se você não me entende é porque não me ama".

No dia do meu casamento, entrei na igreja branca ao som de um órgão que tocava uma música que eu mesmo tinha composto. Lágrimas nos olhos! Meu sogro e minha sogra tinham organizado tudo para que eu tivesse esta estupenda surpresa.

Meu pai me deu dois apartamentos. Um para morar e outro para renda. Bebi os dois. Fui como um bandido milionário num filme de Kubrick, que deixa abrir a maleta do dinheiro roubado diante da hélice de um avião.

Na manhã seguinte à minha noite de núpcias, acredite se quiser, minha mãe bateu na porta de nossa recém-casa às nove da manhã. Tinha ido levar os móveis da cozinha. Realmente, ela e Eliana quase se mataram. A mim mataram com certeza. Não foi uma lua de mel, foi um fiasco. A palavra é antiga, mas aqui volta a ser adequada. Vivíamos tristes tempos no início do casamento. Éramos muito jovens, nossos sentimentos tinham se desencontrado e, com eles, nossos corpos inexperientes.

Cândido notou a tristeza do casal. E, no intervalo do jantar, comentou que não podia entender, uma vez que o sexo dos recém-casados era a coisa mais alegre do mundo.

Mais tarde descobri que toda essa fábula encantada, este paraíso sexual/filosófico do casal perfeito, Cândido e Estela, continha mais serpentes do que parecia. Um dia tomamos conhecimento de que dona Estela, fazia muito tempo, tinha um amante. E, mais tarde, descobrimos que Cândido também tinha arranjado a amante dele. Não era o casal perfeito. Eram, na verdade, tristes vítimas do amor.

Cândido morreu cedo, poucos anos depois. De modo que essa experiência que narro é, para mim, muito mais que a história do meu primeiro casamento. É um momento da vida vivida no qual encontrei frontalmente, pela primeira vez, de modo brutal, o Amor, a Cultura e a Morte. É um acontecimento raro, eu sei, que conto em detalhes naquela que considero minha melhor peça, embora das mais desconhecidas: *A primeira valsa*. Minha única peça que não tem nenhum humor. É a narrativa da minha passagem para a idade adulta: "Se me permitem, uma história da vida. Tirada na última hora e da boca aberta dela mesma, a Morte."

Desde menino, desde antes da primeira linha escrita, programei uma meta profissional: escrever uma peça para cada "fase" da minha vida. *Do fundo do lago escuro* narra minha infância. *Os melhores anos das nossas vidas* conta os meus alegres tempos do vestibular. *A primeira valsa*, meu árduo ritual de passagem para a idade adulta.

Aula de motores na faculdade. Crise de casamento. Uma barulheira insuportável, e eu tomo notas. "Se vou ser escritor, não sei, mas que a angústia constante e a paixão da escrita entraram em mim, disso tenho certeza. Minha inspiração vem quando chamo. A tinta azul, o papel branco... e o mundo desaparece. Somente fica comigo o que é belo ou irremediável e minha alma se acalma nos versos que eu canto."

Mesmo casado com Eliana, um dia resolvi levar adiante meus impulsos dom-juanescos: ser infiel a qualquer preço. Satisfazer meus anseios de liberdade inteiramente... Isto é, na prática, reencontrar Maria da Graça, minha constante imagem para masturbações. Cheguei em casa às cinco da tarde vindo do psicanalista. Fazia um calor impressionante e eu estava suado e pensando na Maria da Graça, nas emoções que vivemos sentados na última fila do cinema Alasca, obs·

cenamente engalfinhados e o lanterninha começando a se aproximar! Mas Eliana estava em casa. Esperei ela sair para a aula de francês. Peguei o telefone e liguei. No início, gaguejei. Não gaguejei propriamente: hesitei. Disse, sem rodeios, que a maior diferença entre o Domingos de hoje e o que ela conhecera é que este era mais sincero. Convidei-a para sair. Ela aceitou e falou: "Afinal, você teve importância na minha vida." Falou também que, noutro dia, tinha se lembrado muito de mim porque vira o Ítalo Rossi, e eu era parecidíssimo. Que estava estudando biblioteconomia ou bibliotecologia, sei lá. Nervosos, combinamos de encontrar no sábado. Sábado, para homem casado, é quase impossível. Passei de carro na porta do edifício e creio que a vi na janela. Desencontramos, não chegamos a nos rever. Nunca mais ouvi falar de Maria da Graça.

Da faculdade, lembro pouco. Tinha me interessado por física, meu amigo Joaquim por matemática, e, como éramos rapazinhos que estavam na idade de ganhar seu próprio dinheiro, abrimos, recém-formados, um "cursinho" de vestibular na avenida Copacabana, quase esquina com Constante Ramos, onde experimentaríamos todas as nossas teorias didáticas O curso teve quatro alunos e apenas um ano de vida. Passaram os quatro. Porém, nós desistimos do *business*.

2 | Faculdade

Sim, sou engenheiro. Eletricista. O único engenheiro eletricista brasileiro especializado em eletricidade teórica. Tenho tanto horror daquela faculdade que nunca mais voltei lá, nem para apanhar o diploma. Não tenho CREA. Não tenho nem retrato. Perdi. Só um programa da noite com o nome de todos os formandos, e o meu lá. Domingos José Soares de Oliveira. Engenheiro Eletricista, especialidade em Eletricidade Teórica!

No quinto ano, era obrigatória a escolha de alguma especialização. E eu me lembrava de ter visto, um dia, uma lista das especializações que a faculdade oferecia, que ficava debaixo de um vidro em uma mesa secreta da secretaria. Quando me obrigaram a escolher, requisitei esta: Eletricidade Teórica. O que foi imediatamente negado, uma vez que nunca ninguém ousara esta preferência estranha. Mas se este era exatamente o principal motivo da minha escolha! O curso não estava organizado. As aulas, raras, aconteceram cada uma em um lugar da cidade, com professores incógnitos e indefinidos. Uma beleza. No ano seguinte, a direção da ENE (Escola Nacional de Engenharia) examinou o assunto e concluiu que denegria a imagem vetusta da escola... e acabou para sempre com esta especialização! De modo que sou o único e primeiro "Engenheiro Eletricista brasileiro especializado em Eletricidade Teórica"! Minha monografia final de curso foi sobre "Núcleos Magnéticos" e até hoje não sei bem como se liga uma tomada.

Mas não me arrependo!

Porque foi nesse tempo que tive meu primeiro surto de paixão pela lógica. Que continuo a achar "o melhor modo de atingir a verdadeira loucura". Gostava de matemática, principalmente de física. Também da mecânica, das derivadas e integrais. O prazer orgásmico de quando entendi a síntese newtoniana e a teoria dos limites, esse prazer eu nunca esqueci.

Onde é que estava agora? Entre os vinte e 25, na faculdade de engenharia. Grandes salas, corredores, tetos altos e janelas largas. Muita gente burra passeando de um lado para o outro. A maior parte das pessoas não vê o mistério que as cerca, o que é realmente de uma cegueira escandalosa. Porém, a vida está em todos os lugares, até na ENE. No largo de São Francisco, assim chamado por causa da linda igreja velha que abriga. De vez em quando eu entrava na igreja e ficava lá um tempo.

Na aula de física conheci Joaquim. Éramos simples colegas de turma unidos por um desejo comum: eu queria desmoralizar o catedrático de física e Joaquim também. O famoso Camargo, dono das estacas Solitec. Milionário. Ele ensinava tudo errado, burro e arrogante como uma porta.

Foi assim. Era uma aula interminável do Camargo sobre plano inclinado. Eu e mais um rapaz da última fila, chamado Joaquim Assis, discordávamos do catedrático quanto às leis do plano inclinado. E discutíamos com ele. Logo nos unimos. É um dos meus grandes amigos, amizade que perdura até hoje, envolvendo muitas aventuras. Nós tornamos um inferno a vida do Camargo. Ele começava um assunto, nós discordávamos e não o deixávamos continuar. E, como estudávamos muito, tínhamos sempre a razão.

Na contrapartida desse drama universitário, havia um outro professor que adorávamos, o Hilmar. O professor Hilmar era uma espécie de filósofo da matemática e da física, e calava alto nas nossas pretensões transcendentes. Tínhamos encontrado nosso herói. Era um professor desprezado pela reitoria composta dos camargos da vida. Quantas vezes visitamos o Hilmar em laboratórios desertos ou salas escuras para que nos falasse das ciências e, particularmente, da teoria dos números. Foi com ele que aprendi, por exemplo, que o número 3 é simplesmente o que há de comum entre três árvores, três carros, três dedos, três amores...

A coisa com o Camargo acabou de modo drástico. Sem que eu nem Joaquim soubéssemos, nossos pais foram chamados à reitoria para que o professor lhes comunicasse que seus filhos eram perigosos e subversivos. E possíveis comunistas que poderiam ser expulsos da escola. Minha mãe ficou preocupada. Apoiada na calma e na sapiência de meu pai, chorava, desesperada, repetindo que "filho dela tinha que ser formado, botar anel no dedo". E, principalmente, mais que tudo, "ter direito a prisão especial"!

Uns vinte anos atrás, no cinema com Priscilla, de repente vejo, de longe, uma cara conhecida. Era o Dias! O melhor aluno da escola de engenharia, na minha turma ou em qualquer outra. O Dias era brilhante, genial. Tirava dez em todas as provas. Parecia ter uma vocação para aquilo. Era intocável, para a gente admirar de longe.

Ali, quando a luz do cinema acendeu, era um senhor de cinquenta anos como eu, um pouquinho mais barrigudo, que vinha sorridente na minha direção. Apertamos a mão e ele disse, com um olhar arguto, que adorava os meus filmes, que precisávamos jantar juntos, essas coisas que se diz e não se faz. Hesitei em fazer a pergunta, mas, respirando fundo, falei: "E você, Dias, fez o quê da vida?" Ele respondeu com um sorriso: "A ponte Rio-Niterói." Ele tinha sido autor do projeto e um dos principais responsáveis pela obra. Nunca mais vi o Dias. Perdi o cartão que ele me deu.

*

Recordações vívidas. Lembro-me agora da última vez em que fui à faculdade antes da formatura, ou melhor, lembro-me do momento em que saí de lá, ou melhor, do ruído com que saí de lá. As escadas da escola eram barulhentas, de madeira, e ecoavam meus passos.

Lembro daquela barulheira: meus passos rápidos e jovens descendo aquela escadaria e depois a outra, que dá no largo de São Francisco. Segredos incompartilháveis: o largo de São Francisco foi para mim, naquele instante, a Liberdade — com ele maiúsculo.

Formado, casado e cansado já há algum tempo, vivia meu complicado casamento. Dormíamos tarde e acordávamos tarde. Em geral, encontrávamos com Joaquim. Eliana um dia me deu para ler a primeira parte de seu secretíssimo diário. Era belo. Mostrou também para Joaquim.

Meu amigo Joaquim está muito mal, em plena neurose porque uma noiva o abandonou. A angústia do Joaquim sai dele em ondas visíveis e pode ser percebida a mais de cinco metros.

São quatro da manhã. Volto com Eliana de longa permanência com Joaquim, coisa habitual agora. Ele hoje tocou umas 15 vezes seguidas o tema do filme *Jogos proibidos*. Temo que se mate.

Mas não se matou. Casou com a Eliana logo depois que me separei dela.

Resumindo: Eliana e eu batemos recordes de desentendimento matrimonial. Tivemos dois anos de noivado péssimos, uma péssima lua de mel, dois anos de casamento péssimos, redundando numa separação amigável. Da qual resta a saudade infinita, uma fantasia, uma vontade de conhecer Eliana de novo. Oportunidade que não terei. Uma vez que ela morreu cedo, casada com Joaquim, cada vez mais introvertida, de um câncer malvado. Na verdade, nunca tive tempo de conhecê-la bem...

3 | Primeira boêmia

Quando minha cabeça enlouqueceu pela primeira vez e fui pela primeira vez ao analista, ele chamava-se Passarela. Eu, louquinho, com o braço quebrado, pois tinha dado um soco na parede, tocando flauta na sessão, ouvi de Passarela: "Olha aqui, ninguém faz mal a uma pessoa sem querer o mal dela. Ninguém faz mal a quem ama." Essa clareza absoluta naquela hora me salvou a vida. Saí de meu casamento com Eliana com muita fobia. Tinha sido dura a separação, com a morte de meu amigo Cândido. Não consegui namorar ninguém durante um tempão, nem ter amigos. Ficava a maior parte do tempo sentado no chão, ao lado do piano. Uma espécie de pré-esquizofrênico.

Estava nesse estado quando chegou um primo de Eliana, que era pintor — a família era toda sofisticadíssima —, e me chamou para uma festa, num sítio em Carangola. Acabei indo para essa festa, que era animadíssima, com uma gente mais velha do que eu, superboêmia, onde tomei um porre que durou três dias, e de onde voltei, quatro dias depois, completamente modificado! Vi que não estava sozinho no mundo, que tinha muita gente desesperada, louca como eu, e que sofria como eu. Nessa festa, uma mulher linda me deu um beijo na boca, e nessa festa corria um samba. Então, batuquei tanto sobre a mesa com o gesso que ele se desfez. Saiu sozinho.

Sou uma testemunha ocular/participante/atuante da boêmia carioca do início dos anos 60. Conheci aquela coisa bem. Aquela gente toda morreu porque bebia demais. Eu não. Parei. Mas não me arrependi. A gente começava a beber cerveja de manhã. Não sei como o fígado aguentava. Até hoje penso que, se fosse dada ao ser humano essa capacidade de beber de manhã, seria o paraíso na Terra. Depois de dois uísques é que você começa a perceber o que é o mundo. O que é a realidade. Antes, não.

4 | Os Castelas

Sempre tive muitos amigos. Soube cultivar a amizade de alguns. Até hoje exerço esse esporte. Telefono, escrevo. E elogio sempre que posso. Exaltar as qualidades é das coisas que mais gosto de fazer, sempre que possível.

O que é um amigo? A pergunta, na idade madura, tem resposta complexa. Mas, nos tempos da juventude, amigos são pessoas que fantasiamos serem iguais a nós. Da mesma turma, patota, ideologia, preferências, irmãos de sangue, almas gêmeas. Nascemos uns para os outros. Quando o tempo passa, sempre como um rato na sala, atenua esses exageros e evidencia sua falsidade. As pessoas são diferentes umas das outras, muito diferentes. E é aí que está a graça da coisa!

Enquanto jovens, consideramos que somos parte da mesma corja de anjos. E sofremos ao constatar nossa diferença.

Sempre tive amigos. Sempre pessoas humanamente notáveis. Desprezando o medo de não interessar, cito alguns, utilizando a técnica ancestral das iniciais para proteger maiores envolvimentos. Exemplo: "Estou completamente apaixonado por M. Casarei com ela quando ela me disser as outras letras do seu nome." (Woody Allen)

*

No tempo em que era noivo de Eliana e durante o pouco que durou o casamento, éramos três casais. Todos recém-casados, com pouco mais de vinte anos. Reuníamo-nos quase sempre na casa do Dino.

Três casais, além de mim e de Eliana: F. casada com P.; e Dino, com L., filha de uruguaios. Dino, vocês já conhecem. É judeu inveterado, pais vindos de Rhodes, na Grécia.

Mas não pense o leitor que era tudo harmonia.

Como L. não era judia, houve problemas normais. A iídiche mama do Dino prometeu suicídio, mas ele conseguiu contornar com firmeza esse obstáculo, logo esquecido.

Sempre amei os judeus, eu, embora não tenha conseguido encontrar essa origem na minha árvore genealógica. Admiro o poço fundo de tradição que têm. Talvez porque tenha sido arrancado da minha carteira de colégio aos nove anos de idade e posto dentro do auditório do cinema, porque era obrigatório assistir às cenas da entrada dos americanos no campo de concentração de Auschwitz. Eram centenas de corpos mortos, magros e brancos, sendo jogados por um trator dentro de uma cova imensa, rolando uns por cima dos outros. Talvez a imagem mais absurda que uma câmera jamais filmou. Foi uma ordem do governo Getúlio Vargas, seguindo a norma norte-americana de mostrar o holocausto e todo o seu horror também para as crianças. Achavam que esse tapa na cara seria bom para a consciência cívica. E tinham razão.

Sei que minha carioca reação ao antissemitismo transformou-se em amor e admiração pela raça. Tive muitos amigos judeus a vida inteira. Gosto da idade deles, sua cultura inegável, sua vocação para a inteligência e para a arte. Sua longa história sem pátria, de Moisés passando por Cristo até Freud, confere a qualquer vagabundo judeu uma dignidade rara, comparável à dos melhores intelectuais tropicais.

Foi F. quem batizou o grupo de "Castelas". Era um título de nobreza inventado, sinal de especialidade e excelência da turma.

Ficaríamos juntos para sempre. Juramos solenemente que, acontecesse o que acontecesse, íamos nos reunir em determinado dia do ano, no bar do alto do hotel Miramar, em Copacabana, até o fim das nossas vidas. Foi solene essa reunião, que ocorreu durante quase dez anos! Sete de abril, seis horas da tarde.

No início éramos somente os seis. Depois, namorados, agregados, houve setes de abril que lotaram o bar. Porém, com o passar dos anos e o natural afastamento dos casais, ao encontro final compareceram apenas duas pessoas: Dino e L. Tomaram um drinque melancólico, e escreveram a ata sozinhos, dando por terminada aquela tradição. Os Castelas.

Os divertimentos dos Castelas em seus encontros aos sábados eram sempre voltados para o sexo. Não que fizéssemos em grupo, Deus me livre. Mas havia o desejo de fazê-lo. Era final dos anos 50. Todos muito certinhos, isto é, reprimidíssimos. Jogando no oceano garrafas de culpa. Brincávamos muito do Jogo da Verdade, que a *Nouvelle Vague* (ou foi Fellini?) tinha celebrizado. Brincávamos também de anel, sensualíssimo entre adultos. No rubor das faces, na temperatura das mãos, eu era infalível, sabia sempre para quem fora passado o anel. Chegamos a jogar o *strip poker*, no qual as peças de roupas vão sendo tiradas a cada jogada. Mas este foi o máximo de libertinagem de que os Castelas foram capazes.

Os Castelas representavam a nobilitude da nossa adolescência. Somos todos um pouco reis, príncipes, princesas ou rainhas na adolescência. Um mundo ideal e colorido onde a moral é soberana e as promessas, infinitas. Na verdade, são os poderosos hormônios.

Entre o primeiro e o segundo marido da castela F., tivemos um caso de amor ardente, cujo final não esqueço. Eu costumava, nesses tempos de angústia, entre um casamento e outro, ter várias namoradas, era meu defeito ou feito. Não queria me prender a ninguém, afirmando nos bares que o dom-juanismo era um sentimento cristão e outros brilharecos assim.

O sexo com F. era uma loucura. Certa vez, estávamos tão dentro um do outro, que era como se formássemos um círculo com os nossos corpos. Círculo que girava lentamente na cama, movido pelas estocadas do sexo. Foi bonito aquilo.

F. tinha ido, naquele fim de semana, a São Paulo. Era segunda-feira e eu esperava a sua chegada na minha casa, deitado, seminu. O clima era este. Quando bateu na porta, gritei: "Entra!" Ela entrou, mas não passou do umbral. E disse com voz rouca: "Eu só vim pra te dizer que conheci alguém nesse fim de semana, o homem da minha vida. E que estou voltando pra São Paulo pra ficar com ele." E foi embora sem falar mais nada. Ensinando-me assim o que é a decepção.

F. era muito interessante, intensa e impulsiva. Nós todos éramos apaixonados por ela. Casada e ciumenta como o cão, exigia dos amigos não apenas amizade, mas também honestidade e princípios. Poucos anos depois, F. entraria para a luta armada contra a ditadura. E passaria alguns anos presa. Mas era tão hábil no trato que não chegou a sofrer torturas. Outro dia pedi que fizesse um depoimento para uma câmera, contando sua vida. Ela fez. Viveu em vários países do mundo. No Quênia, na Austrália, na Inglaterra, com vários maridos. Voltou ao Rio já idosa e com um câncer incurável. Que curou com grande facilidade. Não é fácil a F.

5 | Quando conheci Joaquim

Quando conheci Joaquim, no segundo ano da escola de engenharia, fiquei tão entusiasmado que o peguei pelo braço. E, num amanhecer etílico, fui batendo de porta em porta dos Castelas, apresentando, orgulhoso, a maravilha que havia descoberto.

Eu não tinha conhecido antes ninguém tão inteligente. Qualquer coisa intermédia entre um lobo da estepe e um cavaleiro andante. Vocação para matemática e para sabedorias de modo geral. Era estranha a figura. Joaquim tinha um defeito na testa, que, embora marcante, logo desaparecia diante do seu pensamento original e da sua música. Sim, porque o Joaquim tinha um violão e, quando o tocava, parava tudo. Uma voz e um estilo totalmente Caymmi, e por vezes tão bom quanto o mestre. Ele compôs muitas músicas, mas, com o tempo, esqueceu todas. Não sabe mais cantar. Não lembra a letra. O único que lembra sou eu. Sou a única testemunha daquele violão delicadíssimo tocando com precisão o tema do filme *Jogos proibidos*.

Joaquim continuou estudando música e hoje é um dos melhores regentes que conheço de um coro desconhecido que mantém há vinte anos. Amigos são nossa forma ingênua de resumir a humanidade.

6 | De como era a paixão

Nos meus anos dourados, as paixões subiam a níveis indizíveis. Os Castelas gostavam muito de "Ne me quitte pas", de Jacques Brel. Eu preferia "Marieke", com seus sinos dobrando ao fim. A geração atual tem fama de fria, o amor fora de moda. É o que constato. Porém, tendo a não acreditar nisso. A paixão é sempre igual a si mesma. Um velho diário me conta um instante de uma festa normal. Muitos casais dançando. F. estava lá. Seu marido também. Jacques Brel entra na vitrola.

... Eu te olhava. Você de um, eu do outro lado. Se você me olhava, eu tirava os olhos, não aguentava. Aí, sua miserável, você passou a não me olhar mais. Olhávamos para todas as outras pessoas. Nunca um para o outro. Era um jogo encantado. Sabíamos, mesmo sem querer saber, que, naquela sala cheia, só existíamos nós dois e a música.

Ataquei. Prendi meu olhar na tua direção, mas tentei não te ver. Os olhos fora de foco, como se eu estivesse pensando em mim! Você resistiu, ah, como você resistiu! Mas acabou me olhando, trêmula, como se eu tivesse deixado de te amar! Mas se te amarei para sempre! Vencedor e agradecido, fixei sem defesas meu olhar no teu. Por um momento cumprimentamo-nos, com vago sorriso. Ninguém percebeu. Teria sido mortal se alguém tivesse percebido.

Era de novo minha vez. Um vaso de flores perto de mim. Pequenas e amarelas, as flores. Botei uma entre os dedos e iniciei uma discussão absurda sobre um assunto qualquer, com alguém. A discussão tomou calor, era assim que eu queria, mas a flor não saiu dos meus dedos. Não olhei para você, tentei (e até consegui!) ignorar tua presença. Você se vingou imediatamente, entabulando uma conversa com D. sobre cães e gatos. Senti que era o momento exato! Mudei de poltrona e deixei a flor ao lado do cinzeiro. Instantes de ansiedade, mas, quando olhei, te vi em minha poltrona, com a flor entre os dedos. Obrigado, te amo, te amarei sempre!

Foi então que P. tirou você para dançar e eu pus outra dose em meu copo. Jacques Brel começou a cantar. P. é meu único rival verdadeiro, sei disso. Era melhor que eu ignorasse o fato de você estar dançando com ele! Só que não pude me controlar. Comecei a marcar o ritmo da música, estalando os dedos levemente. Depois, com deliberação, diminuí o ritmo e, quando olhei para teus pés, vi que obedeciam a mim, não ao Brel, e então tive menos ciúme.

Ó amor! Logo deixarei de te amar! Mas antes é preciso que você seja minha e que eu seja seu! Possuir você me faria imortal...

Um amigo meu conta que, nessa época da boêmia, saía luz de mim! Era muita vitalidade, muita juventude.

Depois que perdi Eliana, senti uma grande solidão naquele apartamento, enorme para um homem só. Parecia-me que tinha morrido antes da vida começar. Tentava escrever o meu filme de terror. Que depois veio a se chamar *A culpa*. Que outro nome poderia ter, não é verdade? E ao mesmo tempo tomava notas de lembranças do passado. Com 23 anos, já tinha pretensão de ter passado. E desejos de escrever esta biografia.

Agora que tudo passou, posso lembrar. Um dia, no início do namoro, fui almoçar com Eliana no restaurante na floresta da Tijuca, que, acho, está lá até hoje. Éramos muito jovens e estávamos muito apaixonados. Quando saímos, brilhou na nossa frente, baixa, no horizonte, a estrela vespertina. Essa ocorrência pouco extraordinária é também um dos instantes mais grandiosos da minha vida, vida minha.

Porque a vida pode ser entendida assim. Através de momentos que não significam nada para ninguém, mas resumirão o universo para quem viveu.

7 | Sétimo céu

O meu pai sempre aconselhou os filhos a criarem seu negócio próprio, a não serem empregados de ninguém. Até hoje aposto que é um bom conselho. Foi com esse espírito e com meu dinheiro que produzi *Sétimo Céu*. O que não foi para o botequim foi para aquela peça, cuja inspiração veio de um filme mudo que vira. A história me emociona até hoje. Talvez faça parte de uma mitologia minha muito profunda, não sei.

Quando o protagonista volta da guerra, a de 1914, está cego. Mas é tão apaixonado por ela que atravessa a multidão do armistício em linha reta, pois sabe exatamente onde é o Sétimo Céu. Sobe as escadas até o sétimo andar tropeçando e caindo. Durante a guerra, ela teve de trabalhar, sustentar a família, e se transformou numa mulher muito forte. Então, quando se abraçam no final, é uma inversão de papéis. Ele agora é o fraco e ela, a forte; mas o amor continua na mesma altura. Como fazem na física os vasos comunicantes.

Perdido o meu apartamento em Copacabana para os credores, fui morar no bairro Peixoto, que, por falar nisso, estava sendo negociado com José dos Barbantes quando ele morreu. Vovô quase comprou o bairro Peixoto, então composto de terrenos baldios.

Outro desses momentos indescritíveis, dos quais acho que a vida é feita, deu-se pouco depois, quando entrei para essa turma boêmia. Estava no apartamento de Lúcio Cardoso, um autor mineiro bastante famoso, em Ipanema. Todo mundo muito bêbado, às três horas da manhã, e eu sempre apaixonado por alguém. Durmo e, quando acordo, as pessoas da festa estão todas indo embora, o apartamento ficando vazio.

Como não tinha elevador, desço as escadas atrás das pessoas, pedindo para me levarem. Tinham entrado todos numa Kombi, que ficou cheíssima, e fecharam a porta, indiferentes ao meu chamado, às minhas batidas na janela. A bebedeira era muito bravia naquele tempo, muito violenta. E eles riem me vendo chamar, arrancam com a Kombi, e, nesse arrancar, eu rodopio, caio no chão e até machuco a perna. Mas, naquele momento, lembro-me de ter a consciência de estar ali, no meio de Ipanema, tão bêbado, na madrugada, absolutamente só, com a perna machucada, sentado no chão. Tudo que tinha a fazer era levantar, caminhar calmamente até a Visconde de Pirajá, tomar um táxi e ir para minha casa, que estava vazia. Onde só ia ter eu, e dormir. Isso me fez um bem extraordinário. Jamais esquecerei esse momento.

Até hoje não consigo ver a sarjeta como um lugar ruim.

8 | O detalhe e o plano geral

Minha mãe desesperada! Primeiro procurando meus amigos, depois querendo me internar. Até meu pai veio falar comigo. Reconheço que foi barra pesada. Aquela boêmia do BR (Barata Ribeiro) 716.

A banheira cheia de vodca! A polícia batia lá várias vezes, mas eu conversava com os policiais, convidava-os a entrar, dançar um pouco, beber um drinque... Naquele tempo não havia drogas. Era álcool. Sempre fui dentro da lei.

No meio de uma dessas festas, minha mãe telefonou horrorizada e um bêbado qualquer me chamou dizendo: "Sua mãe no telefone." Eu, *trêbado*, peguei aquele fone sempre negro e falei: "Mãezinha, mãezinha, não briga comigo. Só vem pra cá, pra festa! Eu te amo! Ah, mãezinha, eu tinha tanta vontade de trepar com você."

Ela engasgou algumas vezes e nunca mais ligou para uma festa minha.

Nessa época, eu continuava a descobrir Dostoiévski. Gostava dos contos infantis de Oscar Wilde, de Andersen. E já descobrira Camus e Sartre, tendo assim a noção do absurdo pauleira. Provando isso, minha primeira peça profissional, *A estória de muitos amores*, diz assim:

> Dentro do mistério da natureza humana, existe uma região atingível somente através do mais intenso sofrimento, onde repousa a paz. Uma paz branca, quase imbecil, violentamente liberta de limitações materiais, escrúpulos, culpas. Nesta região desesperada (sem dúvida de natureza mística), sentimos de modo inabalável que tudo está bem, não importa como esteja. As emoções mais violentas, os mais bestiais instintos são levados à ação com a pureza de um jogo de crianças. Além do limite suportável do sofrimento, a vida torna-se um palco de uma insólita farsa, onde movemo-nos inconsequentemente como frágeis marionetes, certos de um final feliz, no qual nós mesmos não acreditamos. [Oliveira, 23 anos]

Logo depois dos terríveis incidentes que marcaram a morte do meu amigo Cândido, pai de Eliana, eu quis me separar dela. Um ano depois, casou-se com Joaquim. Os tempos não foram calmos. Não digo que tenham sido tristes, porque a alegria das criaturas jovens não se entristece nem com a chegada do Apocalipse.

Minha disputa amorosa com Joaquim foi muito bem resolvida, e rapidamente. Numa festa em casa, levemente bêbados, estourei dois ovos seguidos na cabeça dele. Não sei que valor simbólico este ato, que sujou o chão da cozinha, teve, mas resolveu tudo. Somos os maiores amigos até hoje.

Minha geração assistiu ao nascimento da pizza. Delícia europeia servida em raros restaurantes do Rio de Janeiro. Aos 18 anos, voltando de uma dessas pizzas, senti uma dorzinha na barriga. Era apendicite. Quem fez a operação foi o marido médico de uma tia minha, sujeito que sempre achei um idiota. Era minha tia mais feia, Judite. E o casamento durou pouco, porque, logo depois, ficou viúva. Mas ela o venerava. Ele era um cirurgião!

Como naquele tempo tudo era muito precário, não fizeram a radiografia de lado e não viram que a apendicite estava supurada. O puto meteu a lâmina sem muito jeito e rompeu a bolsa de pus, que se espalhou pela minha barriga. Fiquei uma semana entre a vida e a morte. Septicemia.

Era período de Festas e uma das lembranças maiores que tenho é a de ouvir os sinos de Natal tocando no hospital, sob efeito de morfina. Lembro-me da maravilha da morfina e de ter sido a primeira vez que senti o estado de graça. Acredito que todo mundo saiba o que é um estado de graça. Sim, em alguns momentos da vida. É o estado em que se compreende a beleza do mundo.

Quando os antibióticos venceram e o perigo passou, o médico me mandou levantar da cama e sentar numa cadeirinha. Nessa hora chegou o meu pai e, quando me viu sentado, começou a chorar sem controle. Nunca vou esquecer. São horas que resumem o universo. Já disse isso?

Dessa apendicite, viria uma longa convalescença, de uns seis meses. Fase em que li muito e me interiorizei bastante. A doença na vida do adolescente é muito importante, porque ele fica, pela primeira vez, sozinho consigo mesmo. Lembro-me de uma música do Nat King Cole que me trazia uma paz enorme. Como estava doente, minha avó me deixava ficar lá na sala grande, a sala de visitas, sempre fechada e com os móveis cobertos com panos. Ficava lá o dia inteiro ouvindo a vitrola. Minha mãe sempre dizia, nos conflitos que tivemos depois, que aquela cirurgia foi que arruinara meu sistema nervoso. Talvez ela tivesse razão. Dor é uma coisa que modifica.

O detalhe e o quadro inteiro. Os bombardeiros e as bombas que explodem no campo deflagrado. Ao escrever estas memórias, sou assaltado por uma pergunta incômoda: deveria ter seguido uma cronologia? E uma imediata resposta: seria um desperdício. Não é assim que atua a memória. A cronologia é apenas o meio consagrado por nossos antepassados para contar histórias. Mas, na verdade, não passa de um hábito, porque a memória não aceita nenhuma cronologia, por natureza. Uma biografia pode e talvez deva ser descontínua como um filme de Godard.

Cuidado, porém, porque a memória cresce quando provocada pelo escritor. Torna-se indomável, fazendo surgir passados que não estavam lá, presentes e futuros, quase aleatoriamente. Como bolhas de champanhe que sobem pelo copo até a cabeça. A biografia é uma tarefa impossível, uma vez que, para escrevê-la, precisaríamos do mesmo tempo da vivência que desejamos narrar...

Possível é juntar memórias soltas, incompreensíveis. Surpreendentes, visto que, em geral, nem sabíamos que estavam lá. Digamos que somente é possível mostrar os detalhes do "plano geral" diante do "quadro inteiro". É perigoso para o escritor porque, sendo obrigado a ter uma visão mesmo turva do "quadro inteiro", pode surpreender-se consigo mesmo! Os "detalhes" são sempre emocionais, violentos e conturbados. Enquanto isso, o "quadro inteiro" tende a tornar-se simples e compreensível. É como nas cenas de guerra que tanto vemos no cinema e na televisão. A câmera filma tranquilamente de dentro do bombardeiro. Mostrando a região atingida, uniforme e cinzenta. Onde, de momento a momento, vemos um pequeno relâmpago de bombas explodindo...

Quero dizer que, olhando esse Domingos e essa Eliana de longe, na distância do quadro inteiro, do ponto de vista do bombardeiro, compreendemos que o amor deles não tinha chance de sobrevivência. É um acinte, um absurdo! São duas crianças, ele com 22 anos e ela com vinte, jogados numa cama! Sem nenhuma defesa, curso ou mapa, sem nenhuma experiência no campo minado do sexo e do amor. Além disso, vindos os dois de famílias tão diferentes e complicadas! Jogados numa cama de casal e cercados pela multidão da expectativa social de que vão se divertir muito, fazer filhos e constituir família. Os coitadinhos não tinham chance.

Tinham de sofrer, agredir um ao outro e depois se separar. Deixo aqui registrado, como autor desta biografia, que perdoo todas as brochadas do casal. Toda a insegurança e todo o ódio que tiveram um do outro. Recordando: Carmelita detestava Eliana, Eliana detestava Carmelita e ambas rangiam os dentes contra Domingos. Solidamente apoiadas pela cruel moral burguesa. Muitas vezes me pergunto se o mundo melhora ou piora. Juro: não sei.

PARTE TRÊS
Sobrevivência

1 | O Artista e o Príncipe

No sempre impiedoso cotidiano, nunca estou sozinho. Ando sempre com dois. O Artista e o Príncipe. Existem situações na vida que somente um dos dois pode resolver. São espécies de guarda-costas espirituais. O diabo é saber, na hora do sufoco, quem você chama. Quantas vezes chamo pelo Príncipe e ele não vem! Talvez devesse chamar pelo Artista.

O Artista quer saber apenas da sua Arte. Afasta-se do Mal não porque seja o Mal, mas sim para não enrijecer sua alma de artista. O Artista tem a Alma como o Atleta tem o corpo. E o Artista sofre muito. O Príncipe não sofre, não almeja a felicidade. Ele é príncipe. É ególatra sem remédio. Devo chamar pelo Artista? Perder o juízo? Sim, porque o Artista não tem juízo.

O Artista adora a si mesmo. É seu próprio Deus. Mesmo seu sofrimento é apenas arma, veículo. O Artista é um desesperado. Afirma que a Arte salva, embora saiba que não salva nada. Como a Vida, a Arte é uma puta. O Artista é primo do Príncipe. É sustentado pelo Príncipe, mas não gosta que saibam disso.

Ambos sabem que a Arte somente tem importância quando dá dinheiro. Toda a história da Arte é contada através da Arte que deu dinheiro. Se não dá dinheiro, não é Arte. Kafka está em todos os jornaleiros.

Há quanto tempo não evoco o Príncipe? A morte? Não digo que o Príncipe aceitaria. Porém, fingiria, até para si mesmo, que aceita. Talvez não haja outro modo de viver o fim da Vida senão na banheira de Dignidade do Príncipe. Pisando nos seus mármores de Aceitação. Doenças? Doenças são todas curáveis, e, quando não forem, não são. O Príncipe é belo, generoso e justo. Para o Príncipe, a Vida é um baile. Esta foi sua opção existencial. O Príncipe tem problemas. Muitos. Mas não incomoda ninguém. Quando sente que pode incomodar, logo se retira. Ambos são homens inteiramente entretidos na tarefa de resolver o Enigma. O Enigma de seu próprio ser. Oculto, verdadeiro, metálico, magmático Desejo. Eles sabem que, quando o descobrirem, serão, além de felizes, imortais.

O Príncipe. Ele nunca está dividido! Bêbado ou sóbrio, quando tem dinheiro no bolso ou quando não tem nenhum, reconhecido ou esquecido, incensado ou humilhado, o Príncipe mantém sempre uma unidade imperturbada baseada nos seus princípios. Sempre ligado às coisas belas e caras, esculturas, quadros, causas nobres.

O nosso Príncipe não se incomoda, por exemplo, quando tem de trocar um pneu. Se houver um criado por perto, passa a tarefa. Senão, é uma beleza vê-lo trocar um pneu. Não se incomoda de sujar as mãos, nem mesmo o terno branco. Assume isso. Faz daquilo algo que vale a pena ser vivido por um príncipe. Ao contrário, é uma beleza de mãos sujas, trocando um pneu. O Príncipe nobiliza o trabalho sujo através da perfeita consciência da sujidade!

Já o Artista quer se suicidar com o tédio de limpar as mãos ou o esforço de apertar os parafusos. Ou pelo menos fica muito zangado de interromper o fluxo da sua criação somente porque o pneu furou. O Artista odeia conversar fiado, jogar cartas, viajar ou qualquer tipo de estímulo externo. Prefere dormir, se for necessário o descanso. E aproveita esse momento para viver a deliciosa experiência do não-ser. Gosta muito das mulheres, o Artista. E as mulheres gostam dele. Diz para todas a mesma coisa: "Se eu tivesse muitas vidas te daria uma."

2 | Eu me recordo do teatro

Há certas coisas que existiram durante milênios e depois deixaram de existir. Os dinossauros foram uma e talvez o teatro seja outra.

Não há gente melhor que a do teatro. Não há quem enfrente mais de peito aberto a condição humana. Embora haja muita burrice no teatro, é o último reduto da inteligência, da resistência contra uma vida banal. Abrimos o jornal e vemos anunciada uma dezena de peças de real intenção artística, embora em geral com mau resultado. Mas o que importa!? O primeiro sincero propósito é fazer arte.

Difícil definir essa palavra arte. Contudo, nós, artistas, sabemos que é um valor indispensável para a sobrevivência da espécie. Para compreender isso, é preciso um mínimo de cultura, de modo que a arte é desprezada em todos os lugares do país brasileiro. O teatro é um gueto. É mínimo. E o cinema brasileiro é uma prostituta de luxo, com suas ambições, sendo a maior delas aquela de ser indústria. Não somos. Somos artistas. Esta diferença deveria ser bem explicada em todos os lugares. No entanto, desgraça. Não temos a pedagogia necessária para explicar ao mundo e principalmente aos políticos o que é a Arte, essa chama roubada dos deuses! Embora saibamos perfeitamente de sua importância social, não temos a pedagogia.

Depois que me separei de Eliana, entrei no meu primeiro curso de teatro, ministrado por um ator americano que estava no Brasil, Jack Brown. Numa sala em cima de um restaurante no fim da rua Domingos Ferreira. Jack! Um jovem ator judeu estudioso que se casara com uma brasileira. Saído das fraldas de Lee Strasberg e rente feito pão quente com os métodos do russo Constantin Stanislavski. Foram dois anos sensacionais. Era uma dezena de alunos na turma, entre os quais o moralmente inesquecível Cláudio Cavalcanti e a Maria Gladys, que logo se tornaram bons amigos.

Lá, na sala do Jack, minha vida mudou de rumo. Enlouqueci ouvindo pela primeira vez o segredo. O segredo da arte de representar. Jack contou em voz calma e quieta o que Stanislavski dissera. "Que o personagem não existe!" Não adianta querer "fazer", "viver" ou "encontrar" o personagem, porque não existe. *Hamlet* é apenas um punhado de linhas escritas num papel. Não existe. Quem existe é você! Pronto: revelado o segredo.

Numa aula, converso incessantemente com uma colega que quero namorar. Jack reclama. Estou atrapalhando a aula. Devo ficar calado. Não consigo. Continuo a conversar. Tomado de um súbito e assustador ódio, Jack avança para mim e me dá um soco. Cadeiras rolam, eu bato na parede. Respondo esmurrando Jack no estômago e depois na cabeça. Os colegas gritam.

Ana Edler, sua esposa brasileira, desce as escadas e manda chamar a polícia. É nesse momento que Jack interrompe tudo. "Calma, pessoal. É tudo fingido. Eu e Domingos combinamos tudo antes: primeira aula de luta corporal encenada, socos e tapas." Foi uma glória na minha vida, essa bobagem. Nós tínhamos enganado todo mundo. E não se esqueçam: no teatro, como na vida, todo mundo presta atenção na reação de quem apanha; não na de quem bate!

"Não sou o príncipe da Dinamarca, minha mãe não matou meu pai, não está trepando com meu tio, não está havendo lá embaixo uma festa sensacional. Se eu fosse louro, se eu fosse dinamarquês e se eu morasse em Helsingor? Não sou nada disso, mas... Se eu fosse? Como agiria?"

Uma pergunta luminosa, que define sem confusões toda a questão da arte de representar. Uma pergunta feita diretamente à imaginação, única faculdade livre do ser humano. Repito esse conhecimento básico para meus atores tantas vezes quanto for necessário. O óbvio é difícil.

O ator é um ser sujeito a pressões constantemente contraditórias. Ele deve ser generoso, uma vez que é artista. Por outro lado, sabe que está só. Sabe que, quando no palco, ninguém poderá protegê-lo. É a solidão do ator que o obriga a pensar, sempre e em primeiro lugar, em si mesmo.

As marcas e as falas devem ser executadas com precisão; mas, cuidado! Nada pior que uma interpretação controlada e comedida. O corpo do ator é o seu instrumento. Qualquer distúrbio físico compromete seu trabalho. O que faz com que o ator passe a adorar o próprio corpo de modo narcisista, não importa o grau de transcendência de sua alma.

Além disso, é uma profissão em que você não pode chegar atrasado, sem sequer telefonar, porque vai ter um bocado de gente esperando.

Portanto, o ator deve ser, ao mesmo tempo: generoso e egocêntrico, louco e controladíssimo, espiritual e materialista, humilde e vaidoso. Conclui-se que se trata de uma atividade altamente esquizofrenizante e comprometedora do caráter. Cuidado com os atores.

Para representar, há que entrar em estado de grandeza. Estabelecer um clima de delícia. Ninguém comanda o espetáculo. Dizem que não pode parar. Mentira. Para a qualquer hora que qualquer um de nós quiser que pare.

Nenhum espetáculo agrada todo mundo. Isso seria uma perversão. Se é informal, natural que os formais não gostem. Se é livre, os reprimidos não gostarão. Se for muito pessoal, será antagonizado pelos amantes do coletivo. Se tiver ótimo astral, pode causar invejas.

Quem pode julgar o artista?

É bom ou ruim o que faço?

Os críticos. Não, eles vão demais ao teatro, coitados. Os amigos? Olha aí, juro, tenho umas cinco ou seis pessoas no mundo que, se gostarem, para mim já está bom. Mas tampouco são bons juízes. Os inimigos? Seria masoquismo. A plateia, o grande sucesso, o público! Já vi tanta coisa boa que o público não vai ver. Tanta coisa péssima que o público vai. Para o bom julgamento resta, naturalmente, a posteridade. Mas que importa isso se não vou estar lá para ver? Não, ninguém pode julgar o artista. Que fica assim eleito seu próprio juiz absoluto.

Na certeza infundada de que não enlouquecemos ainda, criemos. E julguemos. Levando em conta apenas as estrelas que, no momento da criação, cintilaram sobre nossa única oval cabeça.

3 | Eu me recordo do cinema

Rian. Entrando pela porta dos fundos, morto de medo de ser pego em flagrante, porque o filme era proibido para menores de 14. E, lá dentro, no andar de cima, ainda o medo do lanterninha descobrir e me botar para fora. Clifton Webb numa banheira. Gene Tierney. Dana Andrews: Laura!

No Ritz a coisa era pesada. As paixões violentas, o crime, a tortura dos ciúmes. Lizabeth Scott, Wendell Corey, os bigodes terríveis de Zachary Scott. A RKO enviava sinais de rádio diretamente ao meu coração. O Ritz era mais vagabundo, por isso mais perigoso. Lá era mais fácil entrar em filme impróprio. As cadeiras eram de pau.

O Metro. Sessão das duas, ou das quatro, ou das seis, ou todas juntas. Frank Sinatra no fundo de uma mesa de bar cantava "Que coisa é essa chamada amor?".

Na porta do cinema a juventude se reunia, um bem perto do outro no ar refrigerado da portaria, único disponível no verão carioca, grande novidade tecnológica. Jerry dançou com Gene Kelly; Gina Lollobrigida beijou Burt Lancaster no ar em pleno trapézio.

O cinema é a sétima arte. Quais são as outras seis? Afirmo frontalmente que nada, na História da Arte, representou melhor a Alegria humana que os musicais da Metro. Nível Mozart. Sei que a opinião não é nada acadêmica. São também o retrato do clímax de uma civilização, a norte-americana, tão característica, que colonizou o mundo. Somos todos USA. Eles estavam comemorando, representados por Gene Kelly e Fred Astaire, uma guerra ganha contra o inimigo terrível. A humanidade dançava os mesmos passos precisos e tinha enorme prazer nisso.

Pelo menos, na descrição de um campo extremo do comportamento humano, os musicais dos anos 50 são imbatíveis. Os escritores, os homens de teatro, até os músicos se esforçaram ao longo dos tempos para expressar o início das paixões, a primeira vista do Amor. Em Hollywood, tradução "Madeira Sagrada", era fácil fazer isto. Cyd Charisse, com suas pernas sem fim, olhava o austríaco Frederick Austerlitz, entrava a música, davam dois passos sincronizados e nosso coração sabia: estavam apaixonados. Iam se casar e ser felizes para sempre. Nem Goethe descreveria melhor.

Nunca mais ninguém foi tão honesto quanto Spencer Tracy ou Henry Fonda. Era difícil para os jovens cineastas imaginar outra estética para o cinema que não fosse aquela do cinema americano. O neorrealismo e a *Nouvelle Vague* realizaram essa façanha.

Sempre acreditei que não se fazem cineastas. Nascem cineastas.

Por mil razões que seria enfadonho enumerar aqui, o cinema parece estar em decadência. Os filmes bons atualmente são raros e de alguma forma indesejados. O 3D é uma besteira. Os filmes de indústria são feitos para os quarteirões sem perceber que os quarteirões já estão arrasados. O que importa são as sensações. Abaixo sentimentos e razões. Filmes do Oscar podem ser bons, mas definitivamente não são *Cidadão Kane*.

Com 14 anos eu já desenhava meus bonequinhos aplaudindo ou saindo do cinema. Infelizmente, perdi o caderno. Vi muito filme em série, inclusive Tom Mix, no Crispim, perto da casa em Botafogo. A verdade é que minha geração foi criada no cinema. Minha geração é a primeira geração do cinema e talvez seja a última, porque a que veio depois já é da televisão e da internet. Perdoem meu surto de saudosismo.

Joaquim Pedro de Andrade era um príncipe. E foi através dele que entre no cinema, no cargo de segundo assistente de um curta-metragem sobre Manuel Bandeira. De família tradicional, cultíssimo, Joaquim falava baixo e de boca fechada, como se não quisesse ser ouvido. Era o único que Glauber Rocha levava em consideração. Se Glauber era o rei do Cinema Novo, então o Joaquim era seu primeiro-ministro. E somente tinha amigos do mesmo alto nível, como o longilíneo e levemente gago Mário Carneiro, grande fotógrafo do Cinema Novo. Eu, menino ignorante de Botafogo, estremecia diante daqueles deuses. Naquele tempo, para juntar pedaços de filme, era necessário gilete para raspar um celuloide e cola. Ou, no mínimo, fita durex. Provando assim para nossa emoção, o milagre de Eisenstein: que duas imagens juntas criam um terceiro significado.

No plano de filmagem do dia constava "a cena da torradeira". Manuel entrava na cozinha, em seu pijama matinal, botava manteiga numa fatia de pão, enfiava na torradeira e ia para dentro de casa. A câmera ficava na torradeira. Bem, nenhum estudante de cinema de hoje consegue imaginar como pode ser complexo iluminar uma torradeira. E a câmera refletida no metal? E o "eixo", estava certo?

Nunca esquecerei a gravidade da equipe inteira no pequeno apartamento de Bandeira, olhando atentamente para uma torradeira e esperando o momento decisivo em que o pão ia saltar. O filme virgem naquele tempo custava fortunas. Muitas vezes não tinha Tri X, nem mesmo Double X (filmes sensíveis). Era preciso arranjar vários rolos de máquina fotográfica, esvaziá-los no escuro e juntá-los de algum jeito para compor um rolo de três minutos digno da câmera cinematográfica.

Esta sacralidade do cinema foi totalmente esquecida e não pode ser entendida pelos cineastas de hoje. Muita coisa foi banalizada nos tempos modernos.

O crime é uma delas. O cinema é outra.

Será um dia de glória quando o cinema resgatar aquele momento da torradeira.

Eu morria de timidez ali dentro da casa do poeta, num beco do Castelo, no centro da cidade Ficava de mão fria toda vez que tinha de me aproximar de Bandeira. Já era muito ficar na mesma sala que ele.

E um dia a equipe atrasou por causa do trânsito. O encontro era na esquina do Palácio Capanema, e chegamos só nós dois: o Poeta e eu. Calados, sem nenhum assunto possível, ficamos ali uns intermináveis 15 minutos. Foi nesse momento que Manuel abriu a boca e externou uma reflexão de poeta. Espantei-me: ele sabia meu nome! "Domingos, esse lugar aqui não é mais o meu. Não existia nenhum desses edifícios e a cidade era outra. Está vendo essa multidão que anda de um lado para o outro? Eu não conheço nenhum deles. Esse mundo não é mais o meu." Não sei se ruborizei em febre ou se fiquei calado. O Poeta tinha falado. Comigo.

Alguns dias depois, usávamos um equipamento moderníssimo (um trilho sobre o qual deslizava a câmera) para registrar os passos de Manuel em frente à Academia Brasileira de Letras, tudo ao som de sua própria voz, ele dizendo que ia para Pasárgada... O pequeno documentário, *O Poeta do Castelo*, é um dos melhores trabalhos do Joaquim Pedro. Tem uma magia que ninguém sabe de onde vem. Talvez da torradeira ao som da *Pavane*, de Fauré.

*

O cinema, naquele tempo (antes de Godard, da *Nouvelle Vague* e do Cinema Novo), tinha muita coisa que podia e não podia. Regras. Coisas a aprender. Quebra-cabeças quanto à montagem, modo de filmar etc. Não podia cortar do plano geral para o close sem passar pelo plano médio. E possibilidade de "inverter eixo" era um horror. Muitas vezes parava-se a filmagem para se discutir se estava ou não "pulando" o eixo. Ficava todo mundo meia hora apontando para um lado e para o outro, fazendo diagramas para ver se se entendia...

Foi depois que o cinema quebrou todas essas tradições e alcançou a liberdade atual. Atualmente, o bom cinema, além de raro, é a arte do conteúdo. Cada um pode e deve filmar do modo que desejar, desde que veja o filme dentro de si. Não sei bem o que se faz hoje em dia nas escolas de cinema, a não ser ensinar que não há nada a aprender.

Por mim, sempre tive certeza, a cada momento, de onde botar a câmera. Vejo até hoje, em alguns colegas, a ausência dessa capacidade. Eu não. Sempre toquei cinema de ouvido.

4 | Eu me recordo da TV

Nasce a TV. O indiozinho da Tupi aparece na tela trêmula. Minha avó ficava o dia inteiro sentada na cadeira olhando para o indiozinho da Tupi.

TV ao vivo, ninguém desconfiava que pudesse ser de outra forma! No "Grande Teatro Tupi", onde eu e toda minha geração fizemos a cabeça: Fernanda Montenegro, Fernando Torres, mais muita gente e, naturalmente, o chefão Sérgio Britto. O grupo fez mais de quatrocentas peças ao vivo na TV, sempre com "Smile" (Carlitos) no prefixo.

Eu não era um admirador comum de Fernanda Montenegro. Eu queria casar com ela, como Fernando Torres. E Sérgio Britto conquistava, com sua dicção impecável, Fernanda e Nathalia (Timberg) em todo programa.

Sérgio foi um grande homem do teatro, até o fim de sua vida. Há muito a dizer dele. Ensinou-me muitas coisas. Porém, mais que tudo, a autoestima. Ele adorava tudo o que fazia! O Grande Teatro da semana que vem era sempre o melhor que já tinha sido feito. Depois, muitos anos depois, fiquei amigo da Fernanda, uma amizade terna e galante. Presentes que a vida dá.

*

Naquele tempo, a posição do diretor era heroica! Ficava no microfone, como um piloto de avião num bombardeio, falando com os três câmeras ao mesmo tempo. Fascinante, falava como os locutores de jóquei, rapidíssimo.

Lembro-me de Sérgio Britto, em *Tragédia americana*, um clássico lindíssimo do Theodore Dreiser. Há um momento dramático na história em que o personagem principal, feito no cinema por Laurence Olivier, um bancário, vai tirar o dinheiro do cofre para conferi-lo. O cofre se fecha acidentalmente. O dinheiro retirado fica do lado de fora. Nosso herói — que está precisando muito daquele dinheiro, por causa de uma mulher por quem se apaixonou — não consegue mais abrir o cofre! Ele se esforça, mas o cofre não abre! Nosso herói fica então diante da tentação, com aquela enorme soma, um monte de notas na sua frente. E não resiste. Cede, bota o dinheiro no bolso e foge dali. Torna-se um ladrão e daí em diante começa sua grande derrocada em direção ao suicídio...

Mas o que aconteceu foi o seguinte: Sérgio Britto botou o dinheiro para fora, teve a tentação de roubar, esbarrou levemente com o cotovelo — uma coisa muito intensa e bem-feita — e o cofre fechou! O dinheiro do lado de fora, tudo certo. Aí, clima de tensão, música, ele vai lá, tenta abrir o cofre, esforça-se, e o cofre faz o que não devia. Abre escancaradamente! Pálido e em pânico, num átimo de segundo, Sérgio fecha o cofre rapidinho, como se não tivesse visto.

Minha primeira peça encenada na TV, pelo legendário Maurício Sherman, chamava-se *Somos todos do jardim de infância*. Anos depois, desenvolvi o mesmo tema e resultou em *Era uma vez nos anos 50*. Daniel Filho, o Mister TV, foi ver a peça e quis fazer uma minissérie sobre o assunto. Seria a primeira minissérie brasileira. Pediu-me para adaptar *Era uma vez nos anos 50* para a TV. Contratamos Joaquim Assis e Lenita Plonczynski e fizemos 26 capítulos sensacionais. Que não foram ao ar. Como é típico da TV Globo. Decidiram na última hora que seria melhor usar o mesmo mote e ambientar a história na zona norte, na Tijuca. Assim nasceu *Anos dourados.*

Fiquei com minha minissérie na mão, uma pilha de papel que dava para sentar em cima. Depois, transformou-se em *Os melhores anos das nossas vidas* — de novo o teatro. Vai ver que agora, com os modernos canais independentes, volta a ser minissérie. Assim caminha a humanidade.

5 | Historietas do teatro

Geraldo Mateus. Essa tem mais de vinte anos. Geraldo fora nomeado diretor do Theatro Municipal, que sempre foi aquele ninho de cobras. Parece que continua assim até hoje.

Então, Geraldo, cheio de boas intenções, fez uma reunião com todos os funcionários. Era a primeira providência, para saber de tudo e poder descobrir qual era o problema do teatro. E o tempo inteiro um velho funcionário o chamava em um canto, dizendo: "Doutor, preciso falar com o senhor depois." Quando acabou a reunião, ele foi conversar com esse senhor no Amarelinho. E ouviu: "Doutor, estou vendo que o senhor está com boa vontade, e eu sei qual é o problema do Theatro Municipal. O problema do teatro são os espetáculos. Se não tiver espetáculo, não tem problema nenhum."

Dina Sfat. "Irresistível aventura". Dina, uma das mulheres mais bonitas que jamais vieram ao mundo. Minha amiga, naquele ensaio, estava discordando de mim em tudo! As estrelas, mesmo as mais inteligentes, tendem a discordar dos diretores, baseadas na convicção estranha e ultrajante de que, se negarem aquela ideia, mesmo que lhes pareça acertadíssima, o diretor terá outra muito melhor. Quando vi que nossas discordâncias iam prejudicar o resultado, uma vez que a estreia se aproximava, acordei e lhe telefonei: "Minha querida, você está discordando da minha direção. Não temos tempo para isso, de modo que te faço uma proposta séria, em nome da nossa amizade. Deste momento em diante, você é a diretora da peça. Eu sou seu assistente. Dina, espera, escuta. Não precisa ter medo. Eu vou ser um ótimo assistente. Quebro os seus galhos e, se você não souber fazer, eu vou lá e faço o que você quiser. Então, te amo, aceita?"

Ela emitiu uns sons incompreensíveis do outro lado da linha, mas não teve dúvida: disse que não! De jeito nenhum! A partir desse dia, creiam leitores, não discordamos em mais nada. O espetáculo estreou lindo, com tapetes pintados por Rosa Magalhães. Sucesso.

Foi a única vez que fiz Lorca, um grande poeta, e eu adorava sua peça em um ato, *Amores de dom Perlimplim com Belisa em seu jardim*. Guardo até hoje uma frase desse texto, que usei muito para mandar bilhetes a namoradas: "Tu, com todas essas rendas, pareces uma onda, e me dás o mesmo medo que eu menino tinha do mar."

O teatro é a grande máquina Simbolizadora. Um ovo colocado no palco passa a ser O ovo. O mesmo ovo colocado na tela de cinema traz apenas a suspeita de que há uma galinha por perto.

Minha vida teria sido muito pior se não existissem o cinema e o teatro. O teatro tem o tamanho da vida. O teatro e o cinema são a vida sem as partes chatas. O teatro é uma das poucas atividades sem intermediários na sociedade atual.

Você faz uma peça com cinco amigos. É um fracasso. Vão vinte pessoas. Com ingresso popular a 15 reais. São trezentos reais. Os cinco vão à bilheteria, pegam a grana e a dividem, dando ainda uma parte para o diretor. Fica cada um com cinquentinha. Paga o jantar.

Henriette Morineau. A peça era *Testemunha de acusação*, de Agatha Christie. Priscilla, eu e Miguel Oniga estávamos na casa de Teresópolis, no quarto, desesperados, procurando um ator que desse conta do personagem principal, representado no cinema por Charles Laughton. Quem? O sempre ocupadíssimo Paulo Autran?

Paulo faria bem. Mas não podíamos errar. Eu estava saindo de um recente grande sucesso, *Ensina-me a viver*, cuja razão do agrado público fora exatamente a escolha da mitológica Henriette Morineau, grande atriz, para o papel principal. Quem poderia concorrer com uma coisa assim?

Silêncio no quarto, quebrado de repente e laconicamente. "Chama a Madame", disse Miguel, sentado na janela, fumando seu baseado. "É só rescrever o personagem sendo uma mulher em vez de homem. Madame em cena é quase um homem."

(Cabe aqui uma explicação: Henriette Morineau era tão respeitada que ninguém da classe teatral a chamava pelo nome ou mesmo pelo sobrenome. Todos, velhos e moços, sempre a chamaram Madame.)

Eu e Priscilla nos entreolhamos por meio segundo. Não precisávamos consultar Agatha Christie. Miguel estava certo, e assim foi feita a montagem. No BNH, com grande elenco e muito sucesso. Morineau no lugar de Laughton.

Foi a última peça dela. E onde começou a perder a memória. A esclerose passou a atacar e ela acabou por perder toda a memória, apesar de sua brava resistência.

Houve um momento que jamais esquecerei. Estávamos ensaiando uma cena importante e, ao chegarmos à sexta frase, Madame não a sabia; não conseguia se lembrar. A gente lhe dá a frase. "Vamos de novo, Madame." E ela erra outra vez. Não sabe fazer e aquilo se repete dez vezes. Ela fica cada vez mais tensa, doze vezes, até que não aguento mais e da plateia lhe falo: "Madame, por favor, a senhora não quer parar?" Ao que me responde com sua voz de trovão: "Non, Domingos, eu quero morrrrer!"

É possível que o teatro pegue fogo durante o espetáculo, que algum ator morra, de Cacilda a Molière. O palco é um bom lugar para morrer. Tento dizer que, de alguma forma, é perigoso ir ao teatro, mesmo sem falar na falta de estacionamento e nos assaltantes eventuais. Você pode se emocionar demais, pode não conseguir sair no meio da peça, embora tudo seja chatíssimo. Enfim, não se vai ao teatro tão impunemente quanto ao cinema.

Lucélia Santos e Werner Herzog. *Sonho de uma noite de verão*, com a direção do alemão, famoso cineasta, produção da Lucélia.

A tradução é minha, e a tradução era ótima. Foi uma festa quando a li, pela primeira vez, para o elenco inteiro. O mítico Herzog adorou. Mas não entendia nada de português. Adorou pelo acontecimento. Li para os atores. Eu leio bem. Shakespeare era um moleque, um brincalhão, um sensual, um aventureiro da linguagem, e só o traduzindo é que compreendi isto. Porque as traduções, em geral, são péssimas, formais, e ele é um poeta poderosíssimo. Para traduzir uma palavra dele, senti absoluta necessidade de utilizar cinco frases minhas. E muitas vezes cinco frases dele cabiam numa palavra em português.

A língua realmente tem uma especificidade enorme. A língua é um código de alto mistério, uma vez que a palavra escrita é uma convenção simplificada da palavra dita pelo ser humano. Não adaptei nada, fiz uma tradução honesta, uma tradução do que ele estava querendo dizer mesmo, da musicalidade que estava querendo dar às coisas. Fiz um trabalho sério. Adorei fazer, mas tive de tomar esse tipo de liberdade, ou não traduziria de verdade. Toda tradução que tenta seguir o verso ou a palavra pela letra é imbecil. Talvez não existam traduções que reflitam as obras realmente.

No curso do Jack Brown eram sempre apresentados os resultados no final do ano, numa sessão pública. Esse dia inesquecível sempre terminava com alguém declamando as palavras mágicas de Puck, do epílogo de *Sonho de uma noite de verão*: "If we shadows have offended,/ Think but this, and all is mended,/ That you have but slumber'd here/ While these visions did appear" etc., ou, segundo Domingos: "Se vos causamos enfado por sermos sombras, um acertado plano eu sugiro. É pensar que estivestes a sonhar. E, se o sonho serviu de divertimento aos cavalheiros e damas, perdoai a superficialidade das nossas tramas. Talvez no futuro aprendamos a fazer de melhor maneira. E, pondo ponto à brincadeira, quero dizer boa noite a todas as almas. Se quiserdes dar-nos vossa mão agora, iremos todos contentes embora. E, se além disso, por generosidade, ainda quiserdes bater palmas por um instante... Transbordará de felicidade nosso coração de comediante!"

Tônia Carrero. Era uma peça escrita para ela, em parceria com Lenita Plonczynski. Não posso falar de *A volta por cima* sem me lembrar de um dos momentos mais curiosos que tive dentro do teatro. Fomos com a peça para São Paulo, num teatro com mais de mil lugares. O elenco já sabia fazer a peça. O tamanho não assustava. Era um ótimo elenco, admirável. O grande Sebastião Vasconcelos fazia par com Tônia.

A peça estava com tudo dando certo, os mil lugares ocupados, quando chega um assistente nervoso e diz: "Dona Tônia mandou o senhor ir ao camarim dela imediatamente." Fui. E ela então me falou: "Não podemos continuar a peça. Domingos, você tem que dar um jeito nisso, o Sebastião está completamente bêbado!"

Segui ao camarim de Sebastião, a peça rolando. "Não estou bêbado!" Mas estava. Tentei: "Sebastião, você para de beber imediatamente. Tem mil pessoas lá fora assistindo à peça. Temos que continuar."

A resposta veio pastosa, enquanto ele olhava o espelho: "Claro que vou continuar... Um uisquinho antes de entrar em cena não faz mal a ninguém. Esta mulher é louca."

Voltei ao camarim de Tônia e tive por bem apaziguá-la: "Sebastião me garantiu que vai parar de beber. Vamos continuar."

Chega a cena final do segundo ato, auge dramático da peça. O personagem de Sebastião voltava depois de anos de ausência. Não era mais aquele machão do primeiro ato, que abandonara Tônia por uma menina de 17. Era um velho decadente e brocha. Assunto delicado, cena ótima.

Toca a campainha na porta, aparece a silhueta de Sebastião atrás de um vidro esfumaçado. Ele deveria dizer, emocionadamente: "Oi, Dulce. Faz tanto tempo. Posso entrar um instante?" Mas falou: "Oi, Dulce. Você está bem conservada. Como é que vai, tudo certo? Quero entrar aí, hein?" Completamente bêbado. Tônia Carrero empalideceu. Dirigiu-se a passos gaúchos em direção à plateia, parou no proscênio e declarou, com sua classe característica: "Senhoras e senhores, nós vamos interromper o espetáculo neste momento, porque não posso continuar contracenando. O ator está bêbado, de modo que temos que parar a peça aqui." Ao que imediatamente Sebastião respondeu, a voz firme e clara de quem nunca bebeu uma gota: "Eu não estou bêbado. Acontece que essa senhora é uma louca que está inventando coisas! Não sou ator de interromper peças!"

Começaram os dois a brigar no centro do proscênio. O importante, porém, é o que ocorria na plateia. O público estava emocionado. Aquela entrada do marido decadente era esperada com ansiedade e a plateia reagiu contra a interrupção.

O pano fechou. Teve início uma grande balbúrdia, uma vez que as pessoas se recusassem a levantar da poltrona sem saber o fim da história.

Sim, houve brigas no camarim. O noivo da atriz coadjuvante, que era atlético, deu um soco em Sebastião, que, diante do pano fechado, sagrando, tentava falar com o público. Claro que a Carrero já estava lá. Reiniciou-se o bate-boca. "Esta senhora está levantando uma calúnia contra mim, prejudicando minha reputação de ator. Não estou bêbado, eu nem bebo." Tônia retirou-se indignada pela direita. Sebastião, pela esquerda. O público ficou olhando o pano.

Mas o fato é que o tempo passava e ninguém saía, e cada vez os presentes reclamavam mais. Então pediram que eu, na qualidade de diretor, fosse ao palco explicar a situação. Hesitei, mas fui. Expliquei, com charme diretorial, que íamos devolver os ingressos, e não consegui explicar mais nada — tal o teor da vaia.

Decorreram-se quarenta minutos inteiros. Então, decidimos apagar as luzes do teatro, para obrigar as pessoas a saírem. Mas São Paulo é São Paulo. Não saíram. Ficaram no calor e no escuro, como que ensaiadíssimas, batendo palmas ritmadas e gritando: "Recomeça! Recomeça! Recomeça!"

Na obscuridade, tomando cuidado para não cair, consegui chegar aos atores e implorei: "Tônia e Sebastião, vocês têm que continuar a peça! Depois nunca mais se falam. Não faz mal, mas agora têm que continuar a peça!"

Pausa.

A Tônia fez sua melhor cara estoica: "Por mim, eu continuo." Outra pausa estoica e Sebastião concordou. Com eficiência rara, mandei acender as luzes. E abrir o pano. A peça tinha recomeçado.

Sebastião entrou no vidro fumê e sussurrou a frase certa, com a emoção certa: "Oi, Dulce. Faz tanto tempo. Posso entrar um instante?" Tônia Carrero respondeu, deixando claro que o amava ainda: "Pode. A casa é sua."

Ele entrou, sentaram no sofá do centro e fizeram a cena de amor mais convincente que jamais vi no teatro. No final, os aplausos alcançaram os céus enquanto os dois atores agradeciam de mãos dadas.

No dia seguinte, Sebastião seria substituído. Ele e Tônia nunca mais se falaram. É assim o teatro.

No teatro, o espetáculo não é feito apenas pelos atores. É feito por atores e espectadores. O ator é um especialista de um assunto muito particular. É aquele que entende do que acontece quando muitas pessoas se juntam. Já vi muitas vezes atores sendo derrubados (às vezes literalmente) por um antagonismo da plateia, ou, ao contrário, quase levitarem de prazer, erguidos pela solidariedade dos espectadores.

Há um momento no teatro em que as consciências todas consonam. Este momento é sublime, um orgasmo do espírito.

Talvez sejamos, ou tenhamos sido na origem, um só.

6 | Historietas do cinema

Com *Todas as mulheres do mundo*, fiquei numa posição curiosa dentro do cinema brasileiro. O Cinema Novo vivia o pleno vigor de sua juventude. Alguns filmes importantes, em particular *Deus e o diabo na terra do sol*, já tinham sido feitos. Vi *Deus e o diabo* numa sessão inesperada, no Ópera, em Botafogo, depois da meia-noite, das primeiras que houve, acho que a primeira. Tinha umas cem pessoas no cinema, que levaram um susto danado diante da explosão do talento do baiano louco. O filme era excepcional. Ainda tonto fui fazer xixi, depois da sessão, e, no banheiro, fazendo xixi, encontrei Glauber. Escondido lá. Abracei-o emocionadíssimo e disse: "Teu filme é ótimo, maravilhoso. Você é maravilhoso." E ele ficou repetindo: "Não sou eu. É o sertão, é o sertão..."

No trem puxado pelo Glauber, pelo Nelson (Pereira dos Santos), pelo Farias (Roberto) e pelo Joaquim Pedro, havia muitos cineastas. Todos com vigor e com uma preocupação política acima de qualquer outra. Era essa ideologia que unia o Cinema Novo, como se sabe.

Eu nunca tive a preocupação política acima de qualquer outra e, nessa medida, nunca fui considerado do Cinema Novo. A turma gostava muito de mim no campo humano. A gente sabia quem era quem, mas eles todos sempre me esnobaram um pouco. Nunca me deixaram ser um deles. Eu não era um deles. Não havia nada de pessoal nisso. Além do que, eles se esnobavam uns aos outros também. Era uma turma tão talentosa quanto competitiva, cujos poucos sobreviventes brilham até hoje.

Evidentemente, muita gente não gostava do pessoal do Cinema Novo, inclusive vários críticos de direita etc. Com o surgimento de *Todas as mulheres do mundo* (TMM), eu era um prato feito para ser usado como contraponto. Era a "patrulha ideológica", feliz expressão de Cacá Diegues. Parte da promoção que TMM mereceu se deveu a este pequeno e tolo jogo.

Quem disser que o sucesso não sobe à cabeça estará mentindo. Certo de que continuaria para sempre, comecei a preparar com calma meu segundo filme, *Edu, coração de ouro*. Com calma demais, hoje me parece. Eu não deveria ter feito outro filme tão semelhante em aparência a *Todas as mulheres do mundo*.

Todo mundo do meio artístico sabe que, aqui entre nós, não é permitido acertar duas vezes seguidas. Quando você acerta, os porretes todos se levantam e ficam aguardando a oportunidade. Paulo José outro dia me disse: "Quando eu fiz *Edu, coração de ouro*, achei que estava fazendo uma comédia. Revi outro dia. É a história de um homem prestes ao suicídio!"

Conheci Paulo José no verão carioca escaldante. Anos 60. Paulo tinha chegado havia pouco e era o galã revolucionário do Teatro de Arena de São Paulo. Um príncipe, simplesmente um príncipe. Bonito, educado, inteligente — com uma mulher fantástica ao lado. Chamada Dina Sfat, a mulher mais linda que já vi.

Fui ator numa peça em cooperativa que ele dirigiu. Uma peça de ocasião visando aos turistas, *Carnaval para principiantes*, escrita por Eduardo Prado, que viria a ser o autor de meu segundo filme, *Edu, coração de ouro*. No palco comigo, a atriz Joana Fomm. Cantavam no espetáculo, entre outros, Nelson Sargento, Jairzinho, Mauro Duarte e Elton Medeiros. O diretor musical era um rapaz longilíneo e talentoso chamado Paulinho da Viola. Foi um fracasso absoluto. Fazia, na pequena arena da Siqueira Campos, um calor do Senegal. Porém, nos divertimos muito. Nunca mais tive a oportunidade de trabalhar como passista.

Quando veio o filme *Todas as mulheres do mundo*, tive de escolher o ator protagonista, meu alterego. Hesitei. Quem iria tomar nos braços e beijar a boca da minha amada Leila? Paulo José. Os galãs do Cinema Novo tinham de ser personagens inteligentes. Inteligente e bonito só tinha o Paulo.

O ano agora é 2010. Número cabalístico. O tempo corre lentamente. Escrevi muito durante toda a vida. Recentemente, fiz o filme *Juventude*. Grato encontro de três amigos: Paulo José, Aderbal Freire-Filho e eu. Um ator, um diretor e um autor. Ou seja, discordávamos do método antes de cada cena.

Aderbal sempre achando que os problemas podiam ser resolvidos na marcação, na fórmula da cena. O Paulo sempre achando que ele, como ator, podia anular qualquer dificuldade. E eu sempre querendo mudar o texto. Ou seja, foi um encontro realmente representativo.

Sendo os atos humanos praticamente aleatórios e seus pensamentos indubitavelmente caóticos, como organizar uma biografia? Primeiro tentei dividir pelos anos. Ou pelas décadas. Mas não deu. Ficava banal. Dividir pelos trabalhos? Banalíssimo.

Eu sempre soube que, se algum dia tivesse que escrever minha biografia, teria que nomear os capítulos com o nome das mulheres que amei. Sou o que as mulheres que EU amei fizeram de mim.

7 | Historietas da TV

No início de 1970, no auge dos meus fracassos, arranjei de fazer uns documentários no "Globo Shell Especial". Daniel Filho, vendo ali o homem que fizera *Todas as mulheres do mundo*, chamou-me para trabalhar com ele. Sei que, logo depois, estava do outro lado da mesa discutindo com Daniel o teleteatro que ele conseguira criar na Globo: "Caso Especial".

Não tinha muita audiência, embora fosse um projeto ambicioso. Daniel disse que sabia a fórmula de sucesso para o programa. Espantado, perguntei: "Qual?" Ele franziu o cenho, olhou-me nos olhos e falou grosso: "Great actors in great plays!" Ao que respondi imediatamente: "Sérgio Cardoso em O *médico e o monstro!*"

Não quero deixar de observar aqui que alguns dos meus melhores trabalhos foram feitos na TV, apesar das limitações. No dia em que algum pesquisador sério se debruçar sobre a massa medíocre, retirará de lá um tesouro cultural inesperado. Foi feita muita coisa boa, em geral encabeçada por Daniel Filho. Ele diz que foi o Boni e o Walter Clark, mas foi ele quem inventou a Globo.

Devo também observar que o tempo passou e a TV de hoje é muito mais medíocre do que aquela que vivi, que já era insuficiente.

Atravessei as portas da Globo pela última vez, em direção à rua, em 1993, faz mais de vinte anos. Tinha escrito uma minissérie longa e ótima baseada em minhas histórias de Teresópolis. Histórias da serra contando minha vida com Priscilla, a adolescência de Mariana e outras felicidades. Sempre encomendada por Daniel Filho. Porém, ele também obedecia às leis da casa, sendo, portanto, contratado e posto para fora e para dentro com frequência impressionantemente regular.

Daniel tinha recém-caído e uma nova direção da casa decidiu que eu não podia dirigir a minissérie. Com grande cortesia, o novo executivo afirmou que eu era muito bom diretor, muito bom escritor, mas tinha um defeito sério: era muito autoral. De modo que a casa era obrigada a colocar outro diretor para a minissérie, atenuando assim minha autoralidade.

Eu tinha escrito memórias de Teresópolis e eles resolveram fazer em Búzios. Fiquei devendo a mim mesmo uma peça de teatro chamada *Terror e miséria no quarto canal*; antigamente a Globo era no canal 4.

Quando você está na Globo, tem a impressão de que é o mundo, mas não é. É mais ou menos um terço do mundo. Ou menos. Um dia, minha paciência transbordou e decidi que estava na hora de trocar de patrão. Que, se seguisse as regras do jogo com a mesma seriedade e até subserviência que tinha na Globo, o teatro me seria um patrão mais generoso e menos humilhante. Assim fiz e assim foi. Mudei-me conscientemente da TV para o teatro naquele momento. Não me arrependo disso.

8 | Figuras inesquecíveis

Ziembinski formulou em definitivo: "A Globo conseguiu reeditar nos tempos modernos o Império Romano. Se o Boni cumprimenta alguém no corredor, torna esse homem realizado. Se passa e não cumprimenta, consegue reduzi-lo a menos que uma barata."

A TV é uma escola formidável. Você aprende a dirigir ator, em gêneros diferentes. Você aprende a escrever com rapidez e eficiência, agir objetivamente, tomar decisões rápidas. Uma vez aprendidas essas coisas, quando se deixa de ser um aluno, a TV perde todo o seu sentido.

Joaquim Assis conta um conselho de Janete Clair para levantar a audiência de um personagem que não agradava: manda dar uma surra nele, deixe-o bem arrebentado. O interesse cresce imediatamente. Aconteceu com "Roque Santeiro". Não é perfeito?

Pergunta anciã: existe arte na ilha deserta? Provavelmente não. A arte é feita para os outros, em função dos outros. Somente existimos quando espelhados no outro. São tolas as filosofias que discordam disso. Somente falo se você escuta. Somente escuto se você fala. O objeto só existe quando é pensado. O pensamento só existe para pensar o objeto.

José Celso Martinez Corrêa. É impressionante como o Zé Celso conseguiu manter a chama do movimento político dos anos 60. Ele é tão verdadeiro nisso. Sua presença faz com que o tempo recue e que qualquer reunião vire um comício. Na última, a que servi de mediador, apareceu, como aparece sempre, aquele exaltado que se sente injustiçado pela sociedade. E que fica aos berros, longamente contando os problemas particulares dele.

Enquanto isso, uma menina muito bonita, que estava ao lado do rebelde, esvaziou a bolsa no chão e começou a mexer nos objetos como se fossem cartas de tarô, repetindo "eu também preciso falar", com as pernas abertas. O rebelde passou-lhe o microfone e ela imediatamente invadiu o palco, deixando à mostra a calcinha vermelha. Era linda, como todas as loucas.

Eu mediava a reunião. Então, tive por bem mandar tirar o microfone da mão dela. O Zé pegou o microfone e argumentou contra mim, com todo o charme daquelas mãos que balançam. Explicou tudo dizendo que o teatro pertence ao Deus Dionísio, e que em toda reunião tem de aparecer a Pombajira.

A multidão começou a discutir este impecável ponto, anunciando o caos. Até que o bravo Fernando, o administrador, conduziu a gata para fora, como um suave guarda-costas. Antes de chegar à porta, a menina já estava aos prantos no ombro de Fernando.

Também do Zé, *Galileu Galilei*. Uma montagem marcante do Oficina, no exato momento histórico. Uma parte do elenco formada por gente de esquerda; a outra, por quem virara hippie. Esses dois opostos se digladiavam dentro da montagem, e isso era espelhado em cena.

Então, quando Galileu está cego, derramando as lágrimas na cena final, olhando o céu e pedindo à filha que descreva a noite, ela diz: "Noite clara", terminando a peça de Brecht. Mas a luz não chegava a se apagar, porque o palco era todo invadido pelo elenco contracultural fantasiado e cantando "Banho de lua"!

Jorge Dória. O comediante Jorge Dória roubava a cena de quem estivesse ao lado, porque era uma personalidade muito forte. O rei do caco. Lembro-me da peça com Felipe Martins. Dória era obrigado a ficar uns cinco ou dez minutos no canto, escutando Felipinho falar. Então, resolveu matar baratas no palco! Pá, passava uma barata e ele, pá, e aquilo fazia sentido na peça, ninguém sabia. A cena passou a ser uma cena de Dória, o Felipinho ficava doido, mas não dava para reclamar. Era a cena da barata.

Dória era um comediante genial. Nada menos que isso. Tive a honra de conviver bastante com ele. Seu texto sempre terminava a temporada com o dobro, o triplo, do tamanho original. E o público não ia ao teatro para ver as peças, e sim os "cacos" de Dória. Uma vez perguntei à Fernanda Montenegro, de quem ninguém duvida, se ela botava "cacos" nas peças. Fernanda respondeu um momento depois: "Bem, Domingos, se o autor precisa..."

E lá fomos nós para São Paulo. Montar *A morte do caixeiro-viajante* com Jorge Dória. Fiz uma adaptação que me emocionou muito — na qual não dava muita bola para a coisa de esquerda, da política do Arthur Miller, que me parecia ultrapassada — e que centrei na personalidade do Willy Lohman, mais até do que o original.

Dória fez magnificamente bem, e ninguém foi ver. Tinha uma grande mídia, uma página inteira no *Estadão*, mas ninguém foi ver! São Paulo não perdoa. Não conseguia entender como é que Jorge Dória podia ousar. Era um preconceito da cidade inteira! Lohman não seria papel para Dória; no mínimo, para Paulo Autran. No segundo dia, não tinha ninguém para ver. Entendam bem: não é que tenha diminuído de público, não; ninguém foi ver! O público não acreditou na peça.

Dória nunca se interessou pelo riso da plateia. Ele almejava mais! Trabalhava para chegar ao incontrolável frouxo de riso — essa era sua verdadeira meta de comediante. Conta a lenda que, em *Gaiola das loucas*, matou um. Um espectador na plateia teve um enfarte de tanto rir. Quem não viu Jorge Dória não sabe o que perdeu.

Resolvemos, eu e Priscilla, cercar o grande comediante popular com um elenco de jovens. Maravilhosos, inquietos e competentes. Era tudo que o Jorge queria, sem saber. Ali, reinando absoluto em meio à garotada, o ator nos deu uma interpretação precisa e sofisticada da famosa *Escola de mulheres* de Molière. Ficamos em cartaz por muitos meses, casa cheia e aplaudidos por gregos e troianos. Molière talvez não reconhecesse grandes partes de seu texto, mas certamente assinaria embaixo.

Nessa época feliz da minha vida, já estava casado com a atriz Priscilla Rozenbaum. Amor da minha vida. Ela era minha assistente de direção e também tinha papel em todas as peças.

É impressionante o que o amor faz quando encontra o teatro. A dupla, eu e Priscilla, era infernal, imbatível em todos os sentidos. A *Escola* era nosso terceiro grande sucesso consecutivo. Pudera. Estudávamos muito. No café da manhã, na praia, durante o porre da noite, naturalmente na cama. O amor é sexo e o teatro, também.

Ainda não chegou, contudo, a hora de falar de Priscilla.

Pedro Cardoso. O mais internacional, o mais sofisticado, o mais inteligente, o único comediante de estatura que apareceu nas últimas décadas. Vale a pena conhecê-lo. Infelizmente, porém, isso é muito difícil, a menos que você se satisfaça com a visão entre as grades da Grande Família Global. Em sua vida particular, Pedro é um eremita. Detesta social. Merece o título de Molière: é um misantropo.

Um ator imbatível. Não é possível trabalhar com Pedro. Você logo se convence de que tem de trabalhar para Pedro — tal a força de sua personalidade. Ele vive para a família. Faz poucas peças, somente as dele, monólogos em geral. Creiam-me: tem tanto talento quanto Gógol. O *Autofalante* é um estudo da esquizofrenia que bota Capote no bolso. *Os ignorantes* é um exaustivo poema sobre a sociedade em que vivemos. Certa vez, numa entrevista, Pedro me disse: "Não me interessa Deus. Me interessa, muito, a ideia de Deus. A fertilidade poética da ideia de Deus."

(Devo observar, por justiça, que, nos últimos anos, soprou uma aragem de excelentes jovens comediantes nos palcos brasileiros: Gregório Duvivier, Fábio Porchat e muitos outros. São surpreendentes.)

João Bethencourt é enterrado na manhã do primeiro dia de 2007. A imagem de um homem somente se completa no momento em que morre. João foi meu primeiro professor de dramaturgia. Era objetivo e engraçado. Não faltava a uma estreia minha. (Lendário o momento em que um ator, não muito bom, durante um ensaio, reclama que João fala com todos os demais, mas não com ele! "Se eu não falo contigo, meu querido, é porque das duas uma: ou você está tão bem que eu não preciso dizer nada ou você está tão mal que não adianta falar.")

Antunes Filho sempre foi um descobridor de mulheres. Seus enormes elencos femininos eram sempre compostos de moças interessantíssimas, charmosas, belas, que pareciam carregar consigo o grande segredo da tradição paulista. E efetivamente carregavam, uma vez que o grupo de Antunes tinha as características de um claustro, sociedade secreta ou irmandade. Antunes gritava e talvez grite até hoje que o "não" tem mais força do que o "sim", que é preciso demolir o teatro e os atores para que se recomponham melhor. Ele não era o único diretor dessa época que pensava assim. Era bastante comum no teatro. Bem verdade que nunca no nível de Antunes. Sempre acho que, se colocassem todos nós, os diretores de teatro, num prato da balança e o Antunes, de calça jeans e tênis no outro, seu prato pesaria mais.

Foi Antunes Filho! Aquele paulista, filho de padeiros, que mostrou a mim o que era o teatro! Seu alcance. Existe um tipo de amigo com o qual a gente não tem assunto de tanto respeito e afeto. Somos assim, Antunes e eu. Foi ele quem me mostrou o teatro, ou melhor, seus espetáculos me mostraram.

Curioso que eu não tenha gostado muito do famoso *Macunaíma*. Não sei. Sou talvez excessivamente radical no meu apego à clareza, que é a cortesia do filósofo. E o grande espetáculo tropicalista não dava tanta importância a isso... Embora deslumbrante. Com aquelas mulheres todas nuas, brancas, de corpo branco, de talco no corpo branco.

9 | Valentina

Através de Antunes, vivi uma das mais estranhas paixões da minha vida, que até hoje *bouleversa* minha memória.

Estou sentado na primeira fila. O teatro está cheio. O espetáculo é *3× Nelson*, de Antunes Filho. Fora *4× Nelson*, quatro peças do nosso maior dramaturgo, Nelson Rodrigues. Porém, Antunes acabara de cortar uma, alegando a excessiva duração do conjunto. Agora, era *Álbum de família*, *Toda nudez...* e *Beijo no asfalto*.

Luzes do teatro acesas, terceiro sinal em meio ao vozerio. Eu conversava animadamente com um amigo. De repente, em um instante, as luzes se apagaram, as do palco se acenderam, e entraram dez ou 15 atores furiosos, falando rápido e claramente. Levei um susto. Nunca tinha visto uma peça começar assim. Ao contrário, os espetáculos usuais tendiam a começar lentamente, iluminando o cenário e depois tocando o telefone que uma empregada atendia. Ali era diferente. Não era o espectador que dava o ritmo do espetáculo. Era o espetáculo que, vigoroso, acordava o espectador, jogando-o para a ponta da poltrona. Quem quisesse entender, que se esforçasse! Ou que não entendesse, que fosse embora. Esse era o Antunes.

Maravilhado, segui o *Beijo no asfalto* e esperei febrilmente pela segunda peça. *Toda nudez será castigada*, a odisseia da prostituta Geni, que se mata por causa de um bandido boliviano.

Geni é dos melhores personagens femininos da dramaturgia brasileira e a atriz não fazia por menos. Meus olhos não saíam dela por nenhum instante. Era fascinante. Histriônica. Sensual. Técnica. Louca. Sem dúvida, um aparecimento importante no panorama teatral da minha vida.

Seu nome era Valentina. Valentina Ana Leone. Quando o espetáculo acabou, depois de um terrificante e lírico *Álbum de família*, no qual a mesma Valentina fazia o papel da mãe incestuosa, levantei-me aplaudindo, pleno de entusiasmo. Daí em diante não sei como foi. Quando dei por mim, estava dentro do palco, sendo apresentado a ela. Valentina não era uma criança. Era uma mulher. Corpo vigoroso, traços fortes, testa marcante, mão pesada e uma boca enorme. Sotaque paulista forte e uma gargalhada peculiar. E muito talento. Quando olhava para ela, seus olhos ocupavam todo o campo da minha visão. Revelou-se, na conversa, que realmente era a melhor atriz do grupo, respeitada e admirada por todos, predileta do diretor tirano. Subitamente, naqueles bastidores escuros, ficamos somente eu e Geni. Ou Valentina.

Não sei explicar bem como fomos parar na cama do meu hotel naquela mesma noite. Valentina era um vulcão; era envulcanada. Seu modo de fazer sexo era uma demonstração natural de grande vitalidade, sensualidade e até mesmo escândalo.

Eu, que sempre fui um tímido na primeira vez, naquela não encontrei lugar para esse sentimento particular. Foi um desvario rodriguiano. Para dizer de uma vez tudo — uma experiência interessantíssima! Valentina falava muito e eu também. Antes, durante e depois do encontro amoroso. Sobre teatro, sobre arte e também sobre música.

Valentina falou com especial exaltação de seu pai. Um homem do circo, onde Valentina fora criada. Como uma fábula. Homem do circo que tinha feito uma versão em português de uma famosa canção popular ibero-americana, com o que ganhara bastante dinheiro e fama. Valentina falava dele com muito respeito e admiração, embora sofregamente, uma vez que nosso tempo era pouco de tão apaixonado.

Eu estava de carro e fui levá-la em casa no final da noite. Ou melhor, fui me afastando de São Paulo no final da noite, embrenhando-me por subúrbios e mais subúrbios, em lugares onde nunca tinha estado nem querido estar. Mas não tinha medo dos assaltantes, nem da violência urbana da madrugada. Estava bêbado, graças a Deus, e tinha Valentina ao meu lado. Mas não posso negar que tudo aquilo era estranho. Valentina me confessou que Antunes não permitia que atrizes do grupo namorassem com quem não pertencesse ao grupo. E, pertencendo ao grupo, ele tampouco permitia. Não podia namorar. Toda energia deveria ser posta no palco.

Quando cheguei de volta ao meu quarto de hotel, a luz do sol já feria lá fora, naquela São Paulo desvairadamente complexa. Lembrei-me de que tinha outras namoradas no Rio. Mas a ideia nem me incomodou: São Paulo é o lugar onde carioca faz besteira. Talvez, dormindo um pouco, acordasse compreendendo que nada daquilo acontecera, que Valentina era um delírio paulistano.

Tive uma movimentada e truculenta relação com a Valentina Ana Leone durante dois, três anos. Talvez tenha chegado a ser uma paixão. Que não terminou bem, como sempre fiz questão de que todas as minhas paixões terminassem.

Até hoje não sei bem por quê.

Ela era fascinante e eu também. Mas será possível que, para uma relação perdurar, seja preciso mais que um amor? Seja também preciso a mesma visão do amor?

Por outro lado, é verdade que Valentina ganhara uma dupla aprovação. A relação tinha sido liberada tanto por Antunes quanto pelo rigoroso pai dela. Antunes, porque reconhecia em mim um artista. O pai dela, porque achava que eu tinha futuro; era um profissional bem-sucedido do Rio de Janeiro. Capuletos ou Montéquios, enfim, comigo ela podia namorar. Então Valentina, com a imaginação delirante que sempre demonstrou no palco, criou uma história entre nós de uma grandiloquência que não pude suportar. Desde o primeiro dia, estávamos ligados para sempre. Valentina deixava isso claro, ignorando o terror que a ideia me causava.

Nosso amor era, para ela, um filme em cinemascope, som estereofônico, cores, luzes de *Ben-Hur*. Um fenômeno hiper-realista — era assim que ela me amava. Enquanto eu sempre fui um introvertido precoce existencialista, que por acaso nascera carioca da zona sul. Isso criava, não sei se podem entender, constantes, digamos assim, embaraços. Citando um exemplo tolo: certa vez, fez questão de me levar ao parque Ibirapuera, no centro de São Paulo, que ela adorava. Lá chegando, começou a correr quilômetros, rindo de felicidade como numa opereta, e queria que eu fizesse o mesmo. Bem, eu não tinha fôlego, com o tanto que bebera na véspera, nem seria capaz daquela canastrada plena de emoções verdadeiras.

Era uma questão cultural.

Não conseguíamos nos dar bem, porque havia entre nós um gap cultural intransponível. Um motivo do qual me envergonho, porque me parece mesquinho, insuficiente para destruir o grande amor que fomos. Logo a coisa se configurou assim: Valentina me amava loucamente e eu, ingrato, não respondia na mesma moeda. Ela viajou para a Europa numa longa turnê, de onde me escrevia cartas detalhadas, contando tudo sobre a viagem. Enquanto eu, insensível, mal respondia, preferindo gastar meu tempo em namorar brotinhos ipanemenses. E não era nada disso! Valentina e seu mundo me fascinavam. Nosso sexo continha promessas ilimitadas. Mas nada, nenhum carinho foi suficiente. Depois que nos separamos, Valentina ficou com raiva de mim. Não quis mais saber, ou ouvir, telefonar. Aceitei.

Um dia, contudo, quero procurá-la de novo para, talvez, comentarmos alguma coisa sobre os motivos pequenos, que, como tijolos, erguem muralhas intransponíveis. Viva Valentina!

PARTE QUATRO
Leila Diniz

1 | Feliz Natal

Eu dava uma festa de Natal todos os anos. Minha mãe exigia que passasse a meia-noite na casa dela com a família, de modo que saía e só chegava às minhas festas meia-noite e meia, uma hora. Já com todo mundo bêbado e dançando animadamente. Enquanto isso... Quem ficava no apartamento para abrir a porta? Pois é, isso era um problema naquele ano. Estava todo mundo ocupado.

Por volta das oito e meia da noite, saindo para a casa de minha mãe, disposto a deixar a chave com o porteiro, minha campainha tocou. Era uma menininha bonitinha e muito desembaraçada, que me disse ser amiga de um amigo meu. Ela sabia da festa na minha casa e perguntou se podia entrar. Simpatizei com a menina no mesmo instante. Respondi: "Claro, entra. Estou saindo para a casa da minha mãe, e você fica aí, abrindo a porta para quem chegar." Antes de entrar no elevador, perguntei-lhe o nome. "Leila", disse. Desci pensando, talvez porque fosse Natal: "Bonito nome. Tem qualquer coisa de sino..."

Durante a festa eu não a vi.

Naquele tempo, era apaixonado por três ou quatro ao mesmo tempo. Quando digo apaixonado, quero dizer apaixonado. E ficava ocupadíssimo nas festas.

Muitas horas depois, quando as pessoas todas já tinham ido embora, fui levar um amigo em casa. Ao voltar e abrir a porta, aquela bagunça horrorosa, deparei-me com ela, dormindo na poltrona, Leila. Fui lá, acordei e falei que a festa acabara. Ela me disse: "Hoje eu não tenho onde dormir. Posso dormir aqui mesmo. Está bom." Expliquei, então, que na cama era mais confortável, e fiquei com Leila cinco anos.

Eis como ela contou o mesmo momento na famosa entrevista ao *Pasquim*:

> Eu nunca tinha ido a festa de Natal; detesto. Eu não conhecia o Domingos, conhecia só de Teatro Jovem, aquela badalaçãozinha. Eu soube que tinha um cara dando uma festa de Natal pros amigos, sem mãe, nem avó, nem tia chorando, e resolvi ver. Cheguei às oito da noite, e perguntei: "É aqui que tem uma festa de Natal?" Nunca tinha visto o cara, não é? Ele estava evidentemente sozinho, que festa de Natal não começa às oito da noite. Ele disse: "Tem, mas não é agora, é depois, todo mundo vai à ceia com os pais, depois vem pra cá." Eu disse: "Ah bom, se é assim vou ficar aqui e esperar." Ele disse: "Legal, vou sair, depois volto." Aí ele saiu, foi pra casa da mãe dele e eu fiquei, embrulhando os presentes dos amigos dele. Mais tarde, começou a festa e nós nem nos vimos. Ele galinhou com todo mundo, eu galinhei com o mundo, não teve nada. A gente simplesmente se encontrou. Às seis da manhã, eu inteiramente de porre dormindo numa poltrona, ele estava inteiramente de porre dormindo no chão. Como estávamos dormindo os dois, resolvemos dormir juntos. Passamos o dia de Natal trepando. Então, ele botou a festa de Natal no filme, mas de outra forma, mais bonitinha talvez — sei lá.

Meu analista era ortodoxo. Custava uma fortuna. Quantas vezes por semana? Cinco. O nome dele era Vater. Demorei muito tempo para me ligar que Vater significa pai em alemão. Fiz análise com ele por 11 anos! Antigamente era assim.

Quando Leila apareceu na minha casa, na minha vida, era professora de curso primário, de jardim de infância. Minha mãe, que tinha horror de Eliana, bem como de todas as minhas namoradas, sempre adorou Leila. Energia pura.

Costumo sempre brincar de comparar Leila com o ácido lisérgico em gotinhas, o "papel" que se usou muito nos anos 60. Era um papel meio mata-borrão, cortado em quadradinhos mínimos, que se botava na boca. Em cada quadradinho, fora pingada uma gota de LSD. Um negócio muito comum, contudo era a mão do fabricante tremer um pouco e, em certos quadradinhos, caírem duas gotas. Aí a pessoa tomava desavisadamente um ácido fortíssimo, achava ótimo ou morria.

Pois é. A mão de Deus de vez em quando também dá uma tremida. É humano. Ele bota uma gota de energia, de vontade de viver, em cada um de nós. E, em algumas pessoas, muito raramente bota duas. Foi o caso de Leila. Era natural nela uma extrema e ao mesmo tempo calma vitalidade.

Leila — ela era jovem, é claro — era capaz de virar dois, três dias sem dormir, sambando. Adorava dançar, adorava namorar, adorava as pessoas. Naquele Natal, era uma menina de 17 anos que levei para a cama ou que me levou para a cama. Ela dava fácil. Não se dá mais como antigamente. Hoje, sexo é um negócio que tem uma responsabilidade. Tem um peso, por mil motivos. Naquela época, era normal as pessoas simplesmente irem para a cama.

Lembro que, na primeira vez, levei um susto, porque ela era uma menininha, mas com um furor incrível. Sabia tudo, coisas que eu ignorava, e que ela não podia saber. Certamente já nasceu sabendo. Eu também tinha uma puta energia. O sexo era forte, entendido. Mas acho que ela se apaixonou por mim muito pelo meu lado intelectual desesperado.

*

Conheci Leila e logo a coloquei para fazer assistência de direção. A relação entre o diretor e sua assistente é eminentemente sexual. Só quem não faz teatro é que não sabe disso. *Somos todos do jardim de infância*, dentro do meu apartamento, na varanda!

A peça era acompanhada por uma bateria, e, como os moradores do prédio reclamavam, o síndico apagava a luz às dez horas da noite. A gente já sabia exatamente o momento em que apagava a luz. Então, todos entravam com velas, e aquilo passou a ser o melhor momento do espetáculo.

Levamos uma vida muito divertida. Ela participava de minhas coisas todas, mas mantinha as coisas dela, a profissão de professora e os amigos. Coincide com o tempo em que eu fazia o "Show da Noite" na TV Globo, com o Gláucio Gill. De modo que trabalhávamos muito, juntos, sempre juntos. Nunca entendi o amor sem trabalhar junto. Trabalhávamos durante a semana toda e, na sexta-feira, estávamos certamente no Marius Inn, pequena boate no posto 6 onde, pela primeira vez, ouvi os Beatles. Sexta, sábado e às vezes até domingo. Com Gláucio Gill e sua namorada Vera Viana, uma jovem atriz de comédia, também muito bonita, e maliciosa. E o Gláucio estava super por cima. Foi uma época de vinhos e rosas, como se diz.

Aí, transido com a repressão do casamento, incapaz de deixar passar qualquer possibilidade de romance, um dia inventei as folgas. Que deveríamos ter uma noite de folga por semana, para termos outras pessoas. Ela aceitou e, na primeira ou segunda noite dessas, chegou chateada em casa. Triste. Dizendo que tinha dado pra um amigo meu. Fiquei possesso de ciúme, danado da vida com esse meu amigo, que, por sinal, acho que está aí até hoje. Chamei-o em casa, tranquei a porta e disse: "Porra, você é meu amigo. Como é que fica comendo a minha mulher?" Ele respondeu: "Ah, nós estávamos bêbados." Reagi: "Então vou te bater na cara e você vai ter que aguentar." Bati, bati para valer, e ele não revidou.

O fato é que, durante o tempo em que ficamos juntos, Leila sofreu um bocado. Segurou toda a barra da separação do meu primeiro casamento, da história da morte do meu sogro, de toda a literatura existencialista que eu vomitava, e da influência do cinema. Porque eu era uma peste, um menino mimado, egocêntrico até a medula. Não por mal, mas porque era intenso e maravilhoso demais o mundo que girava a minha volta. E Leila aguentou. Eu era foda. Príncipe do desespero. Não sei nem descrever como eu era. Ou melhor, era o homem que sou hoje. Muito revoltado contra a condição existencial. Revoltado principalmente contra a morte. Lembro que, bêbado na madrugada, botava uma perna pra fora da janela dizendo para Leila: "Vou me jogar!" Lembro também que, na primeira peça que escrevi, cujo original achei na minha última arrumação de papéis, o personagem queria se matar para não morrer!

Janeiro de 1964. Peguei todo o dinheirinho que restava dos apartamentos e botei na montagem de minha primeira peça profissional, *A estória de muitos amores*, que se passa num circo decadente. Ficou um mês e meio em cartaz e acabou. A peça estreou em fevereiro e a revolução foi em abril, 1º de abril. Ficou tudo muito inquieto. Saí do Rio com a Leila. Tinha gente escondida no meu apartamento. Uma tensão.

Na verdade, sempre gostei muito do clássico romance entre irmãos. *A estória de muitos amores* tinha um tema assim. Num filme de ação conhecido, *Velocidade máxima*, vagabundo, porém ótimo, um casal atravessa a cidade num ônibus cheio de explosivos. Durante a narrativa, o mocinho conhece a mocinha, não têm tempo nem pra bater um papo, pra perguntar como é o nome um do outro, e, quando veem, estão colaborando, lutando, agindo juntos. E quando, depois de muita tensão, o ônibus para, descobrem que estão vivendo o amor da vida deles, juntos para sempre. Assim acontece com a minha *Estória*. A descoberta do amor que não nasce, sempre foi. Já estava lá antes que os enamorados percebessem.

Leila foi minha mulher, meu amor à primeira vista, minha irmã.

A estória de muitos amores foi um fracasso não só por causa do golpe de 64, mas também porque Sérgio Britto, protagonista, era conhecido pelo público como um galã e não como um dono de circo fracassado. A plateia reagia. Lembro-me, como se fosse hoje, do dia da estreia. Aquelas senhoras todas, e uma delas se levantou, da primeira fila, e fez sinal para outra, na última fila: botando o polegar para baixo. Foi um fracasso!

Depois disso, parei um bocado de tempo. Fiquei sem dinheiro mesmo. Foi quando comecei a escrever para a TV. O Fausto Wolff, poderoso crítico na época — que ficara famoso pela sua primeira resenha, que começava com a seguinte frase: "Como todos sabem, eu sou parco em elogios" —, escreveu dizendo que a peça era boa e que seria melhor ainda se o autor conseguisse evitar que seu circo desabasse sobre sua própria cabeça! Tenho até hoje essa crítica. A Leila fez um caderninho com todos os recortes.

Tenho muito respeito pelo lugar-comum. Muitas vezes, no lugar-comum está a descrição mais exata do fato. Juro. Leila estava tão nervosa que, embora tenha soado sua deixa, recusava-se a entrar em cena na sua primeira peça, um infantil do Rubem Rocha Filho. Bem, eu era o diretor e o namorado, então a empurrei. E assim Leila Diniz entrou em cena pela primeira vez!

Arranjei um emprego. Fui ser redator da *Manchete*. Fiquei um mês. Ali, convenci-me de que não dava. Preferia morrer a ter que acordar todos os dias às sete da manhã e ficar até às seis da tarde trancado num jornal, fazendo um serviço perfeitamente dispensável. Por outro lado, esse período na redação da *Manchete* é inesquecível. Era o novato da turma, o inexperiente, numa sala grande onde se sentavam cinco feras. Todos pareciam com Humphrey Bogart. O chefe da redação, Justino Martins, Zevi Ghivelder, Carlinhos de Oliveira, Raimundo Magalhães Jr, entre outros, e eu lá, fingindo que sabia ler em francês e inglês, com dicionário na mão, copidescando pequenas notícias. Era esse o meu serviço. Aquele barulho, aquele movimento que caracteriza um jornal, angustiava-me. Eu botava algodão nos ouvidos.

Um dia, o grande Justino Martins me chamou na mesa dele, dentro daquele aquário, isolado, e disse: "Quero falar com você uma coisa muito séria." Trêmulo, escutei. "Essa nota que você escreveu — você é jovem, deve ser muito mais inteligente, mais culto do que eu, certamente vai na vida mais longe do que eu —, mas isso aqui que você escreveu é uma merda! E para trabalhar aqui é preciso aprender a fazer bem essa merda. Vai lá fazer de novo!"

No final de um mês de *Manchete*, recebi um telefonema. Pensei: quem será? Era um homem de quem nunca ouvira falar antes, e que me disse: "Meu nome é Abdon Torres, capitão do Exército, mas estou trabalhando em comunicação. Sou diretor de uma rede de televisão que vai abrir daqui a dois anos, chamada TV Globo. Assisti à sua peça, na varanda do apartamento, levado por um amigo. Não sei se vai lembrar, mas gostei muito da peça e queria convidar você para escrever a programação dessa nova emissora." De modo que fui o segundo "produtor" a assinar contrato com a TV Globo.

Botei para dentro todos os amigos (João Bethencourt, Joaquim Assim, Eduardo Prado e outros) e escrevemos a programação durante dois anos. Nada foi ao ar. Iniciando seu destino de republiqueta, porque até hoje a Globo é uma republiqueta, duas ou três semanas antes do lançamento da emissora, houve o primeiro golpe de estado. E caiu o capitão Abdon Torres. Certamente, um homem de dentro da revolução de 64, um militar, mas, ainda assim, um bom sujeito. O cargo foi dado a Mauro Salles, notório publicitário. Inventaram uma TV nova em duas semanas. Foi assim que a TV Globo entrou no ar.

A Globo apareceu mudando o panorama todo. Entrou poderosa no mercado, totalmente apoiada pelo golpe de 64. Então, deram-me um show jornalístico, que, acredito, teve importância nos shows jornalísticos posteriores. Era o "Show da Noite", apresentado por Gláucio

Gill, que eu não conhecia. Teoricamente, demorava duas horas, mas, muitas vezes, levava umas três, porque era ao vivo. De certa forma, já era o Cabaré Filosófico que eu mais tarde faria no teatro. Os amigos iam lá me encontrar para sairmos depois, e eu ficava sentado naquelas cadeiras mostrando-lhes os bastidores, as câmeras filmando tudo. Era um grande sucesso que se repetia todos os dias.

De repente, minha vida ficou aventurosa: acordava de ressaca, na hora que fosse possível, lia os jornais — tinha a assinatura de todos — e ficava com Leila telefonando para as pessoas que iam ser entrevistadas à noite.

2 | Sexta-feira, 13

Uma vez, o Gláucio abriu o show com voz cavernosa, sugestão minha: "Hoje é sexta-feira, 13 de agosto, e por enquanto tudo bem." As luzes então se acenderam e o programa começou. Veio o comercial e ele morreu ali, durante os anúncios. Gláucio avisara que estava meio tonto, e, como eu sabia que ele tinha problema de pressão alta, desci para interromper o show, aumentar o intervalo, mas ele disse: "Não, eu já estou me sentindo melhor." Ainda insisti: "Gláucio, é melhor a gente interromper." Era um amigo recente, porém próximo, um pouco mais velho do que eu. Ele foi firme: "Não interrompe de jeito nenhum! Não precisa interromper, bobagem!" Sentou e começou a conversar com o próximo entrevistado. De repente, olhei e vi. Como se a mão muito pesada de alguém tivesse batido na sua nuca, pendeu para a frente, forte. Corri, os contrarregras correram para tirá-lo da cadeira, para levá-lo ao sofá, e faço a fantasia, que acredito ser realidade, de que ele morreu nesse transcurso, ao longo do qual senti algo muito estranho; mas ele também pode ter morrido ali mesmo, na poltrona, com o golpe do coração.

E foi uma coisa louca! Porque o programa saiu do ar. Ninguém tinha cabeça para nada e várias pessoas telefonavam querendo saber o que acontecera. Quando souberam que Gláucio Gill tinha morrido, começou a chegar muita gente. Era um galã, morreu com trinta e poucos anos. Fizemos o velório dentro do estúdio, os amigos todos lá, o Rio de Janeiro inteiro...

Não esqueço essa imagem, eu completamente louco, berrando pelos corredores da TV Globo, chamando por Leila, que devia estar perdida por ali. Era uma necessidade enorme de tê-la por perto. Meus primeiros contatos com a morte são muito violentos, como esse do Gláucio Gill. E essa morte, de certa forma, determinou o final de meu romance com Leila, que, como todo romance jovem, era muito conflituoso. Nós ficamos deprimidos e nosso caso não resistiu a essa depressão.

Poucos minutos depois da morte de Gláucio, meus olhos procuraram por Leila. Tudo em mim procurou por Leila, mas ela, como já disse, sumira pelos corredores da estação. Eu andava, andava, gritando por ela, mas ela tinha ido beber alguma coisa em algum lugar, dado uma volta no quarteirão... Ficou maluca também. É uma coisa louca ver um amigo morrer na sua frente.

Conto uma dor que meio século não redimiu. O último momento de nosso casamento. Separamo-nos por causa da morte de Gláucio Gill, conforme narrei, que foi uma coisa violenta. Ficamos muito deprimidos. Eu não queria sair de casa e queria me trancar no quarto escuro. Ela queria ir para os bares e encontrar as pessoas. Era sábado à noite, tínhamos raiva um do outro e acabamos a discussão sentados no chão, em frente à porta entreaberta de casa. Foi Leila quem levantou e saiu, chorando muito. Enfim, algo que só uma Leila Diniz poderia realmente fazer. Saiu porta afora e eu fiquei parado ali.

Depois de chorar um rio, saí atrás, para procurá-la, na madrugada, pelos bares repletos, bêbado. Terminei batendo no Marius Inn. A porta estava fechada, porque lotado. Era sábado. Não havia lugar para mais ninguém na boate, "nem para um *habitué* feito o senhor", disse-me o porteiro português de pesado sotaque. Tipo perigoso que o Marius, dono da boate, deixara lá, meio leão de chácara, mas que, solidário, falou: "Se o senhor quiser procurar dona Leila aí dentro, pode entrar e sair." Entreabriu a porta, deixando escapar o som insuportável da música dançante. Eu disse: "Não, não precisa." A cara do porteiro ficou subitamente séria, apiedado de mim. E ele falou em outro tom, desta vez confidencial: "Dona Leila esteve aqui, sim senhor. Mas ficou só meia hora. Estava bêbada, sim senhor. Saiu acompanhada, sim senhor. Um desconhecido, nunca vi aquele tipo."

Leila tinha saído de nossa briga diretamente para o Marius Inn, onde pegou o primeiro menino que encontrou e foi para um dos milhões de motéis entre Leblon e Barra. Uma coisa radical.

Quando Leila morreu, naquele avião que caiu, já tínhamos nos separado havia bastante tempo. Para ser exato, procuro em minhas notas. Sete anos. Eu estava casado com Lenita, morando em Teresópolis, muito feliz com minha filha recém-nascida, Maria Mariana.

Lenita me acordou muito delicadamente: "Leila morreu. Acidente de avião. Os jornais estão dando, a rádio está dando." Saí pelos jardins, depois pelas ruas de Teresópolis, e não quis descer para o enterro. Não quis falar nisso. Algumas pessoas mais próximas dizem que o acidente tem uma lógica, porque Leila não suportaria envelhecer. Fico indignado quando ouço isso! Acho que adoraria envelhecer. Seria uma velha extremamente sapeca. Além disso, ela melhorava como atriz a olhos vistos. Ainda teria toda a sua carreira.

As pessoas morrem.

Guardei poucas fotografias dela.

Também na famosa entrevista ao *Pasquim*, Leila falou:

> O Domingos foi a glória da vida, foi porreta paca fazer o filme. Quando Domingos resolveu fazer *Todas as mulheres do mundo*, eu já estava existindo mais como atriz. Eu comecei com o Domingos lá por 62, fins de 61. Eu era professora mas zoneava bastante por aí. Eu conheci o Domingos porque namorava um

rapaz de teatro, o Luis Eduardo. Naquela época, ele estava fazendo a peça do Domingos. *Somos todos do jardim de infância.* Eu estava voltando ao namorinho com o Luis Eduardo mas conheci o Domingos e dei aquela decisão. Durante a peça, eu já estava na do Domingos, não é? Daí a gente juntou, teve aquela zorra toda... Porque eu sou solteira, não é? Sou casada (PALAVRÃO). Eu fiquei com o Domingos sendo professora, e ainda estudando porque estava fazendo o clássico à noite. Eu ensinava de dia. Fiquei com o Domingos uns três anos, durante um ano e meio eu ainda era professora, depois já era atriz. Como a gente era muito duro, o Domingos escrevia para a *Manchete*; jornal (PALAVRÃO) a quatro, escrevia peças e aquelas coisas, a gente não ganhava dinheiro nenhum e eu ganhava pouco também como professora, então fui fazer anúncio. Trabalhei numa agência de modelo e fiz figuração de filme pra (PALAVRÃO), aqueles filmes americanos todos alucinantes. Ganhava um dinheiro por fora. Não foi através do Domingos. Entrei fazendo ponta em Grande Teatro Tupi, Teatrinho Trol etc. Puxa! Teatrinho Trol naquela época! Eu acho que estou ficando velha. Bem, aí fiz *Todas as mulheres do mundo*; quando a gente fez o filme, já estava separado.

Naquele tempo, psicanálise era uma coisa fria. Ninguém sabia nada sobre o analista e ficava no divã, de costas pra ele. Mas funcionava. Para certo tipo de complicação, funcionava. Um ano depois de começar a fazer análise, *Todas as mulheres do mundo* estava pronto.

Ainda Leila ao *Pasquim*:

> Vinte e quatro anos. Bem: eu entrei para a companhia da Cacilda Becker. Teve um teste. Quando entrei, eu não manjava muito da coisa. Entrei porque não tinha ninguém. Era muito fácil fazer teste: não tinha mais ninguém concorrendo. Entrei lá muito alegre, chorava pra (PALAVRÃO) em cada ensaio: "Não

sei fazer isso, é (PALAVRÃO)" etc. Entrava em cena morrendo de pavor, mas acho teatro chato: aquela coisa de fazer toda noite a mesma coisa.

Mas trabalhar com o Domingos é divertidíssimo! *Todas as mulheres* foi muito duro. A gente estava separado só um ano, ainda estava naquela fase de xingar: filho da (PALAVRÃO), seu cornudo, foi você que foi culpado, não foi, foi você, aquela zorra. *TMM* é um filme ingênuo, uma história de amor que inclusive acaba bem, mas que tem muita verdade, de coração, de útero, do estômago etc. E saiu. A gente se deu porrada paca pra fazer. *TMM* tem tanta ligação comigo, tanta ternura, que é o papel que eu gosto mais.

3 | Fama

Embora já se tenham passado décadas desde que fiz o filme, até hoje sou mais conhecido por *Todas as mulheres* que por qualquer outra coisa. Claro que não gosto nada disso, mas é assim. O filme foi um grande sucesso de crítica e de público, e eu fiquei famoso da noite para o dia.

Depois de duas assistências, em tenra idade, ao Joaquim Pedro de Andrade, fiquei um tempo grande sem fazer cinema. Vendera meu Volkswagen para ficar um período escrevendo o roteiro. Escrevi rápido. Li o texto para amigos, em casa. Era um filme em dois episódios, chamado *Don Juan 66*. O primeiro era baseado na personalidade de um amigo, Eduardo Prado, e chamava-se *Edu, coração de ouro*. No segundo, Edu encontrava um velho companheiro que lhe contava a história de uma *falseta*. Chamava-se *Todas as mulheres do mundo*. Eu pretendia talvez chamar o filme inteiro com esse nome. A turma achou a história interessante, mas me desaconselhou quanto ao título. Parecia título de filme de strip-tease internacional, disseram.

A filmagem começou. A locação principal era, como não podia deixar de ser, meu próprio apartamento. O ator era meu amigo Paulo José, com quem trabalhara antes numa peça: ele era diretor e eu, ator. Para o primeiro plano, a câmera foi posta na varanda, sob o olhar fiel e atento de Mário Carneiro (que não gostava nada daquele início, porque sofria de vertigens e não gostava de câmeras em varanda). Foi aí que lhe perguntei sobre quantas lentes tinha a câmera, do que não sabia. Realmente, eu não sabia nada.

As assistências de direção tinham sido boas experiências humanas, mas não técnicas. Nos primeiros dez minutos, entretanto, aprendi tudo que era possível aprender. Porque o resto... O resto era Leila diante de mim, e uma câmera, e uma coisa para dizer, um grito para gritar.

Não desejo nem tentar descrever o que foi a filmagem. Tudo muito emocionante. Não exageraria se dissesse que filmava um plano e ia lá para dentro chorar um pouco. Por isso a comédia saiu boa. Uma coisa é certa: a emoção que está por trás das câmeras, de um modo ou de outro, fica na película. Essa lição importante eu aprendi então.

Muita gente me ajudou, de verdade, a fazer aquele filme. Mário, Leila, Paulo, Flávio Migliaccio, Luiz Fernando Goulart (diretor de produção), Cláudio MacDowell (assistente), Joanna Fomm, Joaquim Assis e tantos outros que até me engasgo ao lembrar.

O processo de produção foi quase tão romântico quanto o filme. Basta contar que o dinheiro acabou imediatamente após a filmagem. E 14 pessoas entraram na dança, sem nenhum interesse comercial, tomando cada uma 500 contos no banco para que a coisa continuasse, avalizando-se umas às outras.

Todas as mulheres fechou o Festival de Brasília daquele ano: 12 dos 18 prêmios. No primeiro dia de exibição, de volta ao Rio, no Cine Ópera, a fila virava o quarteirão, sem que houvesse nomes especial-mente conhecidos no elenco ou qualquer propaganda maior. O cartaz de Ziraldo/Jaguar foi decisivo. Nelson Rodrigues (que não conhecia) escreveu uma crônica entusiasmada. Era um dos maiores sucessos do cinema brasileiro. Da noite para o dia, não se falava em outra coisa. Virei manchete durante alguns meses.

*

O momento mais sério da filmagem foi a sequência do Quitandinha, quando Paulo diz o poema para Leila nua e depois veste a roupa dela. A sequência não existia no roteiro. Foi escrita durante a filmagem. Em verdade, na Kombi, a caminho da locação.

O Mário Carneiro é quem diz: "O cinema acaba quando começa a datilografia." Claro que é brincadeira, mas também não é. Todas as vezes em que o processo cinematográfico se intensifica a ponto de obrigar a escrever a lápis, em cima da perna, o resultado vale a pena. Ver Leila nua, apontar para ela uma tele, era, para mim, coisa grave. Quando a equipe se trancou naquele quarto de hotel, o clima se cortava à faca.

Porém, o inesquecível, para mim, não é a imagem nem o poema: é o momento que vivemos juntos ali, equipe e atores. Todos compreenderam minha dor e viveram *comigo* aquele momento. Não sei dizer mais que isso. Seria preciso fazer outro filme para dizer mais. Os movimentos de todos tornaram-se lentos e respeitosos. O silêncio, absoluto. Poucas vezes na vida me senti *menos* só.

Quando aquilo acabou (foi trabalho de horas), estávamos exaustos... E ainda restava a outra sequência, a de Paulo vestindo a roupa de Leila. Sequência que fora concebida para ser filmada em mais de trinta planos, devidamente previstos. Não havia a menor chance de cumprir a tarefa. Estávamos todos exauridos, física e emocionalmente.

O diretor de produção me comunicou que um outro dia de filmagens custaria muito dinheiro, que absolutamente não tínhamos. Enquanto eu tentava resolver esta questão irresolvível, Paulo botou na vitrola um velho disco 78 (que estava ali para fins de cenário): *Jambalaya*, sucesso engraçado dos anos 50. Botou o disco e, de cuecas que estava, deu uma cambalhota na cama, saindo do outro lado! O clima subitamente trocou de polo: da funda depressão à alegria esfuziante — como a cambalhota.

Virei para Mário e disse: "Pega a câmera e filma!" Ele respondeu: "Filmo o quê?" — enquanto ligava a câmera e as luzes. E eu comecei a gritar, pedindo a Paulo e Leila que fizessem coisas, que fossem para lá e para cá, Mário filmando... Uma loucura. A cena termina com um bom puro riso de Leila, um riso de verdade. Tudo não demorou mais que 15 minutos.

4 | Conclusão

Para fazer este capítulo sobre Leila, fui pesquisar, como todo mundo que quer saber faz. Sim, porque lá se vão cinquenta e poucos anos. Outra vida, distante e próxima, agora que penso nela. Mas os detalhes não guardei, somente um clima em que viver e trepar eram divertimentos que alimentavam tudo. Não há dúvida, ainda mais vendo nessa distância, de que ela era muito mais livre, mais adulta do que eu. Embora fosse nove anos mais moça. Eu era um babaca, filho de Carmelita, que não me deixava nem respirar. Se não fosse corajoso, melhor dizendo, rebelde, não tinha me aventurado nem levado a vida que levei. Porém, não há dúvida de que, no encontro com Leila, foi ela quem me fez crescer. Não há dúvida.

Leila, depois da separação, sempre me dizia, rindo tristemente: "Um dia, daqui a vinte anos, a gente vai voltar." Dizia sempre. Mas estava errada. Quando me perguntam o que penso da morte, respondo desde então: "Sou contra." Contra.

Ela teria hoje qualquer coisa como 69 anos. Não quero imaginar essa velha maravilhosa, porque ficaria irremediavelmente triste. O escritor Jayme Ovalle, vendo um atropelado no trânsito, disse a alguém: "Morreu, é meu amigo."

*

Eu era um furacão. Um rapaz agitado, que se achava muito feio. E hoje, olhando os retratos, todo mundo diz que era bonito. Não importa. Nunca duvidei da beleza de meu mundo interno. Tenho enorme autoestima. Sempre gostei muito das mulheres. Sempre me dei bem com elas. Conta um amigo daquele tempo que, em certo baile de carnaval, fomos a muitos, avistamos, numa mesa, uma mulher muito bonita. E que, em dado momento, eu sentei lá, completamente bêbado. E exclamei, numa respiração profunda de quem está exausto: "Hoje estou com tanto amor para dar que sai por todos os meus poros." Não me lembro absolutamente desse incidente, mas meu amigo conta que a mulher ficou louca e foi embora da festa comigo. E que eu nem reparei.

As coisas mais tristes da morte são aquelas, da vida, que a gente não faz. Uns anos atrás aconteceu um fato estranho. Ao qual, na verdade, não empresto nenhum significado mais que natural. Um dia comecei a sonhar com Leila. Foi há muitos anos, ainda morava em Teresópolis, num quarto enorme que tinha uma varanda com um telescópio. Sonhei uma noite, depois outra, depois outra. Quatro ao todo, sonhando com Leila.

Sonhei com ela, que estava muito bem, muito saudável, sempre apaixonada e gostando de viver. Conversamos numa mesa de bar. Nós nos gostávamos muito no sonho, como nos nossos primeiros tempos.

Sonhos que dispenso detalhar, mas que eram muito concretos e reviviam nosso amor. Escusado dizer que, depois do segundo sonho, eu não queria mais ficar acordado. Na quarta e última noite, estávamos os dois de repente numa sala grande, contígua à outra, envidraçada. A imagem me lembra da casa de infância que tínhamos em Petrópolis, onde passávamos as férias. Mamãe gostava de trancar as salas, se não havia ninguém lá.

Leila, no sonho, convida-me para passar à outra sala. Eu penso na minha filha, em Lenita, com quem estava casado, nos jardins de Teresópolis... E digo "não". Então, ela vai embora e eu fico. Nunca mais sonhei com ela. Nunca mais.

Não sou capaz de comparar amores. Casei cinco vezes. Nas cinco, amei totalmente. Somente consigo compreender o amor assim, totalmente.

Mas Leila é difícil de esquecer, confesso. Era a bagunça, o esculacho, a diversão, a liberdade. Não fui vê-la de vedete em *Tem banana na banda*, embora tenha dado a maior força. Fiquei com ciúme. Era vedete demais para mim. Tampouco participei dos momentos em que ela mais precisava de ajuda, envolvida com a perseguição policial da nojenta ditadura. Não soube, claro. Devo ter tentado não saber; e consegui. Não sei se teria sido muito útil, mas, do jeito que sou, dedicado aos amores, teria ido até o fundo do abismo, fosse necessário. Arrependo-me de não ter estado com ela naqueles momentos perigosos.

O pai de Leila Diniz era uma grande figura. Separado da mãe, casado com outra mulher, que, por coincidência, morava a dois quarteirões de mim, também no bairro Peixoto. A mãe biológica, que morava longe, Leila sempre visitava. Vivia solitária, como costumam viver os velhos, no distante e quase mitológico bairro de Santa Teresa, naquele tempo. Mas não era uma figura negativa, mesmo assim. Creio que não havia, na história da Leila, figuras negativas. Leila também considerava como "mãe" muitas mulheres. Tinha essa característica. Ela tinha muitas mães, inclusive a minha. Levava isso a sério e gostava de falar disso. Mas o pai era um só, o velho Diniz. Comunistão radical, fiel a si mesmo. Que criou Leila pondo-a para dormir nas bancadas das infindáveis assembleias, reuniões do Partido. Leila se lembrava disso com muito carinho e um verdadeiro orgulho.

Trecho de *Todas as mulheres do mundo*, escrito na Kombi, em cima da perna:

Se não fosse meu o segredo de teu corpo, eu gritaria pra todo mundo. De teus cabelos, sob os quais faz noite escura, de tua boca, que é um poço, com um berço no fundo, onde nasci. De teus dedos, longos como gritos. Teu corpo, para conhecê-lo é preciso muita convivência... Teu sexo é um rio, onde navego meu barco aos ventos de sete paixões. E tua alma. Teu corpo é tua alma.

Por que, tantos anos depois, ainda se noticia publicamente a morte daquela jovem atriz? O que Leila fez para ficar tão famosa? Convenhamos, esta é uma pergunta curiosa. Alguém é transformado em símbolo, como Elvis ou Marylin. Mas Leila não tinha uma indústria cinematográfica para sustentar seu mito, nem a popularidade internacional do roqueiro gordo. Tampouco escreveu livros ou entrou para a política, como Evita, nem erigiu catedrais. Por que, então, famosa quase cinquenta anos depois? Quem mais tem esse tipo de glória? Getúlio Vargas, talvez?

Hoje vejo Leila como uma figura revolucionária. Talvez isso. Uma filha de comunista, muito inteligente, da verdadeira inteligência, aquela que vê antes, que prevê. Ela previu que a verdadeira revolução não era de direita nem de esquerda, e sim cultural. Esta verdade profunda pouco depois se definiu escandalosamente e mudou o mundo, com os hippies e o movimento da contracultura. Mas Leila agiu primeiro. Percebeu que certos preconceitos sociais estavam prestes a cair. Necessitavam somente de um peteleco para ruírem, para que a multidão passasse marchando em cima. Dizer palavrão? Todo mundo queria e Leila disse (sendo assim responsável por um vigoroso enriquecimento da linguagem brasileira!). Servir-se no balcão do botequim, como só faziam os homens? Amar sem complicação, como nem os homens? Todas as mulheres do mundo queriam apanhar sol em suas barrigas grávidas. Leila fez. Leila fazia. Era ação no sentido certo; era, portanto, a revolução vitoriosa. É evidente que não foi um plano organizado: a Diniz tinha a vocação da revolução. Uma mestra da práxis.

Toda sociedade tem sua parede de tabus. É só dar um soco ali que aquilo fura. O que seria uma Leila Diniz hoje em dia? Alguém que se recusa publicamente a pagar imposto de renda porque o dinheiro está sendo mal usado? Ou alguém que, em nenhuma hipótese, dirige a palavra a um PM ou a um corrupto? Sei lá. Não sou um revolucionário inspirado. Leila inventaria coisas muito mais engraçadas.

Esta, contudo, explicação ainda parece pouca e mesquinha. Afinal, são muitos anos da maior glória do mundo, que é aquela de ser lembrado depois da morte.

Uma segunda explicação, mais silenciosa. E mais arguta. Tentarei declinar: sou pessoalmente contra a morte de Leila. Não fui ao enterro, e até bem pouco atrás me recusava a falar disso. Sou contra. Contra a morte de Leila, contra a morte: trata-se de uma rebeldia contra a condição existencial. E não sou eu que sou contra. Todo mundo é. A morte é inaceitável, revoltante. Porém, pobres mortais, raramente encontramos uma oportunidade de berrar isso a plenos pulmões. Leila lega a nós essa oportunidade: somos todos contra a morte de Leila Diniz.

Mas, sinceramente, também essa explicação me parece pouca, pouquíssima. Afinal, tanta gente boa morre e não é lembrada. A explicação que mais me satisfaz é inconcreta.

Desconfio de que o amor que um bota no mundo (e a beleza que bota no mundo, e a alegria que bota no mundo) de alguma forma fica no mundo. É seu patrimônio, sua riqueza. Leila, na sua barbaramente fugaz trajetória, deu muito amor, beleza e alegria ao mundo. Por isso nos lembramos dela e comemoramos sua vinda e vida.

PARTE CINCO
Ohana

1 | Nazareth

Confesso que, como muita gente, sempre vivi o amor acima de tudo. Claro que "existem coisas no mundo fora as garotas" (Bogart). Mas é como se todo saber humano fluísse pelo leito do sexo. Contra a morte, a única reação possível é procriar. Esta estratégia repousa no fundo de toda consciência.

No período entre Leila e Nazareth, numa espécie de solidão divertida ou carência delirante, tive três namoradas ao mesmo tempo. E ainda tinha de ganhar a vida. Não saía da cama. Em geral, bebendo demais e brochando com as três.

S. era uma atriz experiente, um pouco mais velha do que eu, que só faltou me dar porrada quando viu *Todas as mulheres do mundo* montado pela primeira vez. É que vivera com ela certa situação que coloquei no filme, como se tivesse vivido com Leila. S. não gostou, ficou com um ciúme assassino, achou que eu não tinha aquele direito, que era uma espécie de invasão de privacidade ao contrário. Não entendi. Não acho nada de mais. Vocês acham alguma coisa de mais?

A segunda namorada do trio tinha um sorriso quilométrico. Era deslumbrantemente mulata, bem mais alta do que eu, minha amiga, ótimo coração, e tinha feito uma ponta em *Todas as mulheres do mundo*.

A terceira era finíssima. Muitos anos depois, casou-se com um economista importante do Plano Cruzado. Convenhamos, eram tipos diversos. Tantos romances demandavam certa agilidade que eu já não tinha.

Foi quando agiu a providência e, no meio dessa namoração, apareceu Nazareth, Nazareth Ohana. Uma amiga. De vez em quando ficávamos juntos e era ótimo. Ela tinha muito senso de humor. Nazareth conseguia ser mais namoradeira do que eu! Talvez por isso, pouco a pouco, sem perceber, fui acabando com uma por uma das três e casando com ela.

Sempre tive vontade de ser solteiro e sempre fui casado. São pequenos os intervalos entre uma paixão e outra. É claro que esses tempos têm paixões de segundo e terceiro graus, digamos assim. Mas, sempre nas fases de separação, minha vida pulou um degrau, para não dizer dois ou três degraus de uma vez, como se faz com uma escada que se sobe alegremente.

Sei que é patético. Como nunca fui capaz de ser infiel sem culpas, tive poucas amantes nos tempos de casado. Era "muito barulho por nada".

Sempre achei que era o homem das mulheres, o exaltado cantor do sexo. O garanhão, o cavalo bravo que, diante do amor, não reconhecia obstáculos. Depois, muito depois, nos últimos anos, vim entendendo isso melhor. A culpa é toda de Carmelita. Fui criado por mulheres tão fortes e dominadoras que minha alma é diretamente rebelde contra elas. Somente pude agir de dois modos: ou eu matava todas elas por degolamento, com posterior antropofagia, ou tinha por elas um sentimento tão forte que pudesse conter esses crimes.

*

Fazendo um balanço da minha vida íntima, percebo hoje que, por causa de certos filmes que fiz, dizem que entendo de mulheres. Nada mais falso. Declaro que não entendo.

As mulheres têm certeza de que o tempo comporta-se muito mal em passar! Uma menor ruga ou a primeira daquelas coisas imperceptíveis que chamam de celulite, e o mundo vem abaixo. A queda das bundas é sofrida milímetro a milímetro, desde os 17. As idades são frequentemente mentidas. Uma tolice. Todo mundo tem a idade que tem! Doces criaturas!

Rodin, o escultor, disse certa vez que o clímax da beleza feminina é um momento antes da perda da virgindade. Depois, os traços já apresentam sinais da "fadiga da paixão". As mulheres detestam esse pensamento, jogam Rodin no inferno para sempre, não importa aquele beijo bonito que esculpiu.

Os homens amam sem dúvida a inocência das jovenzinhas, para quem é possível ensinar muitas coisas sobre o mundo, dentro e fora da cama. Não somente o poder é afrodisíaco. O magistério também é. Mas a verdade é que, de modo geral, os homens apreciam as mulheres independentemente da idade.

Queridas leitoras, despreocupem-se. Vocês são poderosíssimas. São nossos jardins das delícias! Nós comemos em vossas mãozinhas! Além do mais, são vocês que nos escolhem. Não se permitam pensar o contrário. Para nós, resta apenas a tarefa de fazer gracinhas na esperança de sermos escolhidos.

Um novo amor é mais do que uma vivência. É uma cultura. É como se, na cama, não houvesse máscaras, ou houvesse menos máscaras. Você pode ver as personalidades muito claramente, e isso é fascinante. Acho que também chega a um ponto em que aprendemos que há um número ilimitado de culturas.

*

Nazareth me foi apresentada pelo Eduardo Prado. Era baixinha, meio gordinha, não tão bonita quanto Leila... Era, no entanto, uma mulher muito inteligente, sarcástica, irônica, divertida.

Apesar de parecer que minha relação com Leila era toda sexual, na verdade tinha como base a alegria. Éramos tão jovens! Sexualmente, porém, era simples. Com Nazareth, não. Era requintado, com formas mais elaboradas e espertas.

Estivemos juntos durante uns quatro anos. E, como compulsoriamente profissionalizei todas as mulheres com quem me casei, ela acabou se tornando uma respeitada montadora de cinema. Tinha talento. Seguiu a profissão. Fez muitos filmes.

Se você me perguntar quem era Nazareth, se me pedir essa redução, diria que era o tipo de mulher que desaparece no meio do baile de carnaval. Eu sofria muito com ela. E alcancei degradações bastante notórias.

Lembro-me de uma alta madrugada chuvosa no Jardim de Alah. Estava sem carro, que quebrara, e eu não tinha dinheiro para consertar. Encontro um amigo de quem tinha ciúmes especialmente cruéis. Com razão, porque era um cafajeste conhecido pelo seu sarcasmo inconvenientíssimo, um desses tipos famosos que, de tão fodidos, são queridos. Eu surpreendera certa vez ele e Nazareth conversando intimamente. Então, vejam os senhores a que ponto o ciúme degrada um homem. Eu pedi a ele, ao cafajeste, debaixo da chuva, que, por favor, não levasse Nazareth para a cama (!). Pedi por favor.

Imagine-se minha vergonha na manhã seguinte. Porque não sou ciumento. Sou contra o ciúme, prática e teoricamente. Quebro espelhos que mostram meu lado ciumento. Embora saiba que ciúme cada um tem o seu. Pedi!

Foi a relação mais complicada que tive, porque era um casamento aberto, quase sem compromisso um com o outro. Aberto como uma masmorra.

Nazareth e eu vivíamos entre ciúmes. Ela tinha casos inteiros com vários homens, às vezes com amigos íntimos. Confesso que tive de interromper um dia de filmagem ao descobrir que estava namorando o assistente de câmera, meu primo. Claro que eu também teria casos, se tivesse tempo, se não estivesse tão ocupado por causa da falta de bilheteria.

Os homens em geral gostavam muito dela, na mesma intensidade que suas esposas a detestavam. Brigávamos ao limite da violência, mas éramos muito ligados. Uma forte identificação nos unia. Muitas vezes dormíamos um dentro do outro, e essa recordação traz ternura. Mas não nego que foi penoso. O ciúme é uma coisa horrorosa, um monstro dos olhos verdes, uma falta de educação.

Durante todo o tempo que ficamos juntos, queríamos acabar. Até que num dia como os outros, em meio a uma discussão como as outras, num carro, numa rua como as outras, disse: "Então vamos acabar agora!" Abri a porta e saí. E acabou.

Editamos juntos *Edu, coração de ouro*, *As duas faces da moeda* e outros. Em *As duas faces*, ela faz uma personagem grande, revelando que também era boa atriz.

Depois que nos separamos naquele sinal de rua, ficamos muito tempo sem nos ver. Tomamos caminhos diferentes. Eu casei com Lenita e acabei indo morar em Teresópolis. Quando reencontrei Claudia, a filha mais nova de Nazareth, ela tinha se transformado numa atriz exuberante, uma sedutora menina de 17 ou 18 anos, semeando paixões como a mãe. Já estrelara um filme de cangaço dirigido por um diretor notório e tinha uma carreira pela frente.

Ficamos amigos, eu e Claudia. Adoro a Claudia. É curioso verificar atualmente, "do detalhe ao quadro inteiro", que meu encanto pela Nazareth passou pelas crianças. Brinquei muito com elas, fiz muito dever de casa no chão daquele apartamento. Creio que, nos meus maduros quarenta anos, desejava muito uma família.

A Nazareth tinha uma nostalgia absolutamente encantadora. Não identificava obrigatoriamente o amor com o sexo, como em geral fazem as mulheres. Há um mito de que os casais preferem relações visivelmente passionais. Nem sempre. Um encontro pensado tem seu lugar. Há quem diga inclusive que o amor atrapalha o sexo. Essa afirmativa sempre me escandalizou.

Foram tempos duros. Minha vida era acordar cedo, tomar uma boa dose de anfetaminas, disfarçadas de remédio para emagrecer, e ir para a cidade. Correr de banco em banco tentando o jogo delirante da troca de promissórias com a finalidade de evitar o protesto. Voltava toda tarde para a casa de Nazareth como se morasse lá. Ela gostava de jogar xadrez e não é toda mulher que gosta. E com dois amigos devidamente competitivos, Dino e Stephan, tínhamos uma roda de "King" uma vez por semana, que ia até às cinco da manhã.

Meu apartamento era pequenino agora, em frente ao edifício dos jornalistas, no Leblon. Nazareth morava no fundo de uma vila em Ipanema, no segundo andar. Meu lado ciumento delirava que rivais infames galgavam pela parede do primeiro andar, chegando ao quarto dela. Foram tempos árduos.

Na minha memória, foi verão durante quatro anos. Eu, de terno e gravata, suava até a medula implorando de gerente em gerente. Lembro uma vez que passei pela casa de meu irmão José em Jacarepaguá para apanhar um papel qualquer e levar a um cartório. Meu carro era todo quebrado. Não tinha ar refrigerado. O calor me entontecia. Saltei do carro e, antes de cumprimentar meu irmão, mergulhei numa pequena piscina, nos fundos da casa. Sem sequer pensar em tirar sapatos ou gravata. Devia realmente fazer muito calor naquele dia, pois cheguei na cidade e, quando consegui estacionar, já estava completamente seco. Nenhum gerente poderia adivinhar meu pequeno ato de liberdade.

Foi nessa época da minha vida que reapareceu Maurício Sherman. Não esquecemos o nome do homem que nos deu o primeiro emprego: fazer uns textos para uma revista de fotonovela.

Dezenas de anos depois, este mesmo Sherman me ensinou uma coisa importante, diante do elevador grande da portaria da TV Globo, onde muita gente constantemente entra e sai. Encontrei o velho Maurício com surpresa. Havia muito tempo ele não aparecia por lá. Todos sabiam que sofrera um acidente grave e, durante uns dois anos, eu e os outros acreditávamos que ele morreria. Estava extraordinariamente magro, de muletas. Mas estava ótimo, fora isso. Animado e alegre, como quem detivesse um segredo. E me disse, com ar professoral, os dois olhinhos judeus azuis fechados na minha alma: "Domingos, a recuperação existe, um homem tem a capacidade de se recuperar."

O tempo parou por um rápido instante e recomeçou com a saída da multidão do elevador.

Correram perigo de vida, na minha imaginação, muitos caixas de banco e até gerentes. Na tentativa de continuar fazendo filmes, entreguei-me à ciranda dos agiotas, banqueiros e doleiros, capaz de reduzir a pó até um diamante. Passei anos, não sei quantos, pagando dívidas. Pegando um empréstimo para pagar os juros em tempos de inflação. Até que um dia, com a cabeça vazia de pensamentos, ou seja, em estado de lucidez absoluta, reuni todos os papéis da firma e juntei num único pacote, subi até a curva da Niemeyer, num precipício bem alto, peguei aquilo tudo e joguei no mar!

Porém, continuei a trabalhar até pagar as pessoas, aqueles que tinham me ajudado, meus amigos. As grandes dívidas com os impostos, órgãos governamentais, simplesmente não paguei. Chegava à sala do gerente e o cara dizia: "Você está atrasadíssimo nas suas promissórias, mas *Todas as mulheres do mundo* é um belo filme, nós te respeitamos, vamos fazer o seguinte: rasgamos as promissórias e assinamos outras para pagamento a longo prazo. Vinte e quatro meses?" Respondia: "Desculpe, agradeço muitíssimo, mas não assino. Não assino e não pago porque não vou ter o dinheiro para pagar. Desculpe, não estou preocupado com isso. Não cometi nenhum crime. Só fiz filmes. Não pago e acabou."

Não houve nenhuma represália. Não podem acionar um homem que não tem bens. E, como na Rússia antiga, não se pode ir para a prisão por causa de dívidas — vejam como o Brasil é um país formidável. Não acontece nada quando você deve. E, com os anos, você acaba pagando, se for um homem honesto. Cinco anos depois, não tinha mais dívidas. E não fui protestado, não perdi meu nome, que continuou sendo Domingos.

Um homem de verdade tem de passar pela infidelidade. Compreender o que é um corno é importante. Dá caráter. Ser marido apaixonado de mulher infiel apaixonada por você é experiência imperdível na construção de uma verdadeira masculinidade.

O escritor tem problemas. Todo mundo sempre me disse isso, mas nunca acreditei muito, tal o prazer que sempre me deu o ato de escrever. Claro que, numa biografia, é diferente. Está acontecendo, por exemplo, o fenômeno de inversão. De eu ter de mentir para contar a verdade. Se obedecer ao rés do chão da memória ou respeitar o fato, estarei mentindo.

O escritor tem medo da história que conta. Esse medo faz com que você realmente fantasie além da medida. Temo ter descrito Nazareth como uma cortesã libertina em Tebas. Fiz isso? Peço desculpas.

O que ela significou na minha vida? Sei que muito. E eu também na vida dela. Talvez os excessos, as traições tenham sido apenas impressão. Talvez todos os outros homens tenham sido eu.

Nazareth morreu num acidente. Num carro, em plena curva, de porta aberta. Ela caiu. Bateu a cabeça. Morreu.

As pessoas morrem dos jeitos mais bestas.

Talvez se pense, neste momento, na coincidência de eu ter perdido dois amores em desastres. O acaso por vezes gosta de agir cruelmente.

É assim que é.

Ontem, sozinho dentro de meu quarto, senti uma imensa saudade, saudade braba. Mais que isso. Um desejo. Um desejo violento de voltar ao passado, voltar o tempo! Ter ali na minha cama, à minha disposição, aquela adorável Nazareth. A natureza não tinha o direito de dar aos homens a capacidade de lembrar com nitidez o passado. Isso evidencia mais uma vez a crueldade da natureza, que não nos deu asas para atravessar as nuvens nem guelras para passear no fundo do mar.

A natureza é uma sacana. Não há dúvida, joga levianamente com os poderes que nos dá.

Recentemente, convidei Claudia Ohana para contracenar comigo numa peça de teatro. Divertimo-nos à beça. Creio que, para nós, foi muito emocionante o reencontro. Ela é linda como a mãe, tem uma filha linda e dois netos mais que lindos. Não quero mais me afastar de Claudia. A aventura continua, sempre continua. Queiramos ou não.

PARTE SEIS
A inocência perdida

1 | Filmes meus

Edu não agradou como *Todas as mulheres do mundo*. Depois da sessão de estreia no festival de Brasília, ouvi um dos membros do júri dizer, no corredor do hotel, que o filme era uma porcaria. Havia uma rara felicidade nele enquanto afirmava isso!

Algumas horas antes, salão lotado durante a projeção, levantou-se da primeira fila um cineasta ligado ao Cinema Novo (que as más línguas depois diriam que trabalhava para a CIA) e saiu esbravejando com o melhor de seus pulmões: "Eu não aguento Domingos Oliveira!" Um escândalo. Talvez prenúncio de uma tempestade que viria enegrecer meu céu. O fracasso de *Edu* junto à turma pensante me entristeceu. Jurava que iam adorar.

Visto na perspectiva de hoje, sei que essas reações negativas tinham tudo a ver com a patrulha ideológica, que me considerava um alienado, do ponto de vista político. Claro que *Edu*, sendo sobre um homem que se recusa a ter compromisso, era uma provocação quase agressiva. A sequência final do bloco no chafariz da praça General Osório, com os planos repetidos, é histórica. Quanto mais não fosse, foi o que originou, no carnaval seguinte, a tradicional Banda de Ipanema.

Não me conformo inteiramente até hoje com a oposição da crítica a *Edu*. Podiam ao menos ter reconhecido a originalidade formal do filme. Linguagem, no cinema, é quase tudo.

Cada plano é um filme. Tem sua vida própria. Cada filme é uma vida. A todos me entreguei totalmente; em todos investi de cabeça contra o muro que separa a realidade do mistério.

As duas faces da moeda foi um grande fracasso, porque ninguém viu, e quem viu não gostou. A filmagem coincidiu com a promulgação do abominável AI-5. No dia fatídico, estávamos filmando na PUC, local não grato. Não podíamos sair da sala do computador. Eu, Nazareth Ohana, a inesquecível Adriana Prieto (que dividia com Leila e Irene Stefânia praticamente todo o estrelato do cinema brasileiro) e mais toda a equipe. Chegavam notícias de que, para sair da faculdade, estava todo mundo passando por um longo corredor polonês.

Ficamos lá horas, até a coisa se resolver de um jeito brasileiro: o assistente do iluminador, que eu mal sabia quem era, conhecia bem um cara do Dops que, depois de muita conversa, abriu para nós uma porta dos fundos.

As filmagens também corriam nesse clima. Tínhamos no elenco o querido Oduvaldo Vianna Filho, que, supostamente (ninguém sabia de nada ao certo), era procurado pela polícia feroz da ditadura. Então, os horários de filmagem tinham de ser comunicados boca a boca e na última hora.

Vianna está ótimo no filme. Acho que não nasceu até hoje um "galã inteligente" tão bom quanto ele. As mulheres caíam ao redor.

Comecei a me sentir só. Muito só. Só, como um Nelson Cavaquinho. Quando fico sem dinheiro, sinto-me só. E agora me esmolambava rolando a ladeira do fracasso. Meus filmes tinham parado de dar certo.

Edu, coração de ouro simplesmente pagou as despesas. Meu terceiro filme, *As duas faces da moeda*, era uma comédia sinistra demais e não deu nem para o lançamento. Aí fiz *A culpa*, ajudado por Paulo José. Não conseguimos exibir e tivemos de alugar um cinema para passá-lo. Empreitada na qual Paulo e um sócio perderam muito dinheiro. Eu não perdi, porque já não tinha um tostão.

Claro está que a subsistência passou a ser um pega pra capar. Foi aí que um bom sujeito, César Thedim, marido de Tônia Carrero, resolveu virar produtor e fazer um sucesso de bilheteria. A fórmula era a seguinte: o maior cantor do momento, o Simonal (que acabara de pôr o Maracanãzinho para cantar), dirigido pelo diretor de *Todas as mulheres do mundo*! E assim começou o desastre.

Olhe aí, gente. Agora, passado o tempo, juro que tentei! O filme deu uma trabalheira danada. Roteiro de Joaquim Assis, parceria. Grande produção. Tinha os melhores atores, os melhores técnicos... E não deu em nada. O público não foi. Alguns meses depois da filmagem, corria a notícia de que Simonal colaborara com a repressão torturadora. Grande cantor, dos melhores, tinha uma espécie de lado filosófico que propagandeava, de mãos dadas com Carlos Imperial, a "pilantragem". Uma espécie de teorização dos tempos de "levar vantagem", típicos dessa época de ditadura. Eu e Joaquim esforçamo-nos à beça, mas acabávamos nos traindo a cada plano, deixando vazar para o personagem esses desvios políticos.

Revi o filme há pouco tentando compreender como é possível, tudo sendo feito a favor, o filme resultar contra Simonal, exibindo um personagem de alguma forma antipático. E continuo sem entender. Mas aprendi várias coisas. Que o sucesso não se constrói. Que não sei fazer filmes, outros diretores sabem, que não partam de uma necessidade interior.

O filme estreou pouco depois de ter sido espalhada a coisa do dedo-duro. E ninguém foi ver. Mas, como o mundo do cinema é indevassável como os segredos de uma mulher, hoje em dia Simonal recuperou a simpatia de seus fãs através de um documentário bem-sucedido. A minha simpatia também. Não estamos aqui para ficar guardando coisa ruim. E o filme, surpresa! Ganhou cópia remasterizada e virou cult. Todos começaram a olhar para o lado das qualidades. Até eu passei a gostar do filme, que tem interpretações memoráveis de Vianna, Maria Gladys, Jorge Dória, Carlos Kroeber, Nelson Xavier e até Ziembinski.

Um filme é realmente como um sonho, intocável, livre, ilusório, incontrolável como somente um Sonho pode ser. O cinema não pertence à Imaginação ou à Memória, embora possa retratá-las eficientemente. Porém, parece com o Sonho. E, assim sendo, atinge-nos em veia profunda, pelo inconsciente, seja isso lá o que for. O cinema não quer que o espectador pense. (Isso quer é o teatro.) Quer que o espectador não pense. Retira-o da poltrona e faz com que gire e voe nas famosas asas da imaginação, para depois jogá-lo de novo na poltrona de onde veio, no fim do filme.

Posso afirmar que eu seria muito menos feliz se o cinema não existisse. E é difícil escolher os filmes da minha vida. Não sei bem o que é a vida, quanto mais quais são os filmes dela. O cinema é a minha vida.

Claro que lhe sou infiel. O cinema é uma criança de cem anos comparada ao teatro, que tem 2.400. O teatro é de alguma forma uma arte maior do que o cinema. O cinema jamais perdoará o fato de um ator chegar ao proscênio e declarar à plateia: estamos em Marte. E estamos! O cinema precisa de milhões de dólares para fazer isso.

A culpa dizia respeito a certos fantasmas relacionados a meu passado. Teria sido o meu primeiro filme, se tivesse conseguido chegar à realização na época em que foi escrito. Acontece que, na passagem desse tempo, acabei por conhecer Lenita, que viria a ser mãe de minha filha. Assim, *A culpa* reunia dois Domingos opostos: se, por um lado, o autor remontava aos negros fantasmas de uma adolescência tormentosa, o diretor vislumbrava a possibilidade de um mundo pleno de luz e esperança.

Teve uma fotografia notável, de um jovem com impetuoso talento que a droga matou pouco depois, Rogério Noel. O público novamente não foi ver. A crítica ficou irritada. Mas ganhei a Coruja de Ouro de melhor direção do ano. Se não me falha a memória, meu único prêmio de direção. Aconselho ver o filme, num canal desses. Assistido com paciência, pode ser um filmão.

Com todos esses desacertos, fiquei anos sem pisar no cinema, trabalhando na TV Globo. Até que Roberto Farias mandou me chamar (ele então dirigia a Embrafilme). Notara a minha ausência e queria me dar uma nova chance de produzir. Era um gesto surpreendentemente digno. Nossos homens do poder não costumam ter esses tipos de consideração, de modo que até hoje lhe sou muito agradecido.

Preparei um roteiro que teve vários títulos e que acabou se chamando *Teu, tua*. Uma antologia de contos sobre o ciúme, envolvendo Artur Azevedo, Molière e até Dostoiévski.

Foi então que a Embrafilme abriu uma concorrência para "pilotos de séries de TV". Consegui entrar na concorrência e rodei *Vida, vida*, sobre a história de um casal. Ele, contador no Rio; ela, grávida de nove meses. Situação duríssima, optam por mudar de condição social e vão ser caseiros. *Vida, vida* é meu filme hippie por excelência. Todos os meus filmes são hippies.

2 | Filmes dos outros

O maior de todos os filmes, o mais interessante, foi feito por Federico Fellini, que nunca filmou a realidade, e sim o mistério que cerca a realidade: 8½ é provavelmente o melhor filme jamais feito. Um cineasta faz a vida inteira o mesmo filme. E, se Dostoiévski tivesse nascido nesse tempo, Fellini não poderia existir. Dostoiévski teria feito os filmes dele.

Depois vem Carlitos, Charlot, Charles Chaplin, que foi, de todos os cineastas, quem mais amou. Chaplin filma a sensualidade, o humor do amor, a juventude do amor.

Bergman mostrou que nem só de imagens vive o cinema. Elevou a palavra ao nível cinematográfico. Fez com que víssemos palavras.

Barry Lyndon de Stanley Kubrick é o mais belo de todos os filmes.

Os jovens pedem a lista. Certa vez, fiz uma, tomando cuidado em somente colocar os títulos dos filmes que tinham realmente mudado a minha vida. Quando acabei de anotar, eram 183. Isto sem contar Woody Allen!

Allen é o pensador no mundo moderno, com a fusão inspirada no riso e na lágrima, o filho direto de Molière. Um dos maiores prazeres de minha vida é quando o jornal anuncia um novo filme dele. Meu coração bate. Sabe que vai encontrar a alma companheira. O que Allen tem que os outros não têm? Uma capacidade espantosa de reduzir as cenas ao mínimo necessário para contar a história. E sempre filmá-las de um modo inesperado. Ou seja, uma soberba inteligência voltada para a dramaturgia.

Embora afirme que não é um cineasta importante, que nunca fez filmes sobre assuntos relevantes, que é apenas um comediante do Bronx bem-sucedido, é evidente que Deus, seja lá isso o que for, gosta de tocar sua cabeça de poucos cabelos.

Uma observação curiosa sobre o cinema atual.

Vi *Azul é a cor mais quente*, de Abdellatif Kechiche. Duração: três horas. O primo dele, *Ninfomaníaca*, tem cinco. No início do cinema, um trem passava pela câmera e o filme durava três minutos. O cinema anda hesitando em achar seu tempo, embora décadas tenham afirmado que qualquer história pode ser contada de sessenta a 120 minutos. A tendência atual de filmes longos que, por estética, exaurem o espectador revela também uma espécie de gula, de superoferta. Para que não falte, é preciso oferecer demais. O *cult* hoje tende às três horas. Cenas de sexo explícito — para dizer da paixão das meninas — duram o próprio tempo real. Para dizer que a moça é lésbica, basta a cena do bar. Porém, o diretor prefere que os colegas dela digam a mesma coisa longamente. Isso não impede que o filme seja ótimo. É o cineasta aceitando o tempo do documentário como o do cinema. Fazendo curvar a dramaturgia diante da verdade eloquente que somente o documentário capta.

Confesso que isso me alegra por um lado, por estar criando cenas de qualidade. E tende a me aborrecer por outro. Qual é o tempo do cinema? Talvez a arte (ficção) seja exatamente um modo de transmitir sentimentos complexos num tempo curto, para quem não o tem a perder. O tempo da arte é menor do que o da realidade. Um tempo no qual, portanto, cabem mais informações sobre o que interessa. A arte é feita para os sedentos por conhecimento, talvez. Pergunto-me como seria o *Azul* se dirigido por Frank Capra, utilizando o mesmo conteúdo, o mesmo sentimento e o mesmo sexo explícito.

São raros atualmente os grandes filmes fora Woody. O cinema esqueceu o inesquecível. Lars von Trier, Scorsese, Gus Van Sant, Kiarostami ou Kusturica são maravilhosos, mas pouco têm a ver com Orson Welles, Fellini, Kurosawa ou Rosselini.

Abbas Kiarostami andou dizendo, quando ganhou Cannes: "Filmes são feitos para a humanidade."

3 | 21 anos sem cinema

Depois de *Vida, vida*, precisei absorver-me nas outras atividades e, quando dei por mim, tinham se passado 21 anos. Uma maioridade, sem fazer cinema, trabalhando como todo mundo na TV Globo. De alguma forma, fazia filmes na televisão, dos quais guardo, com avareza, as cópias originais. Tente conferir, leitor, se aparecer oportunidade.

Meus prediletos: *A ordem natural das coisas*, que envolve três gerações, avô, pai e filho; *Mariana Doroteia Iris*, sobre a paixão por minha filha; *Divina dama*, sobre a beleza das mulheres; *Marcados*, filme de amor que vira filme de terror; *O capote*, clássico de Gógol; *Inocência*, mostrando o comovente José Wilker; além de outros "especiais" que dirigi e escrevi nesse tempo longe das câmeras cinematográficas.

Refilmaria, com prazer, qualquer um deles.

Resumindo a saga: faço sucesso no cinema; depois, fracasso. Vou para a televisão. Faço sucesso. E depois fracasso: pela absoluta incapacidade de aguentar aquele excesso de cacique para pouco índio.

Quando voltei para o cinema, depois de 21 anos de ausência, sentia-me como um marido arrependido, que bate na porta da antiga casa. Sem saber que tipo de recepção terá. Sabendo apenas que morre de saudade da vida antiga.

Quem retoma o casamento depois de prolongada ausência deve fazê-lo em novas bases. Afinal, alguma coisa deve ter sido aprendida durante a separação...

Quero dizer que voltei mais produtivo. Depois que voltei, fiz oito filmes em 15 anos.

Amores foi o primeiro filme brasileiro rodado em 16 mm para ser ampliado — *blowup* se dizia — para digital. Isto foi encarado pela audácia dos pequenos produtores da praça, Luiz Leitão e Clélia Bessa.

Separações era visto pelos casais duas, três vezes. Contava uma, mas, na verdade, contava todas as separações do mundo. Era um manual para separados. Ganhamos o Festival de Mar del Plata de 2002. Eram cinco prêmios oficiais, dos quais levamos dois. O de melhor ator, para mim, e o de melhor filme do festival. Eu e Priscilla éramos aplaudidos até entrando em restaurante. E ficamos muito contentes, porque lá ninguém sabia nada de mim. Ninguém vira *Todas as mulheres do mundo*, nem *Amores*; ninguém tinha me visto no teatro... Quer dizer: a coisa era pelo filme mesmo.

Feminices é um legítimo BOAA (Baixo Orçamento e Alto-Astral). O filme é livre como a câmera de Dib Lutfi. Narra a feminilidade, em particular das mulheres de quarenta, e utiliza uma mistura quase aleatória da cor com o preto e branco.

Quando me perguntam qual é o orçamento de um filme, digo que isso não existe. Se você for confiável a ponto de todos e tudo se associarem, esperando ganhar na bilheteria, o filme não custa nada. Não é preciso ter dinheiro para fazer cinema no Brasil. Bastam certa confiabilidade e uma história para contar. Feito fora do mercado, talvez o filme não consiga entrar nele. O diabo é isto: não dá bilheteria e não dá dinheiro. E não se assuste se não estiver entendendo bem estas afirmativas. É completamente absurdo mesmo.

Carreiras revela a potência do talento da atriz Priscilla Rozenbaum. No teatro, era um monólogo, *Corpo a corpo*, o melhor de Oduvaldo Vianna Filho. Adaptei livremente. A personagem da Priscilla, em crise existencial, destrói sua vida em uma noite, enquanto puxa longas carreiras de cocaína. Eram 17 durante o filme. Na verdade, o pó que ela cheirava era comprado na farmácia homeopática. Mas, assim mesmo, o pote foi roubado no último dia de filmagem. Era irresistível o furto.

Juventude tranca Paulo José, Aderbal Freire-Filho e este seu criado num casarão da região serrana. E, ao final do filme, os três setentões perguntam sobre a vida um ao outro, vendo o amanhecer: "Meu Deus, o que que é isso?" Um filme sobre a perplexidade.

Todo mundo tem problemas sexuais. A peça fora um escandaloso sucesso liderado por Pedro Cardoso no Brasil inteiro. Neste filme, aprendi que aquilo que é engraçado no teatro pode não ser no cinema. O cinema tem um pé enfiado na lata de cimento do realismo. Quem quiser negar isso paga um preço.

Primeiro dia de um ano qualquer e *Paixão e acaso* são trabalhos recentes. Rodados quase ao mesmo tempo, em 2012. Guardam a curiosidade de serem totalmente diferentes. *Primeiro dia* é um filme campestre, com muitos personagens, à moda de Altman, a dramaturgia aberta. *Paixão e acaso* é também uma comédia, com dramaturgia rigorosa, molieresca, clássica.

Agora o principal. Lendo estas linhas, percebo que elogio desabusadamente, sem nenhum decoro, todos os meus filmes. Parece que acho todos ótimos, que me levo em alta conta! O que é que estou pensando que sou? Um gênio?

Respondo: gosto muito das coisas que faço, gosto do meu artista, gosto de mim. Sou campeão de autoestima e não percebo, nesse sentimento, nenhum traço do que se chama vaidade. Um homem tem de gostar de si mesmo para poder gostar dos outros.

"Não sei como o mundo me vê, eu me vejo como uma criança que brinca na praia. Entretida, absorta com desenhos caprichosos de uma pequena concha. E tendo diante de si um imenso mar aberto."
(Isaac Newton)

Outro dia, no cinema, fiquei olhando um close de uma moça bonita naquela tela enorme, e de repente pensei: já vi isso antes. Esses rostos enormes, essa terra de gigantes! Foi na minha infância primeira. Era assim que via o rosto da minha mãe, quando me botava no colo. O cinema resgata a perdida inocência, dos desenhos animados. Diante da grande tela, somos de novo crianças ouvindo histórias dos adultos queridos. O cinema devolve-nos a inocência perdida.

PARTE SETE
Lenita

1 | Romance na tarde

Quando a década de 60 terminou, eu tinha mais de trinta.

O país encontrava-se densamente mergulhado na Vergonha e no Medo. A política evidentemente desmoralizada por uma ditadura torturadora, cuja iniquidade era apenas comparável à Guerra do Vietnã. Uma burguesia estranha e alienada tomava conta do Brasil. Nojentos novos-ricos apoiavam o arbítrio em nome de um desenvolvimento só Deus sabe de quê.

Engana-se, porém, quem pensa que foram anos feios, os 60. Paradoxalmente, foi também a Era da Glória. Muito tempo se passará antes que glória igual se repita. Refiro-me à contracultura. Às flores na cabeça, aos Beatles, ao ácido — e a toda essa expansão de consciência que permanece incompreensível para quem não a viveu.

Nos anos 60, a esquerda já tinha se demonstrado uma faca de dois gumes, ambos afiados. A psicanálise igualmente mostrava seu limite, que é a falta de complexidade. A contracultura veio repor essas esperanças e outras mais. Todas as ideias importantes que animam os dias de hoje, o novo milênio, vêm de lá, da contracultura: a liberação sexual, a defesa da ecologia, o feminismo, a compreensão da filosofia oriental, os direitos das minorias, o desejo de criar uma sociedade que, além de justa, seja feliz.

Uma pilha de discos no chão: Pink Floyd das vacas, Jethro Tull e overdose de Jimi e Janis. Julian Beck conhece Zé Celso, Apollo 13 volta à Terra, *Love Story* na tela, Paul anuncia o fim dos Beatles. Os bichos estão soltos nos porões da ditadura e, em 1970, vendem-se óculos amarelos nas importadoras.

A primeira vez que vi Lenita tive a certeza de que era uma milionária, uma mulher de sociedade, porque se movia delicadamente e fumava maconha. Parecia familiarizada com a contracultura, com os hippies. Além do que, era belíssima. Ar de mistério indevassável.

Estávamos numa festa. Bebi muito e ela não pegou o elevador. Despediu-se tão rápido que, quando dei por mim, corria atrás dela pelas escadas. O táxi foi uma loucura. Não vi o caminho. Era belíssima. Morava no Flamengo, em um edifício rico. Já na saída do táxi, disse: "Estou apaixonado por você." Era belíssima. No dia seguinte, descobri que não sabia seu nome nem onde exatamente a havia deixado. Informei-me com as pessoas da festa. Era verão, fazia muito calor, o sol entrando pela janela, e eu de calção, no telefone com a amiga dela, falando: "Eu não sei quem ela é, mas, se você encontrá-la, diz que se ela quiser eu caso com ela."

Começamos a nos encontrar e, bem antes de irmos para a cama, ela quis me "transferir o segredo do ácido lisérgico". Foi Lenita quem me botou na boca, pela primeira vez, o ácido lisérgico. Que era em pó e que, bom assim, nunca mais pintou. A gente molhava o dedo e passava na língua. Ela conduziu a minha viagem. Passamos a noite numa casa de amigos. Depois ficamos juntos, conversando. Ela me mostrou a noite. As estrelas. Mostrou o amanhecer e então me levou para a praia. Para que pisasse na areia e caísse na água. Essa noite, embora uma noite tenha poucas horas, foi decisiva na minha vida inteira. Lembro-me de um momento importante, no qual eu devia estar com medo da loucura do ácido. No meio do grave silêncio, ela fez uma pergunta: "Você é forte em quê?" Falou lentamente, mas pensei que tinha repetido mil vezes. Percorri meu ser. Eu era fraco em tudo. Ou talvez não. Com a autoridade do ácido, respondi: "No amor. No amor eu sou forte."

Naquele dia, aprendi também que as modificações humanas não são processos contínuos. A natureza aprende aos saltos. Já tinha experimentado a psicanálise por cerca de 14 anos, com vários analistas. Sabia tudo de mim mesmo!

Então, foi o início de um romance belíssimo. Fomos para a cama e trepamos. Uma experiência de droga e sexo. Trepar com o lisérgico é uma coisa no limite do insuportável da emoção e da sensação humana.

Sou obrigado a defender essa droga, porque me fez um bem enorme. Talvez por tê-la tomado mesclada com aquela outra chamada Amor.

Nos anos que se seguiram, sempre tomávamos a metade de um ácido. Nunca com um intervalo menor que 15 dias entre uma experiência e outra. Com Lenita, aprendi que, ao acabar uma "viagem", o importante é perguntar a si mesmo que "viagem" foi aquela.

Vivemos juntos. Trabalhamos em muitas coisas. Casamos. Tivemos uma filha. Fiquei dez anos com ela. Lenita fora casada antes. Com um artista inspirado, um pianista. Que sabia, como Chopin ou Debussy, preencher todos os espaços com seus sons. Ficamos amigos. Criei os três filhos do pianista como se fossem meus.

Lembro-me também de um dia em que tivemos uma briga mais violenta, não sei por qual ciúme. Em meio a esta briga, quis me separar para sempre dela, definitivamente. Saí de casa a passos largos. E no mesmo passo voltei, apenas para dizer uma última coisa: "Não quero mais nada com você. Ou melhor. As únicas duas coisas que quero fazer com você são um filme e um filho."

*

Mariana veio logo em 72. E nasceu duas vezes, porque Lenita teve um aborto natural com seis meses de gravidez. E, na crise, teve toda a calma necessária. Já tivera três filhos. Nós a perdemos num estúdio de som, gravando um filme, *Vida, vida*, que havíamos escrito. Depois, Mariana nasceu de novo, em março de 73.

Nasci em Botafogo. Rio de Janeiro na veia. Um menino da cidade grande, não sabia que gostava do mato. Mariana já nasceu num hospital em Teresópolis. Lenita movimentava nosso amor com espetacular e eficiente magia. Logo me convenceu a morar em Teresópolis. Resolvemos morar num bairro onde os verdes multiplicam-se inacreditavelmente, enquanto jorram as cachoeiras.

Eu arranjara um emprego de escritor na TV Globo, que me fazia trabalhar muito, mas, em compensação, tinha de descer ao Rio só uma vez por semana, para mostrar o novo texto. O emprego ideal!

Assim como tive cinco casamentos, fui, se não me engano, rejeitado/abandonado três vezes pela TV Globo. Entrei para a grande empresa para criar a programação de estreia. Com o primeiro Golpe de Estado Global ocorrido, a queda de Abdon Torres, tudo se perdeu. Já contei isso? Foi épico. Toneladas de páginas, e não puseram nada no ar. Se ainda fosse o tempo da guilhotina, o bravo capitão Abdon teria perdido mais que o cargo.

Meu contrato ainda tinha seis meses pela frente. Ganhando em casa, tracei as primeiras linhas do meu *Lago escuro*. Na TV, esqueceram-me, ou melhor, jogaram-me num programa feminino de tarde, para meu gáudio com uma amiga minha do colégio. Por quem, diga-se entre parênteses, também tivera uma paixão. Não perdia uma. Norma. Eu já a conhecia do colégio, porque era filha do professor Blum, de inglês. Um excelente professor. Não tínhamos nada para fazer no programa, que a emissora batizara de "Romance da Tarde". Programa diário. Então, simplesmente líamos livros diante da câmera, ela e eu. Dostoiévski,

O *idiota*, lemos longamente. Naquela época, os espectadores eram pouquíssimos, mas tinham tempo livre. Muitos anos depois, uma senhora na rua falou comigo, de longe: "Vi você lendo Dostoiévski na televisão. Nunca esqueci suas mãos!" Fiquei lisonjeadíssimo.

Minha filha crescia e chegamos a ter 14 cachorros. O último se chamava 14. Todos de alguma forma descendentes do Argos, policial belíssimo, de linhagem nobre.

Vou contar como vimos Argos pela primeira vez. Ele nos fora oferecido de presente por um amigo, que sabia de nosso terreno grande na serra. Aceitei de imediato. Afinal, sou da geração Rin-Tin-Tin. Argos era uma fera agitada, cão policial branco, numa enorme varanda envidraçada em plena Copacabana. Praticamente nascera ali. Metemos o bicho no carro e pegamos a estrada. Ele babava e rosnava. Achou pequeno o banco de trás de nosso carro, que chegou em casa encharcado de fluidos caninos múltiplos. O tempo inteiro nos preocupava o momento da chegada. Tínhamos certeza de que nosso novo companheiro fugiria se não tomássemos o maior cuidado. No momento em que freei o carro, antes de abrir a porta, ele pulou impossivelmente pela minha janela, desaparecendo na noite escura. Penalizados, eu e Lenita procuramos o fugitivo por mais de uma hora. Fomos encontrá-lo no fundo do terreno, numa casa de cachorros em ruínas que havia lá. Munidos de uma lanterna, coleira na mão, aproximamo-nos pé ante pé, porque a escuridão era grande. Ele nem se deu conta de nossa aproximação. Olhava para cima. Imóvel, magnetizado. Olhamos para cima. Era o céu. A Via Láctea atravessava veementemente o céu da nossa casa de verão de Teresópolis, dominado pela constelação de Órion, o caçador. Provavelmente, Argos nunca vira aquilo. Confesso também que eu mesmo olhava muito pouco para o céu, garoto de cidade que sempre fui.

Posso dizer, contendo a emoção, que fomos muito felizes debaixo daquelas estrelas.

2 | Testemunhas

Casado com a Lenita, morando em Teresópolis, dei logo um jeito de comprar uma luneta e colocar na varanda. Eu tinha um casaco verde de veludo molhado e usava sempre botas de cano longo. Ensaiamos durante dois anos um espetáculo sobre nada mais nada menos que o Universo. Era uma história da astronomia e seus grandes personagens: Kepler, Copérnico, Galileu.

Chamava-se *Testemunhas da criação*, que é uma expressão do astrônomo Johannes Kepler afirmando que pensadores, cientistas ou artistas são, antes de tudo, testemunhas da criação. Seu trabalho específico é estabelecer um depoimento pessoal quanto à criação.

A montagem foi um fracasso absoluto. Fizemos no Teatro Ipanema. Largamos Teresópolis para isso. O crítico Yan Michalski, que depois perdoei, publicou uma manchete que dizia, em letras astronômicas: "A trinta anos-luz do teatro."

Realmente, talvez estivéssemos longe do teatro. E perto de outras coisas. Mas era um bom espetáculo.

Fascinado por Stanislavski tanto quanto pelo universo, propus a Lenita um jogo cênico radical. Nossa proposta era a seguinte: se for a sua vez de falar, mas se não for irresistível responder, mesmo que eu tenha lhe dado a deixa, mesmo que isso faça pairar sobre o teatro um embaraçoso silêncio, não dê sua fala. Entenda bem a proposta: se não for irresistível, não responda! Jogávamos a representação com esse princípio. E, muitas vezes, não houve resposta. A cena parou. Porque não era irresistível responder. Lenita também era radical. Mais que eu. Bem mais que eu.

Achávamos que, uma vez dita a primeira palavra, a peça teria de chegar ao fim, com a fúria natural com que um rio corre para o mar.

Eram os anos 70, os fabulosos.

Lenita trazia com ela a magia dos hippies. Tem gente assim, com essa vocação. Por mim, fui bom aluno. Lemos todo o Castañeda em Teresópolis. Um bom autor, cuja obra, bem lida, é uma doutrina. A primeira doutrina esotérica da América. Com um vocabulário diferente das doutrinas cristãs, por exemplo, ou do budismo. Porém, no fundo, a mesma coisa (mesmo porque não há outra!), apenas usando outro tipo de simbologia.

Por exemplo. Li em Teresópolis a seguinte observação do índio Don Juan para o antropólogo Castañeda: "O guerreiro necessita conquistar seu poder. E qualquer ato repetido como um ritual de fé transforma-se num ato mágico. E traz o poder para o guerreiro."

Agora, coisas como essas podem soar estranhas. Mas, naqueles tempos, vivíamos embriagados nesse tipo de pensamento. Então, logo inventei meu ato mágico, que — na época, fazia parte da regra — não contava pra ninguém: todo dia, em atitude de fé, eu rigorosamente procurava algo dentro de mim que enfrentasse com dificuldade. Melhor dizendo, algo de que tivesse medo! E enfrentava aquilo.

Não aguentei muito tempo. Um dia saí correndo do mato escuro, porque tinha vida demais lá. E nunca mais voltei. Posso, contudo, dizer que aprendi bastante coisa com Castañeda e os hippies. O principal é o saber que "tudo está em tudo". E esta é a realidade básica de toda magia, em todos os tempos. Se um cara mexe no caldeirão, mete alfinete em bonequinho, isso vai fazer efeito em outro lugar. Meu movimento mais sutil e delicado repercute na estrela mais distante. Lá pelo sexto livro, Don Juan chega a afirmar que "todo delírio é real". Portanto, não há mais delírio. São realidades diferentes.

Senti isso vendo minha mãe louca, com esclerose adiantada. Ela não me reconhecia mais. Mordia as pessoas como um cachorro. Mordia-me, uma mordida sem dentes, porque não os tinha, e falava coisas desconexas do tipo "quero sair daqui, me leva para casa". Via formas inexistentes e tinha medo. Corria de feras que não estavam lá. Então, vendo-a de perto, com meu amor de filho, entendi. O que ela imaginava era absolutamente real. Tão real quanto o meu mundo, o mundo que eu imaginava. "Todo delírio é real."

Essa lição do Castañeda é, de alguma forma, libertadora. Disse para minha mãe: "Também quero sair daqui, me leva para casa."

Minha vivência hippie com Lenita me deixou mais inserido na natureza, mais em concordância com ela. Senti, muito além da razão, que fazia parte de um grande movimento cósmico, universal. Isso eu tenho, de coração. Desde aqueles tempos, até hoje. A vida tem muitos mistérios. A telepatia, por exemplo. Se estamos apaixonados, ou na relação com os filhos, adivinhamos seus pensamentos. Todo mundo sabe disso. E, com o advento da internet, não há mais como duvidar de que existem coisas entre o céu e a Terra que ignora nossa vã filosofia.

3 | LSD

Eu e Lenita tínhamos as mãos dadas. Passamos por uma rua e, dentro da rua, era noite, os edifícios lançavam sombra na transversal da praia. Tive coragem e olhei para o fundo da rua. Havia lá uma coisa que me vencia, dominava e fazia cair de joelhos. Eu estava na presença de um Deus Todo-Poderoso diante do qual qualquer desobediência seria tolice. E que não podia sequer olhar de frente. Era o sol.

Naquele mesmo dia, fomos à casa de um amigo e da mulher que ele amava. Uma pequena cobertura em Ipanema. Eu estava inquieto, profundamente insatisfeito, com muita necessidade de uma coisa que não sabia o que era. Lá no alto da cobertura dos amigos havia uma piscina de plástico mínima, cheia d'água. No máximo, trinta centímetros de profundidade. Quando com a ponta dos dedos toquei a água, pensei: era isso que procurava. Entrei na pequena piscina de plástico, que me aceitou como se fosse a minha casa. Ocorreu-me que, algum dia, alguém que devia ser eu vivia dentro d'água. Talvez antes de nascer.

O corpo humano é uma paisagem. Nessa mesma banheira de plástico, entraram Lenita e o casal de amigos, embora não houvesse muito espaço. Era verão, parecia estar muito quente. Mas, dentro d'água, era deslumbrante! Primeiro, o toque fluido e molhado. Depois, a imagem dos corpos, de tanta beleza que eu tirava os olhos. O casal dono da casa se beijava. Nada de mais. Beijo de um casal. Mas, para mim, os corpos deles eram imensos e a água corria pelas curvas como grandes rios correriam na montanha mais poderosa. Eram cachoeiras. Tempestades. Cascatas generosas.

Praia. Quando pisei na areia de Ipanema, foi a areia que veio ao encontro dos meus pés. Cada passo continha a sua delícia. Eu sabia que estava exausto e tinha de me deitar. A praia de Ipanema era imensa, amanhecendo. Aqui, ali, uns pontinhos intrigantes andavam sobre duas pernas. Sentei na areia e fiquei ali recebendo o sol matutino. Vendo-o desenhar na areia as suas sombras. Deitei na areia. Quando dei por mim, estava abraçado com ela. E imaginei que era uma mulher. A mulher amada. E penso que tive um orgasmo. Mas talvez tenha sido uma impressão.

Pensei mil vezes antes de ousar entrar no mar. Aquilo me dava medo. Aquela imensidão, aquela superfície sem fim cortada por traços prateados de luz ofuscante. Obedecendo ao destino, mergulhei.

Havia terra debaixo do mar. Apoiando-me nela, levantei-me e botei a cabeça para fora d'água. E então levei um susto: eu estava vendo o mundo! Com as pessoas que o habitam. São pobres, elas. Seminuas e solitárias na eterna imensidão. Andando em várias direções, indo para um lugar qualquer. Nesse momento, concluí que eram todas crianças, embora parecessem adultas. E mais, que eram crianças loucas. Compreendi que também eu era isso. E não havia problema. Éramos todos pobres crianças loucas. Andando sobre a areia, sobre a calçada, uma base dura de asfalto e pedra que nós mesmos, com esforço, pusemos lá.

A praia ficou cheia de gente. Aos poucos foram chegando aqueles seres que se reuniam, ninguém sabe pra quê. Debaixo do sábio sol, diante do sábio mar, sobre a sábia areia. Quando pus a cabeça pra fora daquela água, era outro homem. Tinha descido sobre mim, fluído por mim, todo o meu conhecimento adquirido anteriormente. Meus pensamentos e sentimentos não pertenciam mais à minha consciência. Eram patrimônio do corpo inteiro.

Voltamos ao apartamento. A piscina de plástico era uma piscina de plástico. Quase sem água. Sentei numa cadeira e fiquei olhando, emocionado, grave, as bocas se movendo, as pessoas conversando. De repente, senti que toda a varanda se movia, levando-nos com ela. Movia-se numa velocidade imensa, cada vez maior. Movia-se no espaço determinadamente. A terra era uma nave. E eu voava com ela pelo espaço infinito. E mais que isso: era eu quem comandava a nave. Não senti medo nenhum. Nem prazer. Era o que devia ser. Finalmente, a realidade!

E houve um momento em que voltei para minha casa. Que era completamente diferente do que imaginava. A sala, os móveis, o quarto eram os meus, sem dúvida. Mas não eram apenas mais luminosos. Tinham uma perspectiva diferente. Eu podia sentir com clareza que as retas que separavam as paredes e os tetos não eram perfeitamente paralelas.

O escritor tem de correr o risco de não ser entendido. Somos tão diferentes uns dos outros que talvez não cheguemos nunca a ser realmente ouvidos. Alguns psicanalistas modernos chegam a afirmar, num pessimismo quase cínico, que o ser humano não tem capacidade de ouvir o que um outro diz.

Naquele cair de tarde, alguma coisa na minha cabeça me incomodava muito, enquanto caminhava pela estrada de terra. Estávamos num sítio fora do Rio, numa cidade de serra. Longe do mar. Mais alto que o mar. Porém, alguma coisa na minha cabeça me incomodava muito. Eu passava a mão para desfazer aquela sensação de incômodo. Havia talvez insetos ao redor, batendo na minha cabeça, e eu meti a mão para pegá-los, tirá-los dali. Mas não consegui. Eram muitos! Alguns em forma de fios. Eram os meus cabelos. Então, tive uma vontade enorme de raspar a cabeça, totalmente. Ou seja. Entendi os monges budistas.

Aí vieram os insetos. Dessa vez eram mosquitos, mesmo. Que faziam barulho, ameaçavam entrar pelos meus olhos, pela minha boca. Aquilo era desagradável. Os insetos me mordiam. Não sabia mais o que fazer. Fiquei desesperado! Tinha de fugir, correr. E assim fiz. Mas não suportei o ataque. Caí no chão. Os insetos continuaram sobre mim durante um momento. Depois, quando Lenita falou comigo, perguntando a razão de minha queda, eles decidiram ir embora. Um homem fora derrubado por mosquitos.

Viajei com lisérgicos durante anos, como disse. Sempre em companhia de Lenita. Sempre, por mais diversas que fossem as alucinações, seguindo a mesma e definida trilha. Primeiro, a estranheza, alcançando um mal-estar; depois a beleza, o deslumbramento; e, finalmente, antes do repouso merecido, uma conversa com alguém mais sábio do que eu.

Bar do hotel Paineiras. A cinco minutos do Corcovado. Eu com Lenita. As paredes respiram. Há que não se perturbar com isso. Eu apenas não sabia que as paredes respiravam. Um homem mal-encarado nos espia de longe, de trás de uma coluna. É a polícia, temos certeza. Cara de mau, o homem. Vamos embora? Melhor ficar, para chamar o mínimo de atenção. O bar parece uma obra-prima de um pintor enlouquecido, como Munch. De repente, o homem se desloca. Não há dúvidas, aproxima-se. Pânico. É da nossa mesa que ele se aproxima. Chega perto, tira um cartão do bolso. E me mostra. É a carteira de policial. Não. É um papel onde se lê: "Sou surdo e mudo, peço sua ajuda." O mundo vira de pernas pro ar.

Estamos longe da cidade grande. Ambiente de cerimônia. Fala-se no LSD. Interesse e curiosidade. Que horas vocês vão tomar? O senhor era simpático. Às 10h30, respondemos. De amanhã.

Corta para o dia seguinte. Agora já é amanhã. Às 10h25, bate aquele senhor na porta. Simpático, sorridente. Começamos a conversar. Ele fala de sua atividade. Trabalha no Ministério da Fazenda. É fiscal do imposto de renda. E quer tomar o ácido conosco. Hesitamos. Resolvemos. Damos meio para ele. O homem agradece, bom sorriso, e vai embora.

Uma hora depois, o ácido tinha batido. Estávamos, com outros mortais, sentados na grama. Assistíamos a um jogo de vôlei na quadra distante. O fiscal dez metros à nossa frente. Lenita e eu loucos. Será que ele também? Não sabemos. Sem pedir licença, um vento bate a porta de uma das casas. Atrás de nós, a uns trinta metros de distância. Ninguém dá importância àquilo, claro. Mas o fiscal olha pra trás com uma rapidez de águia, como se tivesse ouvido uma explosão.

Resolvemos tomar conta dele, ao menos um pouco, e o convidamos para um passeio. Saímos pela estrada. Caminhada silenciosa, com cautela, subindo. O fiscal se adianta cinco metros, depois dez, depois uma curva, desaparece. Volta somente na hora do jantar.

— Gostou?
— Gostei muito.
— Como foi?
— Foi uma guerra, uma guerra.
— Quer mais um pedaço?
— Não. Gostei, mas nunca mais passo perto disso.

O mundo revelado. Melhor voltar para o imposto de renda.

A uva parecia um melão. Consegui ingerir duas. E fiquei satisfeito. Lenita cortou uma maçã com responsabilidade cirúrgica. Depois, mostrou-me a maçã cortada. Fiquei completamente chocado. Não há dúvidas de que é um crime cortar uma maçã.

O ácido lisérgico não é uma droga como as outras. Não vicia, porque o corpo não aguentaria tanta intensidade. Não destrói, como a cocaína, e não confunde, como o álcool.

Ouvi falar dele pela primeira vez ainda no início dos anos 50, se não me engano. Um grupo de psicanalistas e pacientes, entre os quais alguns atores cultuadíssimos, fazia sessões da ciência de Freud sob efeito de uma injeção intravenosa fabricada pelo laboratório Sandoz, grande potência da indústria farmacêutica.

Já soube de gente que saiu pela janela de edifícios achando que podia voar. Vi gente que tomou ácido sem vislumbrar suas consequências filosóficas. Vi gente que tomou ácido e não aconteceu nada. Mas não era uma questão química e, sim, uma revolução cultural. Nos EUA, em 1966, usavam-se flores na cabeça. Em Los Angeles, dois anos depois, hippies eram baleados enquanto corriam nas estradas com suas Harley Davidsons. Não me cabe, dentro desta obra, a análise política. Quero apenas lembrar as suas belezas e afirmar que, embora tenha sido um sonho passageiro, todas as nossas novas liberdades foram herança dos anos 60 e, por que não dizê-lo, do lisérgico.

Porque o que acontece durante o ácido não é esquecido no dia seguinte. Não é álcool nem pó. O ácido é um conhecimento, com sua característica implacável: não volta atrás.

Sei que muita gente boa não teve contato com aquela maravilha, que trazia suavemente nossas recordações ancestrais. Para isso, leitor, permita-me uma bula plena de boas intenções.

O efeito do ácido começa uns vinte minutos depois de ingerido. Sua duração? A viagem leva cerca de 12 horas. No início, talvez não seja agradável; angustiante talvez. Um aumento da sensibilidade da pele ao toque, como se uma camada sensível envolvesse nosso corpo. Um peso nas pálpebras. Certa ardência nos olhos. Pressão baixa, quase um desmaio. É hora de recostar-se.

De repente, as cores mais fortes, as formas mais definidas, que logo se transformam numa... Noção do Absoluto. A cada instante, é maior a integração de você com o que o cerca. De você com o Todo. Você vê um vidro na janela e lembra-se de que aquilo foi feito com areia aquecida no fogo. Se toca a mesa de madeira, sabe que aquilo já foi árvore. É assustador. Nunca tomei um ácido sem conversar com Deus. Embora não acredite em Deus. Confesso que sou o ateu mais transcendente que conheço.

A boca fica seca no início. Um pouco de água é bom. Não muita. Comer é bom. Não muito. Cuidado que o mundo é criado a partir de um detalhe. É bom ter a companhia amiga. De uma flor nos dedos, por exemplo.

Eu no alto da montanha. Vendo como é magnífico o desenho dos cortes feitos pela faca de Deus, criando rios. Do alto, se via bem o capricho do desenho. Era assim porque não podia ser de outro modo. A natureza pode tirar as forças das pernas de um homem. Então, elas fletem, o homem cai de joelhos como quando reza. E assiste ao show nosso de cada dia. Aí ele, que sou eu, decide descer, passo a passo, para não ser chamado pela terra e cair. De repente, um obstáculo grave: espalhados pelo morro, sem deixar saída, monstros quadrúpedes de olhos enormes. As vacas.

Se uma uva parecia um melão, imagine uma vaca. Se passasse por ali, seria destruído, na certa. Era o fim. Uso meu caráter para controlar os nervos e começo a descer a montanha. Direto às vacas. Súbito, resolvo, corajosamente, e avanço com precaução, passando lentamente entre elas, mantendo minha dignidade. As vacas todas me olham, cada olho valendo quase dois meus. Porém, inexpressivos. Nem carinhosos, nem agressivos. De vaca.

Atravesso aquela barreira bovina como se fosse o desfiladeiro das Termópilas. Nada mais acontece. Logo estou livre, do outro lado. E meu pânico das vacas passa. Reconheço, então, a calma naqueles olhares! Nunca vi calma igual num olho humano. Calma de quem nunca ficou nervoso. Desejo a calma das vacas.

Numa tarde belíssima, num jardim de verdes intensos, dá vontade de ver a si próprio no meio da paisagem. Ou seja, era preciso que houvesse um espelho por lá. Mas não havia. Então, como fazê-lo? É simples. Agarre com firmeza pelos ombros um companheiro de viagem, talvez o mais amado deles. E olhe bem dentro de seus olhos. Por trás daquela pupila dilatada, verá, como num espelho, você e toda a paisagem. O olho é um espelho não narcísico. Você se vê como o outro o está vendo.

Queimado de sol e cansado de tanta emoção, vendo o cair da tarde e pensando que o mundo é uma coisa muito misteriosa, e ainda mais quando cai a tarde, deito-me numa cama para descansar. De repente, olho-me e tenho as mãos cruzadas sobre o peito. Como fazem com os cadáveres. Alguém deve colocar assim seus braços. Movido pëlo lisérgico desvario, transformo imediatamente minha cama num caixão. Onde estou morto. E alguém pega e carrega o caixão. Sei que vou para o fundo da terra. Tenho muito medo. No entanto, com grande esforço consigo sair! Lembro então que é inevitável, de vez em quando, uma *bad trip*.

Tenho muito medo de avião, principalmente quando viajo sozinho. Festival de cinema em Brasília. Não quero ir. Não tenho companhia. Mas finalmente vou. Porém, resolvo compensar o sacrifício do medo com a resposta de por que tenho medo. Então, realizo uma bravata. Tomo meio ácido e entro no avião, sozinho. As nuvens, 4, 8, 10 mil metros de altura: não sinto medo. Vontade de andar por aquele chão de nuvens e convicção de que isso seria, de algum modo, possível. A viagem continua. O avião cruza o ar, como se estivesse parado. É belíssimo ao redor. Como é belo o mundo! Que habilidade tem a natureza! E eu, perdido na imensidão, não tenho medo.

Penso como um velho índio, contudo: tenho toda a razão de ter medo de avião! Que isso não é coisa por que um homem tenha de passar. Ficar trancado numa caixa de ferro voando a 10 mil metros na velocidade de 700 quilômetros por hora. Não, certamente não é coisa para um homem fazer. Talvez numa aventura, numa exceção irresponsável, mas, todo dia ou rotineiramente, não é coisa para um homem fazer. É, no mínimo, uma perversão. Continuo a viagem. O avião cortando o espaço. E me vêm à cabeça perguntas filosóficas. Encaro Deus sem espanto. Aquela beleza ao redor. Entardece no avião. Cores rasgando montanhas e nuvens. Aquela beleza insuportável.

E Deus me explica suavemente, porém com firmeza, sem vozes, de pensamento a pensamento. Explica-me surpreendentemente o segredo irrevelado que orienta a história da humanidade. O avião e toda ciência, toda objetividade, todo progresso humano é um incesto. Incesto! A tentativa desesperada do bicho homem de roubar a Mãe Natureza do seu pai Deus. Desço em Brasília calmo e engrandecido, guardando o segredo divino. Na palestra, perguntam-me: "Seus filmes têm estilos diferentes. O que, na sua opinião, une eles todos?" Penso. Depois, com simplicidade, respondo: "Eu".

4 | Tubarões

Foi Lenita quem me levou, como uma mãe leva um filho em férias, para morar em Teresópolis, onde ela tinha parte da família. Mudamo-nos para uma casa enorme, em um condomínio na Granja Guarani. Era um casarão cercado por um rio e, incrível, era mais barato do que meu apartamento na Gávea. Durante cinco anos moramos lá, pagando aluguéis de três endereços diferentes.

Por estar no meio da natureza, acabei me modificando: fiquei mais inteligente. Quando voltei ao Rio, senti que as pessoas estavam mais burras do que eu. Hoje sei que devo estar mais burro do que as pessoas, porque estou longe da natureza.

Sábio guru já disse que o oxigênio é o alimento da alma.

Nos anos que passei lá, Teresópolis foi aos poucos se transformando numa espécie de comunidade, porque acabei levando muitos amigos, que alugavam casinhas no derredor. O Joaquim alugou a dele, a Rose Marie Muraro também, Vianinha esteve lá, e, é claro, o companheiro mais constante, sempre disposto a uma conversa catalã, o inesquecível Alberto Salvá. Era quase um centro de discussão filosófica no banho de rio gelado.

De noite, no inverno, descíamos a alameda Jandaia, que era de paralelepípedos e seguia a Via Láctea. Eu, que tinha comprado um violão, firmemente decidido a acabar para sempre com minha fama de desafinado, compus algo assim no ritmo dos passos amigos no silêncio da Jandaia: "Brilham as pedras na estrada como as estrelas no céu/ Se as estrelas fossem dias seria o céu a eternidade/ Dias feitos e acabados como os que eu tenho e contados/ No entanto e com espanto vejo que o céu é um manto/ Que a mim, que sou criança, confia a herança/ A mim, que tenho medo, revela o segredo/ A mim, que nada sei... coroa rei."

Percebe-se minha seriedade diante do movimento hippie. Tomei conhecimento da contracultura já com três dúzias de anos. E uma dezena na psicanálise. Penso que foi o movimento mais importante que houve no mundo depois da revolução comunista, em 1917. Porém, a consequência revolucionária, esta foi destruída pela sociedade de consumo com um vendaval maligno, um sopro infernal. Até hoje ninguém escreveu direito sobre isso. Um grande livro ou um grande filme não foram feitos ainda. Não fazem falta, contudo. A música guardou aquela grandiosidade para sempre. A música que minha filha nasceu ouvindo.

Gosto muito da formulação de um professor de Yale, que escreveu um livro chamado *The Greening of America* ("O despertar da América"), cuja capa traz Nixon com cabeleira de hippie. Uma obra na qual o autor divide a sociedade da América em três grandes grupos.

O primeiro grupo construiu a América, o império americano. São os caubóis que conquistaram o oeste, com bravura e determinação. Os Edison, os Ford, os Rockefeller. Gente corajosa, capaz até de livrar o mundo do inferno de Hitler.

O segundo grupo é o mais curioso. Reconhece que a citada civilização americana tem problemas graves. Que devem e podem ser resolvidos, desde que haja uma correta organização. Mesmo que isso custe suor e lágrimas, esta é sua fé. Neste balaio vasto entram os Kennedy e os Marx, a direita e a esquerda. Ambos acreditando que, com a organização da sociedade, acabaríamos com suas mazelas, KGB ou CIA. Apenas uma questão de método.

Finalmente, o terceiro grupo, que nada criou. E acha que não adianta organizar, que o ponto sem volta já passou. Acha que a única saída é pular fora. *"Turn on, tune in and drop out."* Cuidado, quem não agir assim não é verdadeiramente rebelde e será engolido morto e assassinado.

Com uma rapidez espantosa, os hippies foram engolidos pela sociedade de consumo. Transformados em mendigos drogados. Concordo com quem acha que o maior erro da esquerda foi não ter percebido de imediato que os hippies não eram seu oposto, mas, sim, sua continuação! Isso foi um erro político lastimável, trágico.

Todo amor é troca. Mostrei a Lenita um grau de racionalidade que ela não conhecia. A razão é bela. Sou um homem racional. Ela me mostrou sua fé, uma fé que eu não conhecia, uma fé em si. E ambos amávamos muito a Arte. E amamos até hoje. A troca desta ordem resulta sempre num fruto: Maria Mariana, a nossa filha. Herdeira da fé do pai e da racionalidade da mãe.

Na verdade, Lenita teve a Mariana para mim. Isso sempre foi claro entre nós dois. Ela tinha três filhos e eu, nenhum. Mariana foi um presente, dos mais belos que qualquer homem jamais recebeu.

Voltamos para o Rio por causa do teatro, com a finalidade de montar *Testemunhas da criação* no Teatro Ipanema. Já contei isso. Viemos morar em Jacarepaguá, num condomínio de milhares de casas, todas iguaizinhas. O que, para mim, foi uma experiência estranhíssima, porque era uma vida de subúrbio, de alguma forma.

Lenita não quis voltar para a zona sul. Preferiu construir uma casinha em Jacarepaguá, que era barato. E eu gostava, porque a casa foi construída por nós. Uma coisa toda errada, assimétrica, mas tinha piscina...

Impossível deixar de citar, nessas memórias, Jorge Montemar — como ele se apresentava, estendendo a mão, apertando com firmeza e escandindo seu nome pomposo: Montemar.

Jacarepaguá é muito quente e estávamos no verão. Mas eu tinha cismado de erguer meu escritório no topo escaldante da casa. Entre quatro e cinco operários suados e seminus, era possível ver apenas os olhos dele, que brilhavam por um buraco da "burca" de pano de saco caprichosamente enrolado na cabeça. Via-se também que se tratava de uma bicha-louca, escandalosa, em meio à poeira do cimento. Jorge ria muito. Ele costumava dizer: "Não tenho nenhum medo de morrer. Eu não. Já morri há muito tempo. Mas não sou fantasma não, hein."

Em resumo, ficamos amigos de Montemar. Completamente inculto, não botava coisa com coisa. Tinha uma alma de poeta marginal, igualzinho a Lenita e a mim. Jorge nos ajudou muito a tomar conta de Mariana. Corria atrás dela com desvelo o dia todo. De vez em quando ele sumia, reaparecendo, bêbado ou drogado, sujo e exausto, dez dias depois. Mariana também o adorava. Jorge tomou conta dela muitas vezes para podermos ir ao cinema ou ao teatro. Uma vez, rimos muito, eu e Lenita, da hipótese de ele ser louco de verdade, egresso da colônia Juliano Moreira, que era um manicômio ali perto, no fundo de Jacarepaguá.

Então, sem aviso, Jorge desapareceu por um mês. Dois. Sabíamos que não gostava de andar em boas companhias, ficamos preocupados e saímos para procurá-lo. Acabamos batendo na Juliano Moreira. Um lugar desolado, com uns casarões velhos no terreno, separados por grades de prisão. Obviamente descalço e entediado, um atendente sugeriu que entrássemos e procurássemos nós mesmos por ele. Foi difícil suportar aqueles olhos, a maioria desvairados, que observavam nossa passagem.

Encontramos Jorge numa cela imunda, no pavilhão dos malcomportados. Ele dormia, mas já acordou afirmando que estava tudo bem. Na secretaria, conseguimos os papéis. Seu nome verdadeiro era Alípio. Sobrenome e pais desconhecidos. Tinha praticamente nascido lá. Era uma espécie de cria do lugar e, desde menino, aprendera a fugir, passar um tempo lá fora e voltar.

Tentamos liberá-lo. Era impossível, porém. Estava trancado a sete chaves. Voltamos tristes para casa, discutindo o que fazer para o bem de Jorge. Não demorou uma semana e ele passou em casa dizendo que fugira mais uma vez, que faria uma viagem, e se foi. Soubemos poucos dias depois que não passou da Taquara, assassinado por um travesti amigo, que não era da colônia.

Essa é a história de Jorge Montemar, talvez a babá mais dedicada que Mariana jamais teve. Só isso.

Na casinha de Jacarepaguá, concluí *Do fundo do lago escuro*, minha peça mais trabalhada. Lenita diz que fiquei uns quatro meses sem falar com ninguém, nem na hora do almoço. Eu estava estranho, mas ela me deu força para tudo isso e agradeço muito.

O melhor texto que escrevi nesse período é esse, sobre minha infância. Ganhou o prêmio de Dramaturgia do Serviço Nacional de Teatro, em 1969. Um prêmio estranho, porque me deram o de comédia, embora tivesse escrito um drama. É dedicado a Mariana, "minha filha que um dia o lerá". E a Lenita, "que soube ver o meu artista".

Ficamos lá nesta casa uns três anos, e foi lá que nosso casamento acabou.

A história normal de um casamento é acabar. Ele acaba sempre mais ou menos pelo mesmo motivo, por asfixia. Todas as minhas mulheres sempre se queixam da asfixia de serem casadas com um homem mais famoso, ou mais trabalhador. Reclamam que os amigos são meus, que os projetos são meus.

Não acredito em nada disso, e não pego essa culpa. Se não se queixassem disso, estariam se queixando de Deus não existir, de toda morte ser inevitável, do sexo das bananas.

Separamos pelas mesmas razões que todos os casais se separam. Não vou repetir isso aqui.

Mariana ficou alguns anos morando com ela. E eu, prostrado de saudades, morando perto.

A filha era pequenininha, cerca de sete anos, e Lenita me falou, olho no olho: "Estou querendo ir morar no mato. Você quer que eu leve Mariana? Ou prefere ficar com a filha?"

Eu sabia quão séria era aquela questão para ela, que estava obcecada pela ideia de viver perto da natureza. Lenita tem grande dificuldade de viver na sociedade. De manter empregos, bons relacionamentos profissionais, ganhar dinheiro. Ela tinha certeza de que, longe da cidade, viveria melhor.

Feita a pergunta, as lágrimas me saltaram, com um inevitável sorriso. Eu queria ficar com a minha filha. Tinha por ela uma paixão que explorou todos os recantos das paixões românticas, com exceção do lado erótico. Aceitei!

E assim foi que Lenita esteve distante na criação da Mariana. Mas não pensem em nenhum momento que me queixo. Ela sempre esteve presente. Nos momentos importantes, estava lá. Quando Mariana fez um aborto, ela morava longe. Assim mesmo, não sei como, chegou ao hospital em dez minutos, incrível.

*

O ideal de viver no mato, presente em muitos corações femininos, é coisa séria, exacerbada. Como se o progresso humano destruísse toda a beleza e toda a paz natural.

Eu voltava de São Paulo para o Rio, separado de Lenita, que então já fora para o mato. O dia estava especialmente límpido e não consegui tirar os olhos do solo por nenhum instante da viagem. O avião voava baixo desta vez, muito mais do que de costume. Seguia rigorosamente a linha da costa marítima, deixando sempre ver, da minha janela, um pedaço de terra, o mar e as praias. São praias magníficas, inacreditáveis, que seguem uma a outra. As pessoas leem o jornal ou dormem ou usufruem do serviço de bordo. Eu não; eu olho pela janela.

Linhas brancas harmonicamente interrompidas. Também via as cidades; em geral, perto das praias. E às vezes, por cima das montanhas, via também as estradas e os rios, e as lagoas. O que estava vendo da janela era, sem dúvida, uma obra de arte, constatei espantado. Era um lento *travelling* do mundo decorrendo diante de meus olhos, embora eu soubesse que aviões sempre voam em velocidades enormes, senão caem.

Não reconhecia os lugares. Porém, pensava que, longe da multidão enlouquecida, tudo tem um bom desenho. Passamos perto dos bondinhos do Pão de Açúcar e com especial prazer acompanhei a descida vertiginosa rumo ao encontro das rodas com o chão do aeroporto. Saí contente do avião e busquei o comandante para saber que caminho era aquele tão diferente do habitual São Paulo-Rio. Ele me respondeu que não era incomum. Que essa era a rota que os aviões tinham de seguir quando entravam pela terceira boca da pista. Eu nem imaginava que a pista tinha bocas.

Minutos mais tarde, estava no meu automóvel, contente por ter chegado, já com o celular na mão, falando sobre assuntos de trabalho e passando pelo Aterro. Tive um pensamento curioso: aquelas ruas largas, os jardins, os monumentos também eram belos. Não apenas a natureza é bela. A intervenção que o homem fez na natureza também tem um encanto. Como se a natureza aceitasse prazerosamente sofrer a interferência humana.

Castañeda conforta quando diz que "todos os caminhos são iguais; são todos para entrar ou sair do mato".

Como legítima hippie, Lenita tentou todos os caminhos alternativos. No mato, comprou um sítio sem água e sem luz, que tem até hoje. Plantou peras, fez hortas, mas nada deu certo financeiramente.

Depois, arranjei para que voltasse a trabalhar no Planetário. Tampouco funcionou. Ela acabava por brigar com todos. E o mais curioso é que brigava, mas sempre tinha razão. Horror à caretice. É isso.

Eu amo Lenita.

Nos tempos em que ela trabalhava comigo na TV Globo, como redatora de programas, defendia a arte nos seus roteiros com garra e tenacidade pouco usuais. Era Daniel Filho quem discutia os scripts com Lenita. Um dia, saindo de uma reunião, ele me balbuciou, sem fôlego: "Ela me leva à loucura. Não brigo assim desde que me separei da Betty Faria."

Sofri muito quando me separei de Lenita. Essa é uma frase repetida. Sempre sofro muito nas separações.

Era o tempo do pó. Um dia escrevi num papel: "Dois é um." Então, desenhei um quadrado. E mais dois recortados, iguais. Tentei botar os recortados dentro do um. Sabia que era impossível, mas tentei assim mesmo, louco que estava de muitas carreiras.

Debrucei-me sobre aquela questão geométrica infindáveis minutos, com a ideia fixa de realizar a façanha, até aparecerem gotas de suor na minha testa. Tal era o teor do esforço. Dava sempre o mesmo resultado. Sobrava um quadrado inteiro, por mais que eu tentasse conciliar a situação.

Separações são como infâncias. De certa forma, muito parecidas umas com as outras. O fim de meu romance com Lenita ocorreu depois do começo do caso dela com Thompson, menino de 18 anos, cabeludíssimo, enorme, troglodita. Que teve um fim trágico.

Eu o odiava. Não compreendia como Lenita tinha estômago. Thompson era um desses barbudos hippies que subiam montanhas incríveis sozinho, só para chegar ao topo, ou descobria mares desabitados no litoral da Bahia, apenas para surfar.

Consta que morreu tragado em um desses mares, mas não há testemunhas. A região era infestada de tubarões, dizem. Mas essa é outra das muitíssimas histórias que não cabem nesta biografia.

Não posso dizer que tenho espírito de colecionador. Quando menino, não colecionei soldadinhos de chumbo nem chapinhas de garrafas, tampouco botões de futebol. Adulto, colecionei dores de amores.

Diário da época:

> Não posso morrer de amor aos 44 anos. Porém, somente suporto a vida quando estou devidamente drogado. Ao passo que Lenita, não. Anda ótima. Fora isso, o tempo inteiro conversa com a Lucia, vizinha da frente da casa de Jacarepaguá. Elas riem muito. Duas galinhas, não há outra metáfora possível. Acho que as duas têm dois namorados. Fora o marido de cada uma. Sempre vivi para meu trabalho, e é nele que sempre me animei. Corno não tem mais trabalho. Acabou. Perdeu a graça. Qual tarefa poderia realmente me animar? Qual a barra mais pesada que tenho de enfrentar? Qual pode me enlouquecer a ponto de atingir a capacidade de Lenita estar trepando na outra sala

e eu mandar gozar mais baixo para não atrapalhar meu ensaio? Que importa se é mãe da minha filha, foda-se. Tenho que ir embora daqui. E a festa? Sempre fui bom nisso também. Vou dar uma festa. Uma festa sem Lenita! Satanás também tem chifres. Quem será que o corneou?

As pessoas que se amaram muito e não se amam mais devem se tornar amigas. Senão o mundo fica cruel em demasia.

PARTE OITO
Mariana

1 | Amores de Mariana

Abro a porta do meu apartamento, 1.716, Barramares, bloco 3, e dou de cara com a babá Maria, uma preta muito gorda modelo Tia Anastácia (Deus trabalha por modelos), enviada por um amigo meu que fora criado por ela. Foi logo entrando. Ou melhor, caindo do céu. Babá Maria foi minha grande amiga e me ajudou a criar minha filha Mariana. Era uma das pessoas mais sábias que jamais conheci. Personagem importante na minha vida. Tinha sempre um conselho arguto e nem sabia quem era o presidente da República. Dizia: "Ah, mudou?"

Mariana nasceu no Hospital São José, na reta de Teresópolis. Enquanto Lenita estava parindo, eu esperava sozinho, numa saleta cuja janela descortinava a paisagem da modesta cidade. Estava tão nervoso que fui assaltado por sensações lisérgicas. Juro. As cores mudaram várias vezes. As luzes acenderam. Fiquei louco de verdade, porque queria estar ao lado de Lenita, também eu parindo.

Em certo momento, o ginecologista saiu da sala de cirurgia e dirigiu-se ao elevador que conduzia ao andar dos médicos. Consegui pegá-lo antes que a grade fechasse e perguntei, pálido, porém em tom animado: "Tudo bem, doutor?" Ele respondeu: "Tudo bem, pai. Tudo normal. Quer dizer..." E fez uma pausa. Empalideci. "Quer dizer, pai, agora é a luta pela vida!" A grade fechou fazendo desaparecer seu rosto, como se subisse aos céus.

E Mariana crescia numa sucessão de dias e noites, cada uma parecendo um milagre.

Duas lições básicas você aprende imediatamente quando tem um filho. Primeira: você não é mais um ponto solto no Universo. Quando nasce seu filho, você passa a fazer parte de uma linha que se perde infinitamente no passado e no futuro. Não é mais dono de si mesmo. Certas coisas não pode mais fazer. Exemplo? Suicidar-se.

Segunda: que é mentira aquilo em que você sempre acreditou e todo mundo diz, que a vida é uma só! Não é. Se você tem um filho, são pelo menos duas. Queira ou não, prestando atenção no seu filho você é obrigado a caminhar de novo a trilha da existência. Nascer de novo, queira ou não.

Um instante inesquecível na minha vida: eu e Lenita correndo com o texto, contrariando, pois, nossa teoria da resposta inevitável com os longos tempos. Terminamos o espetáculo com menos 15 minutos, porque a pequena Mariana estava no camarim, com sarampo! Depois, em casa, ela com febre alta e eu cantando "Minha mãe pequenina", para que adormecesse... E a intensa dor do meu braço, que não podia mover para não acordá-la.

Para falar com exatidão de meus sentimentos pela minha filha, é melhor que fale indiretamente. Sobre um trabalho que fiz naquela época, na TV Globo, um "Caso Especial" chamado *Mariana Doroteia Íris*. Muitas vezes a obra fala melhor que o autor.

Digamos que, naquele tempo, eu estava bem na Globo. Foi minha melhor época. Trabalhava na companhia de meu amigo Paulo José e do grande Ziembinski. Figura mitológica que, quando chegou da Polônia, nos anos 50, mudou o teatro brasileiro. Ator e diretor de grande talento, Z. carregava a cultura debaixo da sola de seus pés, caminhando por aqueles corredores conspícuos da TV Globo. Recitava Goethe em alemão por trás da mesa de trabalho. Era o chefe. Eu e Paulo dirigíamos os programas do "Caso Especial".

Nos tempos de Teresópolis, olhando Mariana brincando na beira da piscina, tive, durante um entardecer, uma ideia para um programa. Minha filha, que tinha três anos de idade, seria a personagem, chamada Mariana Doroteia Íris. O tema seria um triângulo básico: um psicanalista, um neurótico e um neném.

A história de um psicanalista notório que se vê obrigado a tomar conta de um neném deixado na porta dele por uma cliente doida qualquer, que precisava excursionar pela Índia. O psicanalista, um solteirão, nunca tinha se envolvido com nenéns ou coisa semelhante. Porém, enreda-se totalmente. Percebe que toda a sabedoria do mundo está no neném. Que ele não sabe nada. Quem sabe é o neném!

Então, toma uma decisão de vida. Larga o consultório, arranja empregados e aluga uma casa de campo, para onde vai cuidar do neném. Está obcecado por esta pesquisa, sobre a origem do pensamento, a inocência do saber etc. Entretanto, tem um cliente mais necessitado, mais carente que os outros. Um rapaz completamente neurótico, que não consegue ficar sem suas sessões. E que o persegue até descobrir o endereço da casa, onde fica rondando até conseguir sua hora com o psicanalista. E é só isso. Uma comédia de forma original, próxima do mundo do absurdo.

O psicanalista seria Ziembinski e o papel do neurótico foi dado a um iniciante de grande prestígio, Marco Nanini. Mariana não completara ainda os três anos e, portanto, não teria a menor ideia de que estava sendo filmada. Mas não faz mal, disse eu. Armaremos um tipo de equipe que possa segui-la aonde quer que vá. Resumindo, uma ideia experimental, completamente inviável para a TV. Digna de expulsão do diretor.

Se você propuser uma ideia dessas, hoje, na TV Globo, será eletrocutado. Qualquer um teria negado o projeto. Ziembinski bancou a ideia junto à direção da casa e não quis nem discussão. Chamou-me na sala dele e, com seu característico tom grave e sotaque polonês, disse: "Domingos, vamos realizar o seu roteiro. Você está escalado para ser o diretor, mas com uma condição. É preciso que você aceite e compreenda que eu e Nanini seremos os coadjuvantes da história. A estrela, a protagonista, tem que ser ela. Senão, não funciona!" Quando vi, tinha perguntado: "Ela quem?" Ele respondeu: "Sua filha, Mariana Doroteia Íris."

Naqueles tempos, pasmem os jovens, ainda era possível acontecer coisas assim na TV. Partimos para a filmagem daquilo que muita gente chamou "o maior home *movie* da televisão brasileira". A locação da casa de campo era uma maravilha, vizinha de um imenso roseiral. Tudo era muito misterioso e elegante, com um toque de paraíso.

Continuando a trama: o sábio psicanalista, cansado do assédio do neurótico, convida o personagem de Nanini para conversar e explicar tudo o que faz ali. Trata-se de uma importante experiência, da qual depende o futuro da humanidade. Escondido atrás de uma árvore, sussurra para Nanini, enquanto Mariana brinca no jardim: "Silêncio absoluto, meu caro aprendiz. Não fale e observe! A atenção, a flecha da inteligência, sempre apontada para algo, jamais no vazio. Os olhos acesos e a alma sempre em alegria. Ou no espanto, mas sempre na vida, na luta, jamais na indiferença. Mariana Doroteia Íris descobriu a fonte do prazer. Mas onde está essa fonte? Que fonte é? Ela vive em harmonia, em fusão com o mundo! Ela é o mundo! Dizem que sofremos por causa da morte ou porque a sociedade é injusta. Mentira. Nós sofremos porque um dia tivemos um mundo para conhecer e agora queremos outro! Meu caro, eu descobri onde fica a fonte do prazer! É a fonte do conhecimento!!"

Ziembinski está soberbo no papel, e o final é um *happy end*. Mariana rolando na grama com um cachorro, um coelho e um pônei. Nanini, num canto, toma conta dela e do Zimba, fazendo crochê e refletindo sobre o absurdo de servir de mãe naquela altura de seu campeonato. A imagem final mostra Zimba, de fralda, na grama do mesmo jardim, totalmente regredido, de língua de fora. Ele é um neném feliz!

Pois é, era mais ou menos isso que eu sentia por minha filha pequena.

Uma espécie de adoração do querer aprender com ela as lições da sinceridade de ser. O resto do tempo eu aplicava em educá-la como se deve, como fazem os pais. Certamente muito mal. Se na sala cheia de amigos ela tropeçava num móvel e aquilo doía, vinha imediatamente correndo para mim. Não para que cuidasse dela e sim para me espancar, tão forte quanto podia, com suas mãozinhas.

É difícil amar um filho sem ter de conter a exaltação. Inclusive porque, diferentemente das outras paixões, essa a sociedade aplaude. *Mariana Doroteia Íris* não apenas foi ao ar, com agrado de todos, como o tape foi repetido no domingo seguinte, por causa da grande audiência.

No aniversário de um ano, a mesa cheia de doces, ela andou pela primeira vez. Ensinei-lhe tudo o que sabia e mais o que tinha descoberto há pouco. Foram anos muito felizes, embora eu não tivesse a devida consciência disso.

Sempre tentei ensinar a minha filha que uma pessoa deve aventurar-se para ver o que a vida oferece. Não tinha medo de dar esses tipos de conselhos, certo de que meu amor de pai me indicaria sempre dar os certos. Ensinei Mariana a jogar xadrez e a beber com moderação. Vimos juntos, no videoteipe, *Rei Lear*, cena a cena, lendo depois o texto em voz alta. Ensinei que uma pessoa deve se arrepender do que fez, porque é sempre melhor do que não se arrepender.

Quando ela completou 15 anos, botei em seu quarto uma cama de casal à guisa de presente. Enfim, foram dias de paixão vivida. Vivida por nós três. Mariana, eu e Priscilla.

*

Não é a primeira vez que esse nome aparece neste livro de recordações: Priscilla. A paixão da minha vida. Uma segunda mãe para Mariana. Na segunda longa jornada teresopolitana, paraíso adentro, casado com Priscilla. Mas isso conto depois, embora me agite o coração.

Um pouco adiante da nossa era a casa da cachoeira, onde sempre íamos tomar banho, principal item da rotina paradisíaca. A casa da cachoeira tinha muitas meninas da idade da Mariana. Era uma família grande, de Niterói, que revezava a propriedade de campo. E chegou logo o tempo em que, olhando o relógio, resmungava preocupado que aquilo não eram horas para uma menina daquela idade estar dançando em boate. Mesmo em companhia das meninas da cachoeira e no hotel mais tradicional da cidade.

Assim foi que, na casa da cachoeira, Mariana viveu seu primeiro beijo de amor. Com um rapaz de vinte anos, primo das meninas de lá. Mas ele não a quis. Talvez tenha achado que era muito nova, e ela veio sofrer comigo. Choramos juntos as chuvas de verão.

Evidente que, com o nascer do sol da puberdade, todas essas liberdades voltaram-se contra mim. Num aniversário de 16 ou 17 anos, recebi uma carta de Mariana que começava assim, em letras garrafais: "Pai, eu te odeio." Hoje, divirto-me lembrando disso. Repito o lugar-comum: os filhos são assim mesmo. Um dia vão embora, você tem a certeza de que voltarão, mas não. Não sei que regra besta é esta na psicologia humana. Freud Sigismundo diz: "Não importa saber se você matou ou não o seu pai. Você matou." Parece ser necessária essa rejeição para o desenvolvimento individual etc. Porém, reconheço também que não deve ser fácil ser minha filha. O amor gosta de retribuir na mesma moeda. E, nesse campo, seria difícil competir comigo.

Quando minha filha vinha me pedir alguma coisa que me pertencia, eu sempre respondia: "Leva, filha. Tudo que é meu é seu."

2 | O carro que volta da boate

Contemos como se fosse um filme.

Quantas pessoas cabem num automóvel? Que serpenteia, numa noite fria, pelas ladeiras da Guarani, depois de conseguir arrancar a fórceps as meninas da boate nos sábados? Cabiam, no mínimo, vinte. É a sensação que tinha, cercado e esmagado por aquela dose maciça de juventude feminina, enquanto Priscilla guiava o carro. Cada curva era uma rearrumação. Todos caíam sobre todos. Umas meninas que não tinham bebido, outras que abusaram e tomaram mais de duas cervejas.

Porém, o que não esqueço mesmo é a música que saía dali. O som. Não, o rádio não estava ligado. Refiro-me à música das vozes, dos sussurros, dos segredos, da paixão pela vida que emana das adolescentes. Uma alternância nada sutil entre silêncios ruborizados, todas falando ao mesmo tempo, silêncios propositais, para que os segredos não fossem revelados, gritinhos assustados, porque o nome de um rapaz foi dito ao ouvido, e pequenas gargalhadas, gargalhadas femininas revelando a sensualidade das mulheres que em breve seriam.

No apartamento do Rio, o verão impiedoso. Na cozinha, Maria passa mal. Por mais que tente esconder isso, para não incomodar. Um dia, enfarta. A doença é grave. Leucemia. Nos hospitais públicos é quase impossível arranjar vaga. Maria volta para casa vencida, com a mesma gargalhada que sempre teve. Mariana não aguenta ficar com ela, convivendo com o processo de morte de uma pessoa tão querida. Penso então em irmos nós dois, sozinhos, morar um tempo em Teresópolis. Um tempo pequeno. Um ano. Sozinhos. Priscilla não podia ir. Tinha compromisso. Subiria apenas nos fins de semana.

Ações rápidas e até impensadas. Arruma a casa de Teresópolis; cria um quarto para Mariana. Os caseiros talvez não aguentem o serviço todo. Trabalham também em outro lugar. E o colégio? No Alto ou na Várzea? É bom esse colégio?

E assim, quando demos por nós, morávamos em Teresópolis pela terceira vez. Sozinhos, os dois, enquanto Maria debatia-se contra a terrível doença no 17° andar da Barra.

Minha rotina: acordar às seis, não importava o frio, e levar a filha ao colégio; depois, ir para casa e escrever a manhã inteira; e então buscá-la no colégio. Em seguida ao almoço, trabalhar a tarde inteira, e muito, porque é preciso e estou sem dinheiro. Mas também cuidar da filha. Mostrar filmes, ler livros, ouvir música clássica, até fazer cursos com pai de professor. E, com saudades, contar tudo a Priscilla no telefone. Na noite de inverno, lareira e xadrez. Ou ver um filme clássico, que é preciso ver. Uma vez, Mariana chegou com lágrimas nos olhos: "Pai, ouvi uma música linda!" Era o estudo número 3 de Chopin. Que vida. Paraíso ou prenúncio de inferno? A dúvida durou pouco.

Se não me engano, no segundo mês (ou terá sido no terceiro?), Mariana via um filme na sala tomando uísque, de que aprendera a gostar. Eu batia na Lettera um texto quando ouvi um ruído de algo derrubado na sala. Talvez um móvel. Corri assustado. Mariana disse que não fora nada, já com uma voz de Mr. Hyde em *O médico e o monstro*. Que estava um pouco nervosa, talvez porque estivesse menstruada, talvez porque tivesse misturado o uísque com os florais de Bach, calmante esotérico cujo vidrinho, notei, estava vazio.

Depois, não sei mais o que aconteceu naquela noite. Ela não queria mais ficar ali; porém, não queria sair dali. Queria respirar o ar livre, mas se trancava no quarto. Chamava por mim, mas não queria que eu fosse. Até que se jogou no chão, como se o chão tivesse culpa, e eu tive de me jogar em cima dela, para que não se machucasse. As forças da adolescência, todavia, eram maiores que as minhas. Ela reagiu como um super-herói de quadrinhos. Gritou um "Me larga!" e, com um empurrão, fez-me voar até a varanda. E assim foi. Para que contar mais?

Para quem começa, às vezes a inocência compete com a histeria. O resultado é que, meia hora depois, a casa estava bastante destruída, abajures e quadros pelo chão. E, no dia seguinte, com aconselhamento de Priscilla, resolvemos voltar ao Rio. Era demais pedir a uma adolescente púbere que morasse sozinha com o pai, no silêncio, no frio. Voltamos.

Maria morreu dois dias atrás, 3 de setembro, às quatro da tarde, com cinquenta anos ou menos. (Não. Cinquenta mesmo. Fez em março. Comemoramos.)

Deixou um filho chamado Paulo, que já morava conosco e que até hoje é meu secretário/motorista/guarda-costas/grande amigo, quase tanto filho meu quanto Mariana.

Os documentos dela estavam bem guardados. Numa bolsa de plástico, em cima do meu armário, como se tivesse sobrado apenas aquilo. Maria, única e insubstituível, está presente no mundo, pelo menos através da falta que faz nele. Na cama do hospital, sofrendo o pão que o diabo amassou, parecia o que realmente era. Uma rainha africana. Depois, no caixão, os músculos aliviados, pareceu o que sempre foi: um anjo brincalhão.

Mariana não tinha mais três mães. Agora, só Priscilla e Lenita. É pouco na adolescência.

Primeiro namorado fixo. O nome dele era A. Foi com A. que ela perdeu a virgindade. Foi de A. que fez o aborto. E estava tudo certo. Um ótimo rapaz, também morador da Barra. Eu tinha de telefonar para a mãe dele e pedir licença para que dormisse lá em casa.

A. tocava violão, tinha cabelo comprido, toda pinta de hippie fino da época. Mas era só uma gentileza, para ficar mais igual aos outros. Na verdade, um garoto calmo, pouco rebelde. Teriam sido um bonito casal. Mas ele não aguentou a Mariana. Ela era uma fera. A. ficou assustado. Era muito para ele.

Depois, Mariana teve vários namorados, entre os quais um roqueiro maldito pseudodecadente e um câmera de TV muito talentoso, bom de foco, mas que tinha fama de cheirar cocaína e bater em mulher. Ela sempre soube escolher a dedo os namorados que eriçavam os cabelos do pai.

"O bom discípulo é aquele que ultrapassa o mestre." E Mariana, com as forças da juventude, não perdeu tempo. Confesso, deu-me muito trabalho, aquela menina. Era uma desvairada. Bebia, subia nas mesas, namorava três na festa, chorava diante da condição humana etc. E muito depois eu soube, porque, se soubesse na hora, cobria-a de porrada, que um dia, ao acordar com enorme ressaca, resolveu se botar em risco apenas porque sentia sede.

A manhã raiava, fazia muito calor no quarto e ela estava nua. Tirara a roupa para dormir. Ninguém em casa. Eu ainda não tinha chegado, não sei de que estreia. Com a intenção de pegar água na geladeira, ela descobre que a porta batera, trancando-a. A chave lá fora, o telefone lá fora, a sede aumentando. Precisa sair dali. E não tem dúvida. Sai calmamente pela janela. Atravessa nua, do quarto para a varanda da sala, por fora do edifício. E morávamos no 17º!

Esta ela não teve coragem de me contar na época. Só dez anos depois. Levava uma surra se contasse.

O sucesso de *Confissões de adolescente* foi inaudito. Nível Beatles. A peça começou pequena, ensaiada no meu apartamento, um sala-dois-quartos. A filha e três amigas. Além de A., que fazia a música. Logo passou para uma sala de quinhentos lugares, e não parou mais de crescer. Os fãs corriam atrás do ônibus.

Foi Priscilla quem teve a ideia de adaptar para o teatro um diário que Mariana tinha debaixo do travesseiro, cuja leitura nos confiara. Com isto (e muita sorte), armei um espetáculo habilidoso, em que quatro meninas narravam suas vidas dos 13 aos 19 anos. Dei ao espetáculo uma direção sincera, que contava com muito humor o comportamento dessa faixa etária feminina. A plateia adorava. Voltava duas, três vezes para assistir. As mães vinham com as filhas e as filhas com as mães. E depois iam conversar sobre aquilo tudo no bar mais próximo. Sobre assuntos que talvez antes não fosse possível mencionar.

Confissões de adolescente ficou em cartaz por dez anos, com variados elencos. Não era uma peça de teatro, mas um lugar de sinceridade e afeto para unir mães, pais e filhas.

Mariana ficou muito famosa aos 18 anos. Muito famosa mesmo. Cheguei a ser conhecido mais como o pai de Maria Mariana do que como Domingos Oliveira. E ninguém fica famoso aos 18 impunemente. Tínhamos um pelo outro uma paixão de Fitzgerald e Zelda, de Carmen e seu toureiro. Sempre me orgulhei de não ter tido a respeito dela nenhum sentimento erótico. Mas o resto, tivemos tudo!

Você já esbofeteou e foi esbofeteado, no auge de uma briga, numa porta de restaurante, com todo mundo olhando? Eu e Mariana, sim. Era sanguíneo o negócio.

Uma Kombi rolando na ribanceira. Meninas saindo pelas janelas. Catástrofe. A Kombi, já no rio, começa a submergir. Mariana, a única que restou lá dentro, consegue abrir a porta do automóvel e nadar até a margem, salvando também a vida do motorista desmaiado. Era a trupe de *Confissões de adolescente*, em turnê, voltando de uma cidade do interior de Minas. A Kombi derrapou e rolou encosta abaixo.

Não acho graça nenhuma em descrever as horas que eu e Priscilla passamos entre saber do acidente e conseguir chegar ao hospital do interior de Minas aonde elas tinham sido levadas. Foram horas em que não sabia se minha filha estava viva ou morta. Prefiro não lembrar.

Fora escoriações, Mariana quebrara o fêmur em algumas partes. Foi operada ali mesmo e os médicos colocaram, dentro de sua perna, uma enorme haste de ferro, que unia o osso partido. Um ano, no mínimo, de convalescença. Deveria retirar o ferro depois de consolidado o fêmur. Mas quem teve coragem de mexer nisso? Está lá até hoje.

O primeiro marido oficial de Mariana — com quem foi morar junto — chamava-se Mister G. Tinham uma coluna *teen* no jornal, conta conjunta e tudo. Era um rapaz da idade dela. Bonito. Bonito como ela. Simpático, boa pessoa, músico também. Tinha um pistom dourado, que soprava *à la* Chet Baker. E tinha como característica ser muito ambicioso. Isso era mesmo uma filosofia para ele. Por vezes baixava a voz, ficava sério e tentava me passar seu dogma máximo: para um homem ser rico, é preciso antes parecer rico!

Mister G. era uma figura. Gostava de ostentar! Gastava todo o dinheiro dele (e todo o dela!) com roupas da moda e restaurantes. Não apenas comprou uma BMW como botou no jornal que comprara. Era, no mínimo, um consumista incauto, inimigo figadal do *low profile*. Mas tratava minha filha bem e eu gostava dele.

Foi Daniel Filho quem transformou *Confissões* numa série de TV. Pouco antes da filmagem, aconteceu o acidente da Kombi. Mariana não podia andar sem muletas, mas Daniel Filho, um dos primeiros a entrar no projeto (comprou os direitos logo no início da representação teatral, antes de ser configurado o sucesso), fez questão de que ela participasse assim mesmo. Recusou a troca de atriz. E escondia as muletas através de hábeis enquadramentos e montagens. A série não teria ido ao ar sem a criatividade solidária de Daniel.

No início do romance com Mister G., Mariana morava ainda comigo. Transformei o apartamento num hospital. Mariana de perna quebrada, cama e muleta. Mister G. foi praticamente viver conosco nesses dias. Só que não me contaram que estavam procurando, haviam achado e alugado um apartamento para eles, e que, portanto, iam sair lá de casa. Julgaram que não era preciso avisar.

Fui ao cinema e, quando cheguei, na madrugada, a portaria estava cheia de móveis e malas. Mariana estava se mudando e levava tudo. Foi assim que a minha filha saiu de casa. No impulso do sucesso de *Confissões*, de muletas e levando tudo.

A segunda temporada seria filmada em Paris. Mister G. acompanhou a esposa com solicitude e adequação. Moraram por mais de seis meses na Cidade Luz.

É evidente que, durante toda essa fase, Mariana praticamente nos excluiu, eu e Priscilla, de sua movimentada existência. Transferiu para o marido, com perícia e agilidade, a paixão que tinha por nós. Ou que tínhamos por ela. Não sei mais.

E não telefonava, não dava notícias, não escrevia, não pedia conselhos, não se perturbava com minhas saudades, não se interessava pela minha saúde. A este pó fiquei reduzido.

Priscilla perde a cabeça quando acha que preciso ser defendido. Estava revoltada. Telefonava, procurava, mandava bilhete, tentava me trazê-la de volta e me dizia: "Se ter filhos é o que você tem com a Mariana, prefiro não ter!"

Pai preocupado, tentava, sempre que nos encontrávamos, perscrutar se Mister G. e o casamento tinham problemas com que eu

205

pudesse ajudar. Mariana até se aborrecia. Dizia, com alto e franco sorriso doce, que era uma maravilha a relação, que encontrara o homem da vida dela.

Quando finalmente se separou de Mister G., alguns meses depois, confessou tudo. Todas as qualidades do formidável marido viraram defeitos. Devo admitir que minha filha nunca gostou de dar o braço a torcer. E isso não fui eu que lhe ensinei.

Mister G. passou e o coração da Mariana continuou pródigo de amores. Teve um jovem cineasta paulista, mas que era muito complicado da cabeça. Depois, outro namoro sério, quase noivou, com um rapaz sério, de uma família séria, que não a quis. E voltou seriamente para a noiva anterior.

O tempo não para... E ela voltou a viver conosco. Mas apareceu com um compromisso de hora certa. O budismo. Fazia vários cursos de meditação por semana. Tentava me convencer de que inventara a pólvora. Até que compreendi tudo. Ela tinha arranjado um namorado lá, no Buda. Paixão na meditação. Dessa vez, um homem mais velho, experiente, profissional da medicina, firme na sua masculinidade. Vi que era importante. Liguei para minha rede de contatos e minha turma de psicanalistas. Isto é: fiz o dossiê dele. Não havia nada contra. Era um bom sujeito, como todo mundo. Se bem que instável, mas isso não é muito.

O fato é que André me surpreendeu. Conseguiu levar Mariana a morar fora do Rio. Isso aconteceu há dez anos. E lhe deu a bagatela de quatro filhos!

Olhando o quadro inteiro (agora fiquei viciado nesse quadro inteiro), vejo que o mais intrigante dessa narrativa é que nunca, na verdade, levei a mal o egocentrismo e a indiferença com que Mariana me tratou todos esses anos. E, de certa forma, até hoje. Sofri muito, não vou negar. Mas, no fundo, sempre aceitei. Creio que é mesmo um defeito de meu caráter.

Não se deve acreditar no que é falso. Mas, confesso, simpatizo muito com a ideia de que o amor, quando é amor, é incondicional, ou não é amor. Sei que essa é uma noção errada, insidiosa, geradora de sofrimentos, uma vez que não é humana. Não nasci ontem. Sei que as pessoas vão com as outras até onde podem e depois param. É assim que ocorre. É a regra da estrada. Se eu acreditar que o amor tem de ser incondicional, nunca me sentirei amado, nunca serei amado. No entanto, é nisso que acredito, portanto um defeito de caráter.

Mariana é delirante/impulsiva. Não mede consequências. Age por instinto. Talvez eu não agisse como ela nas mesmas circunstâncias. Mas aí é detalhe. Não tem importância. Mariana é radical como a Lenita, sua mãe. Porque também eu sou impulsivo/delirante. Teve de quem herdar. Não posso culpá-la. E a Mariana é a Mariana, minha filha, sangue do meu sangue. O que vou fazer?

A alma boa de Setsuan tinha 18 atores. A linguagem da arena reformada, enfatizando a parábola. Priscilla Rozenbaum era codiretora. Nunca vi ninguém entender mais de teatro do que Priscilla; nem Sábato Magaldi, nem Barbara Heliodora.

Maria Mariana, a mais transcendente das atrizes brasileiras.

A comédia política com final em aberto.

É possível ser bom?

A solidariedade é possível?

Na sociedade em que vivemos, em que não tem importância o ser humano, tem importância o crime contra ele? São tempos de chamar um primo. Mau e implacável. Está certo isso? Tem de ser assim? Com esta pergunta lançada, como uma bofetada na cara do espectador, a peça termina: Chen-tê, a alma boa, segurando as rédeas pelas mãos da jovem Mariana.

Eu nunca assistia aos espetáculos. Não suportava ver aquelas lágrimas rolando no rosto da minha filha o tempo inteiro, sem que ela embargasse a voz nem perdesse a clareza. No primeiro papel que Mariana fez, ainda no teatro amador, um dia me avisou: "Pai, estou sangrando." E não era época de menstruação. Era o grau de intensidade com que representava. Ela sangrava por causa disso.

Resolvi fazer um espetáculo para alunos. Acho que foi um dos momentos mais ricos de minha vida. Na época, *Confissões* ainda era um sucesso no Teatro Casa Grande, reunindo todos os adolescentes da zona sul e da Tijuca.

Nessa ocasião, anunciei um curso de teatro. Esperávamos ter umas trinta pessoas inscritas e, para nossa surpresa, foram duzentas. Decidi, então, fazer um curso de palestras para duzentos. Foram 12 reuniões, todas gravadas com microfone sem fio, e foi uma loucura. Os alunos, em maioria esmagadora meninas, deviam ter entre 12 e 18 anos, e logo senti que não podia ensinar-lhes o teatro; que tinha que ensinar a vida, a filosofia, a história, a política. Então, minhas palestras versavam sobre os assuntos mais variados.

No final do curso, fizemos uma enorme roda dentro do Casa Grande, e o som que saía dali era uma coisa fantástica! Foi muito emocionante. Passei a ser um cara queridíssimo por aqueles jovens. Ensinamos uns aos outros muitas coisas. Depois, quiseram um segundo curso, mas nesse exigi que houvesse menos gente, o que acabou resultando na *Pequena história do mundo para 100 atores*, representada no vão livre do teto do Planetário, assistida por muitos prédios ao redor.

Sinto saudade de Mariana. Gostaria que estivesse a meu lado. Sei que ela também gostaria, mas isso não é possível. Ter quatro filhos, um marido, e ainda um pai idoso e inquieto... É demais para uma pessoa só.

Mariana hoje é uma bela mulher de quarenta anos, com quatro filhos e um sítio em Rio das Ostras. Todo tempo duvida de querer voltar à vida de artista ou entregar-se a seu destino, que aprendeu com a mãe, de mulher do mato. Eu? Quero o que for bom para ela.

Quando meus netos foram nascendo, jurei que não ia me apegar a eles. Afinal, não são meus. Jurei em falso, contudo. Hoje em dia, vovô fica felicíssimo quando vêm visitar. E eu não saberia viver sem Clara, Laura, Gabriel e Isabel. Vovô Domingos ainda é a melhor diversão.

PARTE NOVE
Mandamentos

1 | Livro de autoajuda

Não acho que livros de autoajuda sejam tão imbecis assim. Claro que são exemplares da moral burguesa. Porém, há flores no pântano. Além disso, já estou acostumado: há muito que os críticos chamam minhas pensatas de filosofia de botequim, embora não me deem o endereço desse bar. Eu gostaria muito de ir lá.

Porque sou da geração Dale Carnegie, que pintou e bordou, na época, com um livro chamado *Como fazer amigos e influenciar pessoas*. Vendeu tanto quanto quis. E Fritz Kahn, *A nossa vida sexual*. Que até moças direitas podiam ler, dado o ponto de vista científico da sacanagem.

Confesso que acho bonito, toda vez que vou ao aeroporto, ver aqueles títulos de autoajuda ocupando coloridamente as primeiras bancadas.

Se eu escrevesse um livro de autoajuda, minha gula não teria limites. Talvez o chamasse de *Manual do rebelde*. O que acham? Venderia bem, porque todo mundo quer ser rebelde. O oposto, o bom comportamento, é um vexame atualmente, como a correção política, o que resulta num problema para os jovens de hoje: saber contra o que se rebelar. Porque o rebelde sem causa também é considerado obsoleto.

Se um homem resolve lutar contra alguma coisa, deve saber primeiro se tem chance de vencer. Se tiver, será um revolucionário. Se não, um rebelde. Se jogarmos num campo um punhado de sementes, ocorrerá uma boa colheita ou será preciso arar a terra?

Freud inventou o inconsciente tão bem inventado que passou a ser considerado, por todos, parte do corpo humano, embora não apareça em nenhuma radiografia. Porém, tem poderes de um Zeus. Consta inclusive que comanda o destino humano! Será também assim a rebeldia?

O rebelde clássico não acredita em inconsciente. Assume a responsabilidade de todos os seus atos. Não importa quantos cigarros de haxixe, copos de absinto, MDMA ou ecstasy líquido tenha ingerido.

Eu sou rebelde porque Marlon Brando usava casaco de couro. Eu o sou desde que os motoqueiros subiram de moto as escadas do Cinema Pax, hoje igreja de Ipanema; desde que James Dean jogou-se ao chão e abraçou as botas do pai banhado nas lágrimas da culpa.

Albert Camus, várias vezes citado neste leve tratado, que acabara de viver a Segunda Guerra Mundial, já tinha afirmado, com racional eloquência, que a revolta contra a condição humana era dever de todo homem sério.

Não andava de motocicleta; porém, morreu num desastre de automóvel.

É preciso sempre pensar duas vezes antes de assumir opiniões neste mundo moderno. Por exemplo, gosto muito de ajudar os amigos; o que faço, sempre que posso. Na verdade, é uma das coisas de que mais gosto. Às vezes, entretanto, é difícil; a gente fica sem saber o que dizer.

Domingos e o avô, José dos Barbantes

Domingos e sua
mãe, Carmelita

Domingos com a mãe

Domingos e
Antônio, o pai

Antônio, o pai

Avó e avô no transatlântico *Caparcona*

Primos mais velhos

Filhos de José, 1929

Raimundo e José, irmãos mais moços, 1944

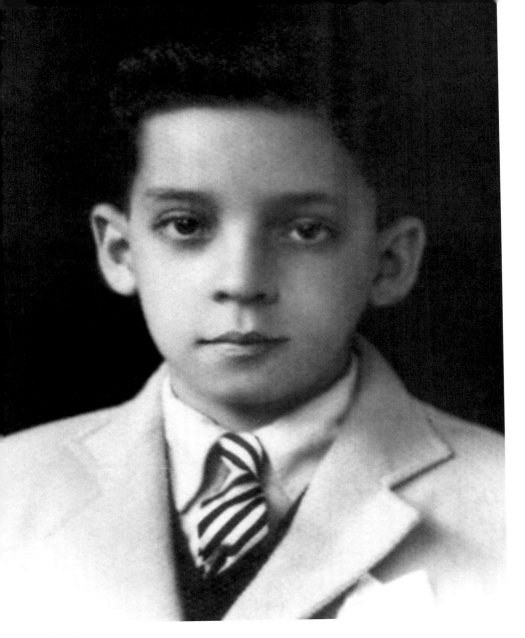

Domingos

Família ancestral, 1906:
Raimundo, Dadinha, Zeca,
avó, avô, Olímpio, Beata, Lulu e
minha mãe, a criança ao centro

Netos: Clara, Isabel, Gabriel e Laura

Heitor e Domingos

Dino

Formatura ENE, 1959

Cinema, primeira assistência de direção, em *O Poeta do Castelo*. Ao fundo, Manuel Bandeira e Joaquim Pedro de Andrade

Teatro: *Cabaré* - "Todas as minhas peças e filmes são no fundo o *Cabaré*"

Mariana e Domingos. Inverno em Teresópolis

Teatro: *Duas ou três coisas que eu sei dela*

Mariana, a filha

Clarice Niskier, Cacá Mourthé, Domingos, Priscilla e Dedina Bernardelli, *Confissões das Mulheres de 40*

Uma geração: Joana Fomm, Joaquim Assis, Vera Viana, Luis B. Neto, Leila Diniz, Ivan de Albuquerque, Marieta Severo, Claudio MacDowell e Manolo

Segunda fila: Isabel Ribeiro, Ionita Guinle, Nazareth, Maria Gladys, Irma Alvarez e irmãs Angel

Terceira fila: Flavio Migliaccio, Mario Carneiro, Paulo José, Norma Marinho, Fauzi Arapi e Domingos Oliveira

Amigos e amigas íntimos:
Zé Roberto, Claudia Ohana,
Stefan Wohl, Alberto Salvá,
Miguel Oniga, Denise Bandeira,
Ricardo Kosovski, Luis B. Neto,
Alberto Goldin, Clarisse Derziè Luz,
Eduardo Wotzik e Joaquim Assis

Eliana
Primeira esposa

Leila Diniz
Segunda esposa

Nazareth Ohana

Terceira esposa

Lenita Plonczynski

Quarta esposa

Priscilla Rozenbaum

Priscilla e Domingos

Priscilla e Domingos

Priscilla e Domingos

Lenita, Mariana, Domingos, mãe de Lenita, pai e mãe de Domingos
Teresópolis, 1974

Os amigos Paulo José e Aderbal Freire-Filho

Esse meu amigo era um homem muito rico, que trabalhava no planejamento de usinas atômicas e que gostava de arte. Poderia, portanto, financiar algum filme meu. Sempre tenho cinco na gaveta.

Não tenho e nunca tive, entretanto, vocação para conversar com gente rica. Fico encabulado. Acho que o milionário está sempre pensando que quero lhe tirar o dinheiro — que é exatamente o que quero fazer. Mas, nesse caso, acabei ficando realmente amigo de meu amigo, então casado com uma amiga minha da área de artes plásticas.

Telefonara-me, com voz trêmula, querendo conselho. E, quando cheguei em casa, ele já estava lá, sentado, cabisbaixo, no sofá. O grande amor pela artista plástica entrara em conflito. Ela o deixara e ele estava batendo pino de saudade. E tinha caído de boca na cocaína. Coisa que rico desesperado sempre faz.

Puxava pó em quantidades industriais, todos os dias. Do bom. E falava mal, ininterruptamente, com grande ênfase e para todo mundo, de sua amada. Então, tomado de fúria, afirmava o seu direito de puxar cocaína e de pegar putas. Era como vivia. Com o dinheiro que tinha, reuniu as putas mais bonitas do Rio de Janeiro, as quais colocara em casa, todas, em sistema de rodízio.

Falava bem do caráter das putas, do conforto que podem dar aos homens com sua não exigência; enfim, que era assim que queria viver. Já parara no hospital, numa overdose, com risco de morte, mas era daquele jeito que desejava viver. Afirmava que tinha o direito de viver e morrer. Que gostava de cocaína — de comer puta, sempre gostara — e que tinha todo o direito de fazer isso. Afinal, possuía dinheiro suficiente para comprar todo o pó do Rio de Janeiro. Ninguém tinha de ficar se preocupando com ele, avisando que cocaína mata, como se não soubesse. Que ninguém tinha nada com isso e ponto final.

Perguntei se era feliz daquele modo. Ele começou a chorar imediatamente. Era muito feliz!

Agora, orgulhoso, contava-me sua vida. E ria. Gabava-se de como tinha ereção, apesar da cocaína, embora não conseguisse chegar ao orgasmo. E chorava mais. Comovia-se ao exaltar a beleza das putas, às quais, dizia-me, falava de mim. Elas queriam me conhecer! E eu tinha de me controlar para não pedir imediatamente uma carreira — porque, afinal, também adoro cocaína — e ir lá conhecê-las.

Porém, cônscio de minha responsabilidade de conselheiro, tive por bem ajudá-lo com o seguinte raciocínio rebelde: primeiro, dei-lhe a maior força quanto ao vício e às putas. Deixei até que notasse minha inveja. Disse e argumentei que ele seria um louco se não saísse de sua dor de amor, de sua rejeição existencial, através de caminho tão delicioso. Mas argumentei que isso também acarretava desvantagens, e que ele devia, ao mesmo tempo, experimentar outros caminhos.

Talvez o primeiro não desse certo, nem o segundo, tampouco o terceiro, mas que talvez, no quinto, ele saísse para a saúde, o bem-estar e a felicidade. Ele ficou muito sério e me perguntou num tremor: "Outros caminhos?" Respondi, quase automaticamente: "A arte! A arte salva. Sem a arte não há salvação. Já conheci banqueiros, jardineiros, médicos felizes. Mas não muito felizes. A felicidade mesmo quem traz é a arte." E falei que era uma pena que ele fosse morrer logo. Numa overdose involuntária. Uma vez que não era um suicida, concordou enfaticamente. Se o fosse, não teria de comprar pó nem putas. Qualquer janela serviria. Morrer é grátis.

Ele achou essa observação engraçadíssima, gargalhou, finalmente rumou para a porta e foi embora.

Dormi mal, sem a certeza de que dera o melhor conselho. Estava preocupado. Depois, no dia seguinte, de manhã, telefonei. Disse-lhe que pensara sobre nosso encontro e que lhe daria dois conselhos certeiros, que teria de seguir se fosse um homem inteligente. Primeiro: ter um cardiologista e uma ambulância à disposição, dia e noite. Segundo: arranjar um segurança armado, ou melhor, dois, para ficar na porta da casa dele dia e noite, já que estamos no Rio de Janeiro e era rico.

Com todos aqueles objetos caros nas paredes, e diante do fato de que todas as prostitutas sabiam seu endereço, sua chance de ser assaltado era de 100%. Ele achou ótimo e me agradeceu, terminando o telefonema.

Não o vejo desde então.

Meses depois, soube que conseguira largar os vícios — meu conselho tinha dado certo. Ele saiu do país na companhia de uma puta maravilhosa e, no exterior, contratou, a preço de ouro, uma equipe de roteiristas de cinema para escrever sua experiência drogada numa coprodução com a Austrália, para a qual queria Michael Keaton no papel principal. Porém, filme meu que é bom, não financiou nenhum...

O filme dele nunca saiu, aliás. Era muito caro e ele não tinha dinheiro para tanto.

2 | Cavalinhos alados

No ano passado, na minha temporada de insônia, tive uma febril epifania rebelde. Entre o acordado e o dormindo, o delirante e o lúcido, perguntei a mim mesmo se realmente acreditava em alguma coisa. Foi quando uns pontos brilhantes começaram a entrar na sala, pelas janelas ou portas. Eram cavalinhos alados de todas as cores pastel, que vinham me fazer companhia e rodavam em volta de minha cabeça. Mais lindos do que os de Walt Disney para o filme *Fantasia*. Minha cabeça se abriu generosamente e deixei-os entrar, todos. Haviam resolvido responder a minha indagação. Eles eram a minha resposta, meu credo. Moisés tinha dez mandamentos. E eu resolvera ser meu próprio Moisés.

Até hoje sigo meus mandamentos; quando posso, é claro.

Rebeldes do mundo: se quiserem, peguem um lápis, não quebrem a ponta e tomem nota. São afirmações que poderiam parecer ingênuas, se não fossem avalizadas frase a frase pela minha respeitável vivência.

Primeiro Mandamento: Fuja da realidade.

É o único caminho. Única estrada florida.

Não se trata de saber se o psicanalista é capaz de curar um paciente. E, sim, se deve fazer isso!

Fugir não é sempre uma covardia. Pode ser uma coragem. Seja veloz. Fuja! Foi minha amiga querida, tão bonitinha, Maria Clara Machado (também queria me casar com ela), quem me deu para ler seu livro de cabeceira, *A negação da morte*, de Ernest Becker, numa das muitas conversas que tivemos diante da tradicional mesa de leitura do Tablado: "Podemos afirmar que a recusa da realidade é a essência da normalidade." Por favor, leia de novo. "Podemos afirmar que a recusa da realidade é a essência da normalidade."

Algumas rotas de fuga são clássicas, de tão eficientes: o dinheiro, o poder etc. O amor também pode ser considerado assim, embora esta observação seja quase uma heresia.

Segundo Mandamento: Respeite os seus desejos.

Mesmo os menores. E imediatamente. A máquina de desejar do homem é muito frágil. Enguiça com muita facilidade. Se você me convida para tomar um sorvete e eu digo "Ah, não quero, não", é capaz de você desistir de tomar o sorvete. Lamento lhe dizer: este será um sorvete a menos na sua vida.

Terceiro Mandamento: Melhor se arrepender de ter feito do que de não ter feito.

Exemplo simples: garota ao seu lado. Você tem vontade de agarrá-la e agarra. O máximo de ruim que pode acontecer é ela fazer um escândalo e chamá-lo de cafajeste. Se não a agarra, porém, o mínimo que pode acontecer é você ficar batendo com a cabeça na parede de seu apartamento, de raiva de si mesmo, por não ter tentado.

Diante da dúvida, não fazer é uma atitude antiga, do século XIX. Chama-se cautela. Uma atitude boa para as crianças. Não para um rebelde.

Não tenho iate, nem automóvel, casa de praia, nem apartamento próprio. Apenas uma poupança no banco, que me garante, no máximo, uns seis meses, se eu parar de trabalhar. Todo o dinheiro que ganhei, botei no cinema e no teatro. Não me arrependo. Um homem tem que decidir entre o Ser e o Ter.

219

Claro está que, na sua velhice, os amigos mais próximos vão ter de correr com a despesa.

Quarto Mandamento: Termine tudo aquilo que começar.

Se você entra num filme ou numa peça, não saia no meio. Se começa um namoro, não saia no meio. Somente ficando até o fim, terminando aquilo que começou, é que você verifica se aquilo era bom ou ruim.

Além disso, este quarto mandamento é o segredo da produtividade, ela mesma. Chegando ao fim das coisas, você terá de mostrar para os amigos sua nova obra.

Quinto Mandamento: Não sinta culpas.

É comum ver mães que têm mania de culpar os filhos por qualquer bobagem ocorrida. A gente até ri disso, mas não devia. Uma das especialidades da sociedade em que vivemos, tanto no Oriente quanto no Ocidente (!), é culpar as crianças o mais possível. O procedimento geral cria adultos maus, brutais, muitas vezes criminosos, que fazem qualquer coisa para se livrar da culpa. Raros são os que escapam.

Trata-se de uma espécie de sadismo social desenvolvido na humanidade desde seus primórdios. Freud supõe que foi assim:

> (...) o primeiro grupo, também chamado "a horda primitiva", foi somente capaz de se estabelecer quando um indivíduo impôs seu domínio sobre o outro. Este era o pai primeiro, déspota imposto pela força que possuía as mulheres desejadas e gerava com elas os filhos e as filhas. Com a organização do grupo, foi inevitável que o ódio dos filhos determinasse o assassinato e a devoração coletiva do pai primeiro. Desse modo, partindo assim de um crime, a humanidade pressupõe o sentimento de culpa. Não é importante saber se alguém matou o próprio pai ou preferiu abster-se desse ato. Porque a culpa nada mais é que expressão do eterno conflito entre instintos de amor e morte.

Pois é, meu querido rebelde: Freud estava errado, apesar de suas linhas inspiradas. Rebele-se com especial virulência contra essa ideia e afirme que você é inocente de qualquer crime!

Ninguém pode culpá-lo de nada.

Nem de ser vagabundo, nem de ser galinha, nem de ser egoísta ou malsucedido.

Você, você, você, você é inocente. Sua inocência clama aos céus.

Por quê? Com que provas?

Grita irado o promotor do dia a dia.

Imaginemos a cena.

Por ausência de intenção culposa!, respondo.

O tribunal dos anjos bate palmas.

Promotor: "Não se faça de inocente. E seu ódio interno, sua ira divina? O que faz você quando te ofendem? Plagia o santo homem e entrega a outra face?"

Nesse momento, o tribunal silencia. Achando que o rebelde não saberá responder à pergunta. Surpresa, pois, quando profere suavemente: "Não há nada de pessoal nisso, seu promotor. Esse cara que me agrediu tem problemas. É evidente. Caso contrário, não agrediria um cara bacana como eu. Se agrediu, é porque na verdade é um fodido. Não devemos odiá-lo e sim ter paciência com ele. Tem ciúmes da mulher, está sem dinheiro, ou simplesmente tem inveja de mim. Claro que esse moderno procedimento rebelde não exclui o direito de não revidar. Bata duro na hora em que for preciso. Mas sem ódio, como fariam os grandes caubóis."

O tribunal todo ri, inclusive o promotor.

O humor deve ser uma parte da corrente sanguínea. Como os glóbulos brancos e vermelhos. Um homem elegante vem andando pela rua de bengala e cartola, no meio do caminho uma casca de banana, e ele escorrega, elevando os pés à altura da cabeça. O ritmo do elegante cavalheiro, ao qual já estávamos acostumados, é quebrado subitamente! E você ri.

Talvez o riso seja a expressão de um prazer físico. Aquele que uma ideia provoca quando vem à tona subitamente, como uma cócega.

O grande rebelde do cinema mudo, C. Chaplin, sabe disso quando afirma, em sua biografia, que todas as *gags* de Carlitos são uma só. E vejam que fez rir várias gerações inteiras, sem parecer repetitivo. Todo seu ridículo, diz Chaplin, baseia-se na "tentativa de ser digno". Digno dentro de uma situação de indignidade essencial, que é a condição humana.

Sexto Mandamento: Não perca tempo, pelo amor de Deus.

Meu conselho em forma de poema: "O tempo é nossa única posse. Para não perdê-lo, é preciso agir. Falar somente é agir quando alguém ouve. Pensar não é agir. Cantar é agir, mesmo que ninguém ouça. A ação faz o mundo. Por isso é preciso concluir, por simples leviandade, que o tempo, a posse, o agir, o ouvir, o pensar, o cantar e o mundo são apenas palavras. Mas, atenção: coisas há que não são palavras. E estas são a maior parte das coisas."

Kaplan e átimo. O menor tempo é o átimo; o maior, o Kaplan. Kaplan é uma medida de tempo. É o tempo que vai entre a criação do mundo e a sua total destruição.

O tempo não existe na natureza, mas na consciência humana. Você vive, o tempo passa. Só você tem a consciência do tempo.

A mudança é a evolução do tempo, é a lei do mundo. Sendo a arte um ato de revolta contra o tempo. A arte tenta ser perene. A Gioconda é a Gioconda, para sempre Gioconda. Por isso ela sorri.

São poucas coisas da vida, ou nenhuma, que têm importância durante muito tempo. Muitas vezes, uma situação nos parece sem saída, mas só é sem saída do jeito que a vemos. No entanto, se conseguirmos estendê-la pelo tempo...

Exemplo: eu e minha mulher nos amamos, mas não conseguimos viver juntos. Por outro lado, não conseguimos viver separados. Se não é possível viver com, nem viver sem, resta morrer. Nenhum espírito lógico apontará outra saída. E quem não passou por isso? O paradoxo ocorre porque falta um dado: o tempo! Se deitarmos a questão sobre o tempo como sobre uma cama, logo veremos que não apenas uma, mas várias saídas são possíveis. Talvez eu arranje uma amante, e minha mulher o dela. Talvez deixemos de nos amar, ou nos amemos mais ainda, numa reconciliação. Ou encontrarei uma reveladora paz em amar sem ser amado. Ou em ficar sozinho... Enfim, dezenas de alternativas. Apenas uma coisa é impossível: que tudo fique como está. Isto o tempo não permite.

A vida não é curta. É uma heresia dizer isto. É curtíssima! Um relâmpago de eternidade. Ganhar tempo é ver a alma enquanto se aprimora. Perder é o contrário.

Sétimo Mandamento: Seja superior ao seu sofrimento.

Portanto, um herói. Tenho de dar o crédito. Ouvi esta frase de meu sábio amigo Sérgio Britto. Somente um babaca tem pena de si mesmo. Ser herói é a melhor posição. É lá que se sofre menos. Somente um babaca não percebe isso. Pense bem: quem é mais feliz? O Super-Homem ou o Clark Kent? Seja herói.

O verdadeiro artista, como Cristo, não vem ao mundo para julgá-lo, e sim para salvá-lo.

Eu já disse isso?

Oitavo Mandamento: Tudo é sexo.

O amanhecer, o entardecer, a história, a filosofia, o espaço vazio depois da última estrela. Tudo sexo. Sexo é a força fundamental. Somente na cama os seres humanos revelam como realmente são. É muito educativo. Sexo.

Sexo é a força que une os átomos. Devo observar, porém, que é muito difícil estudar esse assunto. Nunca conheci um sexólogo que escapasse totalmente do perfil do tarado. Homens e mulheres mentem quando falam sobre seu comportamento na cama. E aqui nesta biografia ouso, por vaidade, tocar pessoalmente neste assunto delicado. Minha vida sexual. Coragem, Domingos.

Nós machos somos, antes de tudo, servos do rei Falos. Nunca teremos um controle despótico sobre Ele. No máximo, diplomático. Ele por vezes nos nega o que mais desejamos, fazendo até parecer que não amamos uma adorada parceira. Revoltante. Falos tinha estátua nas praças gregas ou romanas. Há quem diga inclusive que o Olimpo ditou a existência do Falos para que o homem não se envaidecesse demais com seus outros dotes. Sem pau, não dá!

Sempre invejei o homem de ereção automática. É verdade que gosto das mulheres. Porém, para mim esse controle nunca esteve perto do possível. Apaixonado, mesmo por amigas íntimas, quase sempre brochei na primeira vez. Às vezes, na segunda e até na terceira, tornando-me um amante insaciável nos anos ou décadas subsequentes. Tenho certeza da minha eficiência. E nenhuma esposa jamais se queixou. Ao contrário, foram todas pródigas em elogios. Natural, uma pessoa faz bem aquilo que gosta de fazer.

Chego a pensar que homem que é homem brocha.

E, continuando o mergulho impróprio e até embaraçoso neste contexto autobiográfico, sempre tive características um tanto particulares, das quais me orgulho muito. Refiro-me às fantasias sexuais. Psicanalistas dizem, anedotas repetem, que são imprescindíveis as fantasias sexuais. A imaginação seria a alma do negócio. A condição *sine qua non*. Imaginar que a parceira é outra ou colocá-la cheia de correntes e piercings, ou vestida de empregada ou de fuzileiro naval, ou com máscara do Lula, ou de bela odalisca... São coisas normais. Nunca achei graça em nada disso, todavia. Na cama com uma mulher, nunca consegui ver nada mais delirante do que a mulher.

Do mesmo modo, atleta sexual, sempre quis ser, mas nunca fui. Numa noite de amor, repetições do ato são normais e prazerosas. Nunca fui, contudo, especialista em, usando a expressão popular, dar duas sem tirar.

Com as prostitutas, por exemplo, penso em Dostoiévski antes de pensar em qualquer outra coisa. Sou um casto

Sou um casto e não me arrependo. Minto. Reconheço dois arrependimentos na minha vida. Um deles é que poderia ter comido muito mais mulheres do que comi, sendo isso uma perda irreparável na minha cultura.

O outro arrependimento é não ter aprendido sapateado sendo fã de Fred Astaire.

Nono e Décimo Mandamentos: Tenha noção profunda da sua extrema felicidade.

Ou, se os amigos rebeldes preferirem, a extrema noção da sua profunda felicidade.

"Tenho noção profunda da minha felicidade." Escreva isso na sua camiseta. Para mim, esse mandamento vale por dois. A besta humana nunca teve noção da felicidade. Reconhece-a só depois que passou. E isso é quase uma tragédia.

Na verdade, devem ser esquecidos todos os mandamentos anteriores. O verdadeiro rebelde não tem mandamentos. Obedeça a seu coração. Verifique para onde o vento sopra e decida na hora.

Para aquele que deseja viver adequadamente dentro da sociedade e não partilhar da indignidade geral, é obrigatório ver um filme antigo, raro, mas hoje se baixa tudo na internet.

O ator principal era o Tyrone Power. Alguém conhece? Bem, não importa. Era lindo como um deus, e fazia o papel do capitão de um navio que vai a pique num mar furioso.

No único escaler disponível, cabem apenas vinte pessoas, apertadinhas. Ao redor do escaler mais vinte, os que chegaram depois ao barco. Desesperados, se afogando, a água entrando em seus pulmões, suas mãos geladas agarrando o escaler, ameaçando afundá-lo também.

A situação é de perigo; momento de decisão! E o único que tem um revólver na cintura é Tyrone Power. Pensa, então, que deve matar os vinte agarrantes, para que não morram todos, inclusive ele, o capitão.

Dúvida! Mortal! Quem fica e quem sai do escaler?

Não há tempo para pensar. O mar não espera. O escaler balança cada vez mais. O que deve fazer o Tyrone P.? O revólver treme em sua mão. Seu dedo escorrega para o gatilho. Close e ele decide. Só que não me lembro o quê. Não me lembro do final do filme. Vi garoto ainda, que agora não se fazem mais filmes assim. No entanto, queira deus que eu nunca esteja numa situação semelhante.

Porque eu não matava os vinte. Deixava morrer os quarenta. E morria junto.

Para que salvar a vida de vinte assassinos?

PARTE DEZ
Priscilla

1 | Fatos e poemas

A linguagem lírica não pertence aos detalhes e sim ao quadro inteiro. Sempre escrevi poemas para Priscilla. Daqui em diante, na nossa narrativa, aparecerão alguns desses versos. O leitor deve saber que a verdadeira história de Domingos e Priscilla é contada pelos poemas, não pelos fatos.

> Diante de vossos retratos, em todas as idades
> vejo que te amo de fato
> Mais que minhas liberdades
> ou rimas
> ou primas
> ou outras que vieram depois
> visto que sou porque sois...
> Além da lua, dos sóis e das estrelas
> que vimos juntos ou quaisquer outros assuntos.
> Sei que vos amo mais que temo a Morte.
> E conheço a origem dos meus problemas:
> É que antes e cedo eu fiquei com medo
> de te escrever poemas.

Se você tem um caso de amor que dura um ano, acontece muita coisa. Se tem outro caso de amor que dura dez, ainda é muita coisa que acontece. Se é a mulher da sua vida, com quem tem um caso há trinta anos, você tem a impressão de que nada aconteceu. Por que será assim?

A morte, entre suas inúmeras grosserias e faltas de elegância, tem pelo menos uma característica formidável. Quando o tempo passa, nos esquecemos dos defeitos daquela pessoa e lembramos apenas de seus aspectos positivos. Talvez esse ato misericordioso da memória se aplique também ao amor. Quando os amores morrem, também esquecemos suas dores e assim é mais fácil lembrá-los...

Priscilla é minha companheira até hoje. Não temos propriamente nada a esconder. Somos gente boa de vida reta. Porém, sem dúvida nossa paixão se transformou nesses 33 anos. Sinto até vontade de rir quando comento esse número.

A verdade é que nosso amor não morreu e não cabe falar aqui de nossas decadências. Ganhei a minha vida inteira escrevendo indiscrições sobre minha pessoa. Absolutamente não me arrependo disso. Mas um casal... Um casal tem seus pudores, seus segredos. Sentimentos que são guardados a sete chaves.

No brilho da gota de sangue foi a primeira parceria real entre mim e Priscilla. Ela era muito mais organizada do que eu. E a peça tinha um final dificílimo, uma cena de sexo entre Carlos Vereza e Nina de Pádua, nus numa cama, ou seja, coisa forte para a época. Nós dois organizamos a cena matematicamente, tomando como modelo o caminho de nossa trepada pessoal. Cada casal verdadeiro tem o seu.

Priscilla desenhou todas as posições em fichas e armamos os diálogos correspondentes. E, nos ensaios, era pedido que os atores não tirassem a roupa. Quando o fizeram, perto da estreia, a cena estava pronta e era uma obra-prima de erotismo e classe.

Nosso sexo não demorou para ser transformado em obra de arte. Os apaixonados podem tudo!

Ganhamos todos os prêmios do ano, mas ninguém foi ver. Bilheteria tipo sete pagantes na sessão de sábado. Para Priscilla e eu, foi uma glória!

2 | Pink e Afonso

Permita-me então, leitor, explicada a dificuldade deste capítulo, o privilégio de usar a terceira pessoa do singular. Isto é, que eu não chame os personagens pelos nomes verdadeiros. Desta linha em diante, Priscilla será Pink e Domingos, digamos, Afonso.

O grande amor de Pink e Afonso começou assim: 1979, Figueiredo, Margaret Thatcher, *Apocalypse Now*, *Manhattan* de Woody Allen, e ela era linda, uma obra-prima da natureza, sendo Afonso um diretor de TV.

Numa pequena tela, num corredor da TV Globo, Pink Schwartzberg estava fazendo um teste com várias outras jovens atrizes para *As pequenas raposas*, de Lillian Hellman, que Sérgio Britto montava no programa "Aplauso". Afonso freou por ali sem querer, diante do monitor, exibindo aquela criatura belíssima de 16 anos. Foi quando viu Pink pela primeira vez.

Afonso era casado, tinha uma filha pequena e mais de quarenta anos, mas não teve dúvidas. Desceu para o estúdio, despencando pelas escadas, apresentou-se e fez os charmes que podia, mas ela não lhe deu bola nenhuma.

Passaram-se os anos. Afonso não tirou Pink da cabeça.

Seu casamento agora não ia tão bem, separava-se da mulher, com filha e tudo. Naquela semana, estava escalado para dirigir um quadro de cinco minutos no "Fantástico". Eles queriam algo sobre jovens. Afonso, que precisava do cachê, não teve dúvida: inventou uma fase *new romantic*, que supostamente aconteceria no próximo verão, o de 1982, e escalou Pink e mais toda a galera jovem que emergia na TV (Dedina Bernardelli, Claudia Ohana, Bianca Byington e mais meia dúzia; até Cazuza tinha).

Na gravação, Afonso olhou somente para ela. Para suas bochechas e cabelos loiros. Pink estava namorando um ator muito jovem e bonito que também fazia parte do elenco. Afonso não sabia. Caso soubesse, não teria escalado o rapaz.

Passam-se mais anos. Eis que, de repente, Afonso começa a encontrá-la em todos os lugares. Por acaso, sem nenhuma explicação. Ia fazer uma reportagem na PUC, ela estava lá. Fazia ioga no shopping, a ginástica dela era do lado. Cruzavam na rua com frequência. E um dia seus carros pararam um ao lado do outro num sinal do Méier. Não tenho a menor ideia do que tinham ido fazer no Méier. Mas era um sinal!

Apaixonados são telepatas, guiados pela força do sentimento que os unirá. Daí a convidá-la para jantar foi um pulo. E nesse jantar, ali perto do Gláucio Gill, onde Pink apresentava uma peça infantil no papel da princesa, os olhos, o corpo e a alma dele se perderam nela para sempre. Perguntou se ela já tinha querido algum homem que não a quisesse. Não. Fora a mais bonita do colégio, confessou.

Afonso não se lembra de como a levou para seu apartamento pela primeira vez. Mas teve muito a ver com o carro dela. Explico.

Nos primeiros dias, como convém aos grandes amores, tudo era recôndito. Encontravam-se sempre em bares. Porque a emoção era tanta que era preciso ingerir a necessária quantidade de álcool para tornar suportável tanta ternura e deslumbramento.

Falavam o tempo inteiro contando um ao outro, ansiosamente, suas vidas, alternando risos e lágrimas com doses de *poire*, que é um licor de pera, bebida forte. Em geral, isso ocorria (e ocorreu muitas vezes) no restaurante discreto, porém de luxo (piano de cauda), do condomínio onde Afonso morava e tinha conta. Décimo sétimo andar. Grandes alturas, para ninguém ter vertigem. Afonso sempre gostou de andar alto. Sala e dois quartos que alugara com seus tostões restantes, para quando a filha quisesse ir...

Nesse restaurante do condomínio, eram conhecidos por todos. Os garçons de bares têm uma inevitável ligação com o Cupido. Também assistem, muitas vezes embevecidos, aos nascimentos das paixões. Pink e Afonso marcavam, digamos, às três da tarde. Bebiam até às oito da noite. E somente então subiam para o apartamento.

Pink ainda morava com os pais, no Leblon. A filha de Afonso, aqui chamada de Sebastiana, ainda morava com a mãe, perto dali. O casal achou que, mesmo separado, deveria morar a uma *walking distance*, para que a Sebastiana pudesse ir e vir quando quisesse.

O apartamento de Afonso era vazio de móveis. O único objeto extravagante era uma cama redonda, construída a mando do próprio Afonso, dentro do quarto. E que somente conseguiu sair de lá, anos depois, cortada em quatro pedaços, como se fosse um queijo.

Fora isso, havia também uma Lettera portátil (o computador ainda nem sonhava em existir!), um espelho grande encostado na parede, uma mesa na sala, também redonda, e, em cima dela, um objeto estranho: um dos primeiros aparelhos de videocassete no Rio de Janeiro. A imagem era ruim à beça. A mágica, porém, poderosa. O casal viria naquele vídeo — entendendo metade, porque não tinha legenda — *Um bonde chamado desejo, 2001, Tarde demais*, de William Wyler, e *A felicidade não se compra*, do grande Capra.

Viram é modo de dizer. Viam os primeiros 15 minutos dos filmes e, excitadíssimos pela proximidade, trepavam ali mesmo, no chão, entre as almofadas.

A vida, sem dúvida, reserva glórias para o ser humano.

Naquela sala, leram também peças de teatro. Afinal tratava-se de uma atriz e de um diretor. O prazer dos amantes em mostrar um ao outro aquilo que amam é febril. Uma noite, Afonso leu para Pink *Yerma*, de García Lorca, e lembra-se ainda do oceano de lágrimas que caíam das lentes de seus óculos. Momentos assim representam a vida. São irreconstituíveis, como um crime perfeito que não deixa pistas.

Divertiram-se muito durante o primeiro ano de convivência. E também durante o segundo, o terceiro e mais.

Afonso sempre tinha um carro velho e Pink, um novinho. Ela ia à Barra todas as noites, para dormir com Afonso, comboiando o automóvel dele, que, além de antigo, era temperamental.

Naquele primeiro dia em que jantaram juntos, por exemplo, o carro, provavelmente hiperaquecido, contaminado pela paixão, não arrancou. E Pink, que mal o conhecia, emprestou o seu carro, novinho, para que ele fosse, bêbado, para casa, serpenteando as maravilhosas curvas da Niemeyer. Afonso ficou muito agradecido com aquela prova de confiança, como se tivesse recebido uma medalha da rainha Vitória.

O carro dele não pegava nunca. Era um opala branco comprado de terceiríssima mão, que parava no meio de qualquer caminho, fervendo, porque a correia arrebentava. Não foram poucas as vezes em que chegaram em casa aos trancos e empurrões. O automóvel de Pink deixou rapidamente de ser novinho.

Certa noite, estavam tão bêbados e tão loucos para chegar ao apartamento e ficar sozinhos que, ao meterem a chave na porta, verificaram, espantados, que a decoração fora toda mudada. Hipóteses estranhas passaram pela cabeça do casal em frações de segundo. Teria sido ele despejado por não pagar o aluguel? Seriam aqueles os móveis do novo locatário? No olhar apavorado de Pink, subitamente compreenderam. Haviam entrado no apartamento do vizinho, três ou quatro andares abaixo.

Como a chave serviu, não sei até hoje. Sei que, três ou quatro anos depois, eles perderam a chave do próprio apartamento, de modo que Pink desceu e pediu a do vizinho emprestada, que, diga-se de passagem, nunca tinham conhecido pessoalmente. E não é que a chave servia?

A paixão é um parque de diversões com montanha-russa, trem fantasma e tudo. Na outra pessoa parece estar — e realmente, por algum tempo, está — a solução de todos os seus problemas. O amado empresta à amada todos os poderes divinos: trata-se de uma cosmologia a dois. A psicanálise chama de fantasias. Simplificação rasa. Digo eu que são pequenas amostras do Paraíso que Deus bota na nossa humana boca, para sentirmos o gostinho.

A paixão é, sem dúvida, o sentimento magno do ser humano. O Himalaia da imaginação de Deus. Deveríamos perseguir na rua as pessoas apaixonadas. Para beijar-lhes as mãos e ajoelhar diante delas, rezando para que aquela paixão dure para sempre.

Dia dos Namorados, segundo ano de convivência:

> Queira o Deus dos atores e amores
> Que eu sempre sorria
> como sorri no primeiro dia
> Que sua nudez me espante
> como na primeira vez
> Que me seja concedida a honra
> de sua companhia
> até meu último dia
> pois cada vez te amo com mais
> delicadeza
> Queiram os deuses dos atores e amores
> Transformar minha prosa em poesia
> capaz de cantar inspirada

do corpo e alma rendida
a namorada da minha vida!

PS. Faltam as flores que você merece, que ainda não fui comprar,
de tanto versejar.

A família de Pink não aprovou, absolutamente, o novo romance. Não gostavam da ideia de sua filha querida casar-se com um homem bem mais velho — 23 anos mais velho. Afonso não somente entendeu o ponto de vista, como concordou. Se tivesse acontecido o mesmo com Sebastiana, mandava matar!

3 | Janelas baixas

Ah, me esqueci de contar que Priscilla, perdão, Pink, logo no nosso primeiro ano de convivência, promoveu meu retorno glorioso para Teresópolis, meu destino. Que, afinal, era o lugar onde Mariana Sebastiana nascera. E fez isso do mais doce modo. Um dia, achou que eu estava triste, cansado do verão carioca. Sentiu que precisava retornar à montanha; que, na montanha, eu escreveria mais e melhor, e teria mais saúde.

Sem falar comigo, tomou seu carro (outro carro, mas sempre novo) e alugou uma casa para passarmos os fins de semana, feriados etc. Antes de assinar o contrato, resolveu telefonar para o Rio e me perguntar sobre que tipo de casa eu preferia. Surpreso, respondi: "Qualquer uma. A que você gostar eu vou gostar."

Primeiro aniversário de Pink em Teresópolis:

> Feliz Aniversário,
> muita saúde, muitos anos de vida
> Deus me ajude que você seja para sempre minha querida
> Sendo eu um corsário, bilionário, teu canário

Trinando tua beleza, ao sol que aquece a piscina fria
Aceite aqui os parabéns sem mais floreio
Deste humilde servo que tem a glória de te ver de perto
Seguir tua estória e te amar sem freio.
perdoai com benevolência as falhas do poeta,
que se não tem mais rima tão reta e linda
é apenas porque o peito abriga
sentimento maior ainda.

Quando uma mulher e um homem enfiam-se um pelo outro (contrariando a unicidade e transformando, por momentos, dois seres em um), a Terra treme. O casamento, a fidelidade, o ciúme, todos são valores que merecem avaliação. Mas a paixão, esta é absoluta. Única moeda cósmica que temos à disposição.

Uma casa de janelas baixas. Era possível sentar nas janelas, sair e entrar por elas. Assim era o maravilhoso endereço no qual viveram intensamente Pink e Afonso, durante anos. Atenção: nesta Teresópolis II, Afonso não trabalha mais na TV — e sim no teatro! Depois explico como aconteceu tamanha modificação.

Pink Priscilla acompanhou toda a trajetória de Mariana Sebastiana na adolescência. Acompanhou é modo de dizer. Segurou a maior parte da estiva com Mariana, porque eu trabalhava muito e não tinha tempo. Todos os parquinhos, patinação, cinemas com amigas, buscava em boate... Na rua, muitas pessoas achavam que eram irmãs.

Priscilla também criticava os exageros da minha liberalidade. Sempre exigiu que Mariana fosse tão boa filha pra mim quanto eu era bom pai para ela. Enfim, foi admirável todo o tempo, superando, com sua elegância natural, o antipático e até conflitante papel de mulher do pai.

*

Desciam do paraíso serrano apenas quando tinham de ensaiar. Naquela casa, Afonso escreveu muito. Tratou de muitos assuntos que deram certo e de muitos que não deram. Ficava em Teresópolis o tempo que podia e, na máquina de escrever, tanto quanto aguentava. Lá naquela mesa de trabalho, em frente à cama, escreveu várias peças. E o diário em que agora se baseia esta tênue tentativa biográfica.

4 | A cachoeira e o teatro

A duzentos metros da nossa casa havia uma cachoeira de água muito fria, capaz de tirar da cabeça mais complicada qualquer pensamento menos positivo. Debaixo de um sol magnífico, por uma estrada de pedra, íamos lá todas as manhãs. Por vezes, a água estava gelada demais. Era preciso pensar duas vezes antes de cair. Aprendi que tudo que precisava fazer era me imaginar ao lado daquele passarinho, ao sol do galho distante. Aí tinha coragem, e mergulhava. Imaginava também que não era eu que esfriava; era a cachoeira que se aquecia com meu corpo.

No inverno mais rigoroso, era necessário agregar ao cerimonial do mergulho poderes mágicos, desejando, ao cair na água, muita paz, muita felicidade para mim e para todos os meus. Um *réveillon* todos os dias.

Priscilla e eu mergulhamos, de cabeça, corpo e alma, de mãos dadas, no teatro que tanto amávamos. Ela foi minha assistente de direção fiel e insuperável. Fizemos 23 espetáculos durante nossos primeiros nove anos de convivência. Vinte e três durante nossos primeiros nove anos.

*

1981: *Amor vagabundo*. 1982: *A volta por cima*. 1983: *Adorável Júlia, No brilho da gota de sangue, Testemunha de acusação, O inimigo do povo*. 1984: *Irresistível aventura, Conversas íntimas...*

Sair da Globo não é fácil. Afonso conseguira essa façanha conscientemente. "Muito cacique para pouco índio", pensava ele, e por isso resolveu trocar de patrão, passando a trabalhar no teatro com o mesmo afinco e subserviência, e com as grandes estrelas, cenários e tudo mais de que o público gosta. A TV é um lugar ótimo para o artista como escola. Ensina muito, pela quantidade de produção. Ensina, inclusive, como largá-la.

... 1985: *Escola de mulheres, Ouro sobre azul, A fonte da eterna juventude, Do amor*. 1986: *A morte do caixeiro-viajante*. 1987: *Os prazeres da vida*. 1988: *O grande inquisidor, O caso que eu tive quando me separei de você, Noel Rosa, Guerreiras do amor*. 1989: *O inspetor geral*. 1990: *As testemunhas da criação, Antígona e a origem da tragédia, Corpo a corpo*. 1991: *Luzes do paraíso*.

Inflação delirante. Fernando Collor, na presidência, e Zélia, na TV, atacam a sagrada propriedade privada e tiram nosso dinheiro. Cai o muro de Berlim. Cazuza afirma que o tempo não para. Na tela grande, *Mulheres à beira de um ataque de nervos* e *Ligações perigosas*. Afonso e Pink são bem recebidos no teatro.

O teatro atinge sensorialmente. Quem faz teatro sabe que ninguém monta um espetáculo impunemente. Cada um é uma aventura, um turbilhão. Uma vida. As muitas vidas de Pink e Afonso.

Na fase do Planetário, que virou point: *Pequena história do mundo para 100 atores, Amores, Separações, Cabaré filosófico, A primeira valsa, Proibido amar, A alma boa de Setsuan, Fábrica de dramaturgia, Espetáculo deslumbrante.*

Priscilla terminava uma cena de *Separações*. Corria por fora do teatro e tinha de entrar do outro lado, para começar nova cena — e sem poder perder tempo, sob o risco de comprometer o ritmo da peça. Ao sair e atravessar o hall, porém, ela foi interceptada por um grupo estranho, muito estranho. Os seguranças do teatro rendidos, mãos para o alto, diante de três assaltantes armados. Um dos caras gritou para Priscilla: "Pare onde está! Isto é um assalto!" Situação perigosíssima. Sem absolutamente parar, ela respondeu: "Desculpe. Agora eu não posso. Tenho que entrar em cena." E entrou. Havia trezentas pessoas no teatro. O assunto não foi comentado, para não estragar o ritmo do espetáculo. Os ladrões, contudo, fugiram apavorados.

O grande acontecimento desse período no Planetário foi o *Cabaré filosófico*. Chegamos a fazer quatro espetáculos desse tipo. Eu dizia sempre, no início, que duas leis permitem e viabilizam o cabaré. A primeira é saber que a vida é feita do terror e da glória, e que, ali, por opção, não falaríamos do terror. A segunda é saber que "a função da filosofia não é descobrir a verdade, e sim divertir o filósofo".

O *Cabaré* é a minha melhor invenção no campo da forma teatral. Não é uma colagem. É um depoimento. Tudo que escrevi, depois e mesmo antes de o *Cabaré* existir, já era o *Cabaré*. É a minha casa e minha cara.

Se o seu amor está no seu trabalho, você tem tudo. Você mistura o amor com a dificuldade no trabalho, a briga com os atores com o amor, a interpretação da obra com o amor, o amor com a bilheteria, a dificuldade de produção com o amor. E depois entrega o resultado disso para a plateia, deixando que os espectadores percebam o amor com que tudo foi feito. Simples.

PARTE ONZE
Priscilla 2

1 | Revolto mar de rosas

Quem disse que é possível nadar em um mar de rosas? É se arranhar nos espinhos. A separação de Afonso e Pink ocorreu no nono ano de casamento. Porque o tempo não para uma coisa para começar outra. Não é o seu estilo.

Os últimos tempos do descrito paraíso na serra foram também anos de conflitos amorosos, sucessos e fracassos, forças e fraquezas. O tempo é tudo ao mesmo tempo.

O fato é que, apesar de seu grande amor, nove anos depois do *poire* (licor de pera no 17° andar), Afonso e Pink chegaram a uma impossibilidade de convivência um com o outro.

Passaram um ano separados.

Mil novecentos e noventa e um. Que ano! Que ano! Que ano!

Negro como a noite sem estrelas na hora do fim do mundo.

Negro como o último túnel sem saída na noite negra do fim do mundo.

Negro como a morte.

Foi assim meu ano de separação.

❋

Um dia, depois de muitas lágrimas, ciúmes e agressões, achamos que tínhamos de nos separar. Já que tinha de ser. Tudo bem. Finalmente separados, sem drama, disse eu. Desliguei e vi minha mão estremecer sobre o telefone.

No dia seguinte, acordei e tive a surpresa de não estar arrependido. Tínhamos agido certo! A separação poderia ser construtiva. Por algum tempo. Quis conversar com Priscilla sobre o tamanho desse tempo. (Chega de Pink! A situação não está para brincadeiras. De agora em diante, Domingos é Domingos e Priscilla é Priscilla. Até o fim!) Ela não me atendeu.

Minha angústia não piorava a cada hora, mas, sim, a cada minuto. Eu não ia sossegar enquanto não conversasse com ela. Ela veio ao telefone. Perguntei, sofrido, se estava bem. Com a voz clara e sonante, ela disse que estava ótima. Tínhamos agido certo. Que também tinha saudades, mas que preferia não me ver por enquanto. Em seguida, começou a chorar e, para minha perplexidade, desligou. Liguei de novo. Não atendeu.

Cinco dias depois.

Bilhetes e telefonemas. Ela sempre ótima. Tive certeza de que tinha se apaixonado por outro. Provavelmente um ator daquela peça dela. Me esqueci de contar: Priscilla aceitara um convite para fazer a assistência de direção de outro diretor. Adivinhe quem? Reginaldo. Lembram-se dele?

Não me deixaram entrar no teatro. Estavam correndo a peça. Mas ela veio falar comigo na porta. Marquei um encontro no salão de festas do playground para depois do ensaio. Fui em casa e botei terno e gravata. Um que tinha usado na época em que nos conhecemos.

Comecei a conversa calmamente, mas não tive capacidade de mantê-la assim. Brigamos. Saí do salão de festas. Voltei. Ela saiu do salão. Voltou. Tivemos vontade de nos esbofetear. Esbofeteamos. Brigamos. E acabamos trepando em cima da mesa de pingue-pongue, sofridamente, aos prantos. Depois ela me garantiu que não tinha um namorado novo. Que tinha três. Que precisava sair do nosso relacionamento, viver situações divertidas.

Minto.

Não foi nada assim que aconteceu.

Não foi assim, mas poderia ter sido. Isaac Newton, o maior dos físicos, nunca disse que a gravidade existe. Ele dizia: "Tudo se passa como se a gravidade existisse. Como se os corpos atraíssem uns aos outros na razão direta das massas, na razão inversa do quadrado das distâncias." Tudo se passou como se eu estivesse louco, demente de amor por ela. Por causa da indiferença com que ela admitia o fim do nosso relacionamento.

As mulheres são capazes de qualquer coisa pelo seu amor. Da mesma forma, porém, quando deixam de amá-lo: capazes de qualquer coisa. Um homem chega em casa e, quando abre o elevador, encontra sua mulher dormindo bêbada no tapete da porta. Ele a bota para dentro, dá um banho e, se necessário, come ela. A mulher abre a porta do elevador e encontra o homem no tapete. Chama a polícia.

Muitos dias se passaram, com 24 horas cada um. Eu saía pelas ruas e entrava no primeiro bar. O Real Astoria era sempre o primeiro bar. Bebi demais aquela noite. Falando, conversando com amigos e desconhecidos. Barbaramente só.

De repente, numa mesa escura, uma mulher linda que eu poderia amar para esquecer Priscilla. Iniciei os olhares, até que o garçom, meu amigo, veio me avisar que eu tinha bebido muito, que estava confundindo as coisas, que aquela freguesa para quem olhava era uma puta conhecida dele, que, se eu quisesse, ele podia falar com ela e negociar o preço.

Dei uma volta desnecessária no quarteirão e parei na Pizzaria Guanabara. Foi quando ouvi a buzina do carro da minha filha Mariana. Ela me procurava pela noite. Soube que eu estava mal e queria falar comigo. Perguntei se Priscilla tinha outro. E afirmei que somente ela, por ser minha filha, teria coragem de me contar. Ela contou imediatamente e disse quem era. Um homem que eu não conhecia. De boa família, bem empregado, mais equilibrado, mais bonito e mais rico do que eu.

Teria sido uma separação como qualquer outra, se o torturado inventivo não tivesse quebrado ao meio a coluna vertebral da minha psique. Abandonei todas as minhas atividades. Tudo que eu tinha escrito ou pensado antes me pareceu desprovido de sentido. Jamais julguei que o amor pudesse ser algo tão impiedoso.

Poemas. A solução imediata era escrever poemas. Poemas sem fôlego.

> Quem sou eu?
> ninguém.
> aquele que ama
> Alguém.

Ou na toalha do bar:

> Não creio
> sou feio
> odeio.

2 | A dor do amor

Como é possível que uma paixão acabe? Se sempre jurou eternidade? Será por esquecimento de si mesmo? Será porque, sendo explosão, com o tempo se atenua? Ou porque, tendo dado ao amante sua chance de eternizar-se, não tem mais nada a fazer ali?

Ah, a dor do amor! É mais que uma angústia. É uma febre, uma desidratação. Poucas coisas são tão tristes quanto o fim de uma paixão. Talvez nem o fim da vida seja tão triste. E o que dói? Onde dói? Dói por não ser mais o que era. Dói por tudo que poderia ser, se ainda fosse, mas não será jamais...

No 15º dia da separação, Lenita, minha esposa anterior, apareceu. Nossa filha Mariana tinha avisado que o pai estava precisando dela. Lenita é crente, nem sempre foi crente, mas é crente por natureza. Talvez me fosse útil. Na mesa do Real Astoria, disse-me que meu amor era meu, que ninguém podia tirá-lo de mim. Que tudo que um homem pode fazer com o seu amor é oferecê-lo, que mais não dependia dele. E outras consolações como esta, talvez simples, mas que, no momento, eram altamente significativas. Lenita foi minha melhor companheira naqueles dias malditos. A mais firme. E é este fato que consagra nossa relação. Mais até que Mariana.

Deitado na relva olhando o céu dilacerante, vi passar sobre minha cabeça um avião rumo à Europa. Dentro dele ia Priscilla em companhia de Reginaldo, o diretor, atualmente o maior amigo dela. Priscilla tinha me telefonado emocionada. Ia como quem foge. Precisava ir. Não aguentava mais o meu assédio. Minha presença na sombra de todo lugar que ela ia. Faria uma rápida viagem a Paris. E me garantia que não levava o namorado. Mordi os lábios de pânico para não chorar quando imaginei o tamanho do oceano.

Vivi esses tempos de Priscilla ao longe entre o desespero miserável e a esperança insana. De uma coisa tinha certeza: a única saída no amor é pela porta de outro amor. Eu precisava me apaixonar por alguém. Porém, isso me parecia tão difícil quanto respirar livremente.

Priscilla telefonava de dois em dois dias, às vezes três dias, para saber como eu estava. Chegou a mandar um fax. Eu escrevia e bebia todo o tempo.

O que se perde quando é perdido um amor?

Talvez a dor do amor provenha do horror da solidão.

Talvez a dor do amor provenha do medo da liberdade.

E por que é tão triste? Por que é inaceitável? Se nenhum raciocínio ou vivência autorizou a crença de sua perenidade? Por que afinal nos dilaceramos?

A perda do objeto sexual? Há muitas Marias para cada João.

Quebra da fantasia, falência de um investimento sentimental ou qualquer coisa desse tipo? Homens maduros, estudiosos, que certamente ultrapassaram esse tipo de acontecimento psicológico, também sofrem como cães envenenados.

Ciúmes? Mas há separações que não envolvem terceiros, e nem por isso deixam de ser sofridas.

Um homem pode deixar a vida passar sem ao menos pressentir o espanto filosófico, o imenso fascínio das ciências, das artes e demais conhecimentos. Mas sem Amor ninguém vive. Do santo à besta, do sábio ao ignorante, todos são sacudidos por este mesmo terremoto.

22/10/91, 13h30,
    Hotel des 3 Collèges

    Meu anjo.

    Aqui estou eu, tentando viajar. Te juro. Tudo requer grande esforço. Mas estou começando a aprender a gostar. Ontem mesmo, à noite, na madrugada, passei pela primeira vez sob o Arco do Triunfo, pura beleza. Hoje estou esquisita, tive uma noite de pesadelos horríveis. Aqui o tempo passa devagar. Minha saúde está boa e tenho muitas saudades de você, meu poeta!

    Foi bom saber que você está bem, isso me traz uma paz enorme. "Amar é querer o bem do outro", não é? Espero que você continue bem. Quando puder me dê notícias. Aqui no centro do mundo a gente se sente fora do mundo.

    Saudades.

    Saudades.

    Pronto, já comecei a chorar.

Recebi o fax mais lindo que alguém pode no mundo receber. Beijei cada uma das palavras. Se hesito em te mandar esse, ou telefonar, ou mesmo ir até aí (tenho pensado tanto nisso!), é apenas para NÃO PERTURBAR A TUA EXPERIÊNCIA, não restringir tua liberdade, a tua Europa, seja lá isso o que for. Mas se você me pede para que eu escreva. Que notícias você quer? O verão chegou ao Rio. As tardes são extremamente belas até às sete da noite. Que mais? Minha mãe não está bem, a esclerose aumentou muito, ela acha que a tia Judite não é a Judite e sim uma impostora. Que mais?

Comprei um ar-refrigerado. A Zélia escreveu um livro contando o romance com o Cabral.

A minissérie independente foi finalmente entregue. Mas a Globo diz que, se fizer, vai dar a direção para outro diretor, os putos, porque eu sou autoral demais. Não faz mal, finalmente faremos nosso espetáculo sobre Dostoiévski!

Estou fumando e isso faz mal. Mas não te preocupa, meu céu, meu mar, minha flor, meu passarinho. Estou bem, para teu bem. O papel do fax acabou. E eu ainda tinha tanto para escrever!

Cuida da saúde, da saúde! Cuidado com o frio.

Domingos

3 | As sombras

Mas afinal o que foi que aconteceu? Quais foram as causas da separação? Como nossos queridos apaixonados Afonso e Pink, voltemos a eles, me perdoem, caíram das janelas baixas da paixão até esse sórdido festival de sofrimentos? Como? Mas afinal o que aconteceu?

São importantes os motivos da separação ou são como os nomes das doenças que matam?

Voltemos no tempo.

Fulgurante início de seu amor, depois de uns quatro anos de casamento Afonso e Pink sentem-se asfixiados.

Ele por não querer perder as paixões que, segundo seu pensamento ainda jovem, a vida continuamente oferece. Será isso? Ou será Pink a asfixiada? Por que ele é mais famoso que ela? Roubando-lhe sempre a possibilidade de ser a protagonista do casal? Ou será que ela está asfixiada por outro motivo? Não importa o motivo e sim a asfixia, a falta de ar. Estou dizendo algum lugar-comum?

Afonso propõe a Pink uma ideia brilhante, embora ainda comum: um casamento semiaberto! Com folgas semanais e horários, como a rotina de enfermeiros e médicos. Por exemplo: encontrar-se-iam de segunda a quinta, mas não dariam sequer um telefonema para o outro na sexta, no sábado e no domingo, ou vice-versa.

Pink, dormindo em seu quarto na casa da mãe, com medo de perder Afonso, cede a este estratagema.

Então, eis que entra em cena, ao som de tambores guerreiros, o primeiro cavaleiro do Apocalipse, a primeira sombra: o ciúme! Terrível monstro de olhos verdes e adaga envenenada. O monstro golpeia. Fere seriamente os dois, arranca pedaços de sua paixão.

Perdoe o leitor a dramaticidade da descrição. Mas é pouca, leitor, diante do que acontece.

> Te ver chorando ou dando bofetões
> Por rejeições ou falta de autoestima
> Clama ao céu das paixões e desce ao inferno eterno

Tentam o complicado esquema das folgas durante anos. Talvez Afonso tenha, numa folga ou outra, suscitado cortejar, até levar para o leito, outras mulheres. Mas eram tentativas no mínimo frustradas. Não funcionavam. Ele tinha culpas. Nunca chegou a dar certo, mesmo porque sempre desrespeitava a combinação. Ele, que inventara tudo. Assim sendo, Pink não telefonava. Comportava-se com a dignidade exigida pelo trato.

Mas Afonso sempre telefonava e dizia: "Folga hoje não, meu amor, amanhã, que hoje tem um filme bom passando não sei onde. Poderíamos ver juntos"; "Hoje não! Estou de saco cheio dessa besteira de folga. Saudade de você"; "Hoje não. Estou gripado, bebi muito e estou cansado. Vem tomar conta de mim."

E uma coisa assim pode se arrastar durante anos, acredite ou não.

Nem tudo que se diz se faz. O único filósofo digno é aquele que segue a sua filosofia. Por isso não há filósofos dignos. Um filho da puta esse Afonso.

Seu comportamento confundia a cabeça de Pink, arrancando mais pedaços da paixão dos dois.

O segundo cavaleiro, a segunda sombra que pairou sobre o casal, dizia respeito aos filhos. Pink queria ter filhos! Filhos de Afonso. Ele não queria, porém. Alegava que tinha esgotado suas forças criando Sebastiana. Dizia: "Nunca fui fiel a mulher nenhuma. Gostaria de ser pai de uma filha só."

A terceira sombra. A dura tarefa de ganhar a vida. Como um artista do gabarito de Afonso poderia gastar seu precioso tempo escrevendo besteiróis para o "Casseta & Planeta"? E ter muitas vezes rejeitados seus textos porque os patrões não tinham achado graça? Será que Pink deveria tê-lo impedido de aceitar empregos assim? Pink não impede tanta coisa?

O desespero constante de Afonso na sua contenda contra a condição humana. Tomava porres homéricos e inoportunos abraçando esta questão desesperada. E colocando-a no colo de Pink. Esta, a quarta sombra: o cavaleiro é realmente mais difícil de mover. Toda hora achava que estava velho e que morreria logo. Mas morrer que é bom, não morria. Pink sofria com o desespero existencial de seu amado. É verdade que outras vezes irritava-se, acusando-o de hipocondríaco. Como se ela fosse culpada. E não Deus! Pink chora. E a paixão mais uma vez sofre o golpe.

Se não fosse cansativo, poderíamos talvez estender aqui longamente outras modalidades dessas sombras, cavaleiros e lugares-comuns de um descomportamento amoroso. Porque é assim que, de pingo em pingo, de alfinetada em alfinetada, da facada ao golpe mortal, uma paixão é destruída.

4 | Desafiando os velhos cavaleiros

Todos dizem que a vida é assim mesmo. Que é impossível fazer perdurar uma paixão, ou mesmo um amor apaixonado. Que a convivência desgasta os romances. Que a paixão se exaure em si mesma e outras coisas assim. Das quais ninguém duvida. Caro leitor, permita então que eu duvide, numa travessura intelectual e tentando justificar a existência deste compêndio.

Existem coisas circunstanciais, excrescentes e outras que fazem parte da coisa; são essenciais.

Eis a pergunta que faço: serão as paixões destinadas, por sua própria natureza, a não perdurar mais que alguns verões?

Será absoluta a verdade que afirma ser a paixão, em essência, um sentimento provisório e fugaz? Ou isto acontece por descaso ou covardia dos próprios amantes? Enfim, há alguma possibilidade de um homem livrar-se dessa coisa horrível, o ciúme?

Escrevendo esta biografia, pela primeira vez cogitei que sim. Se os amantes estiverem preparados, armados até os dentes, equipados para uma luta contra essas temíveis sombras, talvez sim. Porque difícil é combater o desconhecido. As sombras apocalípticas são sempre as mesmas, quase vulgares. Todo casal é assombrado por elas. Não poderiam vencê-las se as conhecessem bem? E se isso fosse ensinado no curso primário? Se houvesse uma matéria demonstrando que a força desses monstros é aparente e vem do lugar dos preconceitos?

E se esse assunto fosse francamente discutido na primeira adolescência, antes de ferverem as cabeças? Obrigatório nos currículos de vestibular para faculdades? Nas escolas técnicas? Talvez assim os novos amantes pudessem evitar a corrosão do sentimento.

Escrevendo esta biografia, pela primeira vez cogitei a possibilidade da existência perene de uma paixão. Que a paixão pode ser infinita enquanto dure a vida dos amantes! Esta possibilidade pode bem ser apenas um "wishful thinking".

O que sei de vivência é que eu e Priscilla brigamos, mas que o amor não desapareceu. Odiamos, traímos desejando outras pessoas, mas o amor não desapareceu. Reprimimos, atrapalhamos um ao outro, mas o amor não desapareceu. Tivemos arrefecida a nossa atração sexual, mas o amor não desapareceu. Nosso amor mudou por vezes ao ponto do irreconhecível. Porém, dizendo a verdade, por incrível que pareça, o amor, seja lá isso o que for, não desapareceu. Continuam tocando os violinos, embora às vezes confundidos com o furacão de trinta e tantos anos de convivência.

5 | Metralhadoras

Aquele homem, isto é, Domênico, isto é, DO, isto é, Dimanche d'Olivier, isto é, Rodrigo, Felipe, Vieira, Cabral, Afonso, Brandão, também chamado O Príncipe ou O Poeta, isto é, Domingos José Soares de Oliveira, isto é, Domingos Oliveira, isto é, eu, sofreu no ano em que se separou de Priscilla. Sua personalidade cindiu, partiu-se em mil pedaços, como fazem os espelhos dos filmes ruins.

Vejo minhas pernas saindo do Real Astoria. Não há mais ninguém no bar. Seis e quinze da manhã. Incrivelmente, não estou bêbado. Inacreditavelmente, sinto-me bem. Hoje conheci uma moça que me interessou muito. É arquiteta, feminina, esperta e tem dois filhos. Sua aparência é agradável e a sua conversa tem um tom delicado. Enquanto penso nisso, noto um carro preto dobrar a esquina, as janelas que vinham opacas se abrem e vejo as metralhadoras. O ruído é insuportável. Rolo para debaixo de um automóvel estacionado e sinto que se move; os pneus vão passar por cima de mim. Saio por trás fazendo de escudo o próprio veículo que me ameaçava. As primeiras balas me atravessam. Dor lancinante. Levo dez, vinte tiros. Agora todas as

260

balas me atravessam. Meu coração explode. Minha cabeça também. O sangue sobe pelo ar e chego à conclusão de que você, chamada Priscilla, é o amor da minha vida!

Então levanto dali subitamente sóbrio, tomo meu carro e vou para casa dormir; esperar por ela.

6 | De repente, a volta

Priscilla veio direto para o Rio. Chegou no dia de Natal. Foi difícil para ela decidir se ia primeiro ou depois para a casa de um homem ou do outro. Afinal, decidiu visitar seu amor mais recente, deixando o antigo para o fim da noite. Levei vantagem, creio. Em qualquer discussão séria, sempre preferi ser o último a falar. Mas, naquela noite, não falamos. Priscilla estava exausta depois de uma longa jornada. Além do quê, não podíamos conversar, pois, naquele sábado, por coincidência, o vizinho de baixo tinha resolvido dar uma festa. Os tambores da dança primitiva invadiam resolutamente nosso quarto sofrido.

Pobre de quem tem de escolher entre dois amores. Suportei a indecisão. Ela demorou meses nesse processo.

Um dia, afinal, tive a certeza: ela tinha voltado para mim, de corpo e alma. E resolvemos encenar um texto de Dostoiévski, o que pretendíamos fazer antes da separação.

Nenhum amor volta a ser o mesmo depois de uma separação.

Foram dois meses de ensaio e, no primeiro dia, eu não conseguia ensaiar direito. Chorava de emoção o tempo todo. Priscilla chorava também e divertia-se com meu excesso. Porém, de ensaio em ensaio as lágrimas foram se transformando em bons resultados teatrais. Também, com Dostoiévski apoiando a retaguarda, que mais se poderia esperar?

As luzes do paraíso. Foi assim que chamamos nosso Dostoiévski. O cenário, no Teatro Gláucio Gill, era constituído de refletores em cima de torres que faziam ruas, recantos e esquinas, onde contamos a estória de Makar Alekseievitch, cinquenta e tantos anos, minha idade na época, humilde funcionário que se apaixona pela costureira Varvara, jovem como Priscilla.

Dostoiévski tinha 25 anos quando escreveu esse primeiro romance, que fez sucesso imediato. Foi lido pelo mais importante crítico da Rússia, Bielinski, que disse: "Você se dá conta da verdade terrível que nos mostra? Ah, a arte, o mistério da arte!" O próprio escritor escreveria mais tarde, em seu diário: "Foi o momento mais feliz de toda a minha vida."

É fácil para o leitor perceber as semelhanças entre os personagens e os atores. "Amar uma pessoa é vê-la como Deus a fez", disse o mestre russo. E assim eu amava Priscilla naquela sua volta.

Um homem e uma mulher caminham juntos até o momento em que um para dois passos antes do abismo. O outro segue. Cair mesmo só se cai sozinho. Há quem diga que a queda em si mesma contém a ressurreição.

Durante os ensaios, apareceu o Planetário, uma pequena sala de teatro de duzentos lugares, que dirigi por sete anos graças a uma secretária de Cultura inteligente, minha amiga Helena Severo.

É muito difícil contar uma história longa. Principalmente esta, que vem coberta de uma característica quase inacreditável. Estou com ela há mais de trinta anos. Trinta anos é muito tempo. E parece que foi ontem! Sinto com bastante frequência encantamentos por Priscilla como se a estivesse vendo pela primeira vez. Quero dizer que nossa paixão não morreu. Em algum lugar, fulgura.

Isso não significa que somos felizes. Não. Ninguém casado é feliz. Assim como ninguém solteiro é feliz. "A felicidade é uma ideia que os homens inventaram para enlouquecer."

Num aniversário dela, não faz tanto tempo, escrevi outro poema. Estávamos em Teresópolis. A lareira tinha sido acesa. E os amigos estavam lá. Li em voz alta para todos.

> Permita a aniversariante
> que eu fale um pouco do meu amor constante
> Guardo comigo companheira
> uma fantasia desvairada:
> Que o mundo um dia acabará.
> Ruirão as rochas,
> Secarão os mares
> Estrelas desabarão do céu
> em horríveis cenas
> Nada mais terei de meu
> não serei mais eu
> Neste dia restará apenas
> intacto meu amor por ti.
> No fim do terceiro ato,
> restará minha paixão
> Flutuando na imensidão,
> esquecida de mim.

PARTE DOZE

Os caminhos do escritor

1 | Dramaturgia

Observe o caminho tortuoso: a palavra nasce na consciência do poeta. É a voz humana. Que consiste em um som produzido apenas pelo ser humano. Nenhum outro animal fala. As cordas vocais são usadas pelo *sapiens* para falar, cantar, chorar e gritar. Elas vibram entre 50 e 400 Hz. O tom da voz também pode ser modificado para sugerir raiva, surpresa e felicidade. E também para fazer música. Mas eis o fenômeno. Muitos músculos se movem, cada um com uma função e emitindo ondas a 300 km/h.

A palavra que você ouve não é a mesma que eu ouço. Existem pensadores que inclusive afirmam que um homem nunca é capaz de entender exatamente o que o outro diz. Os computadores falam ainda como crianças pequenas ou débeis mentais. E assim será durante muitos anos. HAL ou a Samantha de *Ela* serão ainda por muito tempo apenas ficções.

"The word is a world." A frase não é de Shakespeare. É minha. Mas costumo dizer que não sei de quem é, para dar mais credibilidade.

O filósofo Heidegger, no seu famoso estudo sobre a palavra, observa que, quando digo "cadeira", refiro-me a todas as cadeiras, pensadas ou faladas, em qualquer tempo ou espaço. É esta generalização brutal que faço ao emitir o som "cadeira". Ao falar "cadeira", estou, na verdade, afirmando que existe uma essência das cadeiras. Algo de comum entre elas, simbolizado pela palavra "cadeira". Estou denunciando, portanto, a existência de uma cadeiricidade. Quando emito palavras, estou, pois, no plano geral das essências.

A palavra é sagrada. O mal do mundo é a tagarelice. Só quem pode trazer o valor da palavra de volta ao mundo é o poeta ou o ator.

Uma peça de teatro sem palavras pode ter sua grandeza, mas será no máximo a dança de uma bailarina genial a quem falta uma perna.

A dramaturgia é a arte de contar uma história. Com ou sem palavras. Não há fórmulas exatas para a dramaturgia. Certamente não é um conjunto de dogmas a que se deve obedecer. É mais uma ciência que tenta descobrir o que há de comum entre todas as peças e filmes de que você gostou.

Escrever é um compromisso. É botar no mundo algo que antes não estava lá. Portanto, humildemente, é jogar o jogo de Deus.

Woody Allen, no filme *Maridos e esposas*, afirma que ninguém consegue ensinar ninguém a escrever. O máximo possível a fazer é aproximar das pessoas aqueles que escrevem bem!

Meu primeiro texto para o teatro é um poema dialogado por um grilo, que gira em torno de uma chama até morrer queimado dentro dela. Meu mítico sogro, pai de Eliana, adorou esse poema. Não me esqueço. Dei-lhe para ler e, no dia seguinte, estava de mãos frias, na sala do sofá grená, esperando-o chegar. A porta abriu, decidida. Num segundo ele estava na sala e me abraçava entusiasmado: "Seu grilo tem todo o direito de entregar-se à chama." Depois, criticou: "Excesso de palavras!" Aconselhou um copidesque, que fiz naquela noite mesmo. E disse: "Seu copidesque é melhor que seu poema! Você vai ser um escritor." E rimos juntos.

GRILO: Somente o prazer é perfeito. Somente o prazer é amor. Somente o prazer resta puro em meio à destruição.

Vinte e dois anos, 1958. Escrevo uma metáfora intitulada "Oração diante de um filho morto". Para mim, é início da carreira. Relendo, observo a mesma revolta que tenho hoje, com uma eloquência herdada de Albert Camus:

> Deixai-me amar, senhor!
> Quando mais nada eu tiver, aos campos darei meus esforços.
> Se a chuva inundá-los, se um fogo descuidado comer a colheita, me fizer recuar e trancar-me na cela escura, ainda assim não me queixarei! Enquanto para uma pedra eu puder olhar, e lembrar que com ela brincou meu filho, nela tocou minha mulher, passou meu arado, não me queixarei.
> E será aí que Tu virás.
> E com Tua mão pesada me esmagarás!

Escrevi minha primeira peça de teatro completa com 21, 22 anos. Foi terminada num quarto de hotel de serra, onde eu e Leila Diniz nos refugiamos imediatamente depois do golpe de 64. Não podíamos ficar em casa porque tínhamos amigos procurados dormindo lá. O *homenzinho torto* também não fazia rodeios. Na primeira cena, um escritor derruba estantes com toda a sua obra, vomita em cima e estoura os miolos.

Lembro também que foram dias agradabilíssimos. Longe da multidão enfurecida, eu escrevia o dia inteiro, descabelando-me com o *Torto*, enquanto a linda Leila explorava os arredores em belos longos passeios. Quando ela voltava, eu lia o resultado do dia. Depois, trepávamos longamente, como só os jovens conseguem fazer.

O "homenzinho torto" suicidava-se para não morrer. O suicídio, diz Camus, é a única questão fundamental da filosofia. Porém, há que levar em conta pelo menos duas anedotas: uma que conta o pensamento do sujeito que, ao passar entre o quarto e o terceiro andares, pensou: "Por enquanto tudo bem!"; e a daquele outro que, ao passar pelo mesmo lugar, ouve tocar o telefone e sente o ímpeto irresistível de saber quem será a essa hora!

Sou um autor sério que faz um enorme esforço para fingir que não é.

2 | Como escrevo

Com o passar do tempo e sempre debruçado sobre as letras, terminei por criar um modo meu de escrever peças e roteiros. Achei que fazia parte da biografia descrevê-lo. Leiam somente os que têm vontade de ser escritores. Para os outros, é hora do recreio.

A primeira coisa é escrever o "material indômito". Coloque tudo que você lembra ou fantasia a respeito, acresça o que os amigos contaram, dê um *google*, entreviste, esgote o tema. Vale poesia, prosa, desenhos.

O material indômito não é você que escreve; são suas preguiçosas mãos. Para estimulá-las, vale tudo. Meditações debaixo de árvores, noites insones, álcool, drogas...

Num segundo passo, é preciso organizar aquele caos. Ou você pensa que poderia passar sem isso? Quantos personagens têm a sua história? No material indômito surgiram mais do que o necessário? Quais são os importantes? Quem é o protagonista?

Para contar a saga do protagonista, você vai precisar de histórias paralelas, que ajudam um bocado. Na vida nunca acontece uma história só.

Enfim, separe o trigo do joio dramatúrgico e só deixe ficar os personagens fascinantes.

Como reconhecê-los?

Um personagem fascinante é instável; varia durante a peça. Ele não acaba a peça da mesma forma que começou. Se você quiser escrever um personagem fascinante, rume para a Terra das Peças Prontas. É lá que eles estão! Sua peça já está lá. As coordenadas do mapa podem ser encontradas perto do âmago do inconsciente coletivo.

Se você não achar esse caminho, não achará a peça. Se achar, é melhor saber quem eles são.

O mínimo que você pode saber sobre um personagem é a sua aparência, situação social e financeira, se é casado ou solteiro, como se comporta diante dos amigos, mulheres, pais e filhos. Pense e estude também a época em que viveu sua gente. Não tenha medo de ser indiscreto.

Ah, um detalhe! Imprescindível. Nomeie os personagens. Dizem que nomear é uma função de Deus, que deu nome às coisas. Quando você nomeia errado, pode estar perdendo a obra. E cuidado: esta é a última hora, dentro do processo, para dar o nome certo. Se você realmente não souber escolher, pergunte ao personagem. Ele sabe como se chama.

E chega a hora do jogo; até agora foi treino: o diálogo. Demagogia dizer que o mais difícil não é o diálogo.

Vamos escrever o diálogo. É aí que o roteiro aparece. Quando eles falam. É muito comum ouvir dizer: "A história eu bolo, mas diálogo não sei fazer." É difícil mesmo. Ou mais que isso. É preciso ter certo dom para passar rapidamente de um personagem a outro, entendendo os dois. Para isso, é necessário mais que técnica ou experiência.

Olhe ao redor. Quando você está escrevendo os diálogos, os personagens já chegaram! Começaram a rodear insistentemente, tentando revelar-se. O mundo torna-se um campo de fantasmas. Você não deve se considerar um escritor nessa fase. É um aventureiro que penetra cuidadosamente em terra nunca antes visitada.

Uma advertência. Quando você está com um material indômito espalhado no chão tentando escrever o diálogo, é muito difícil controlar a depressão. Aquele bando de histórias paralelas, personagens, nomes, tudo espalhado pelo chão... Cacos sem nenhuma transcendência ou sentido. Tudo parece falso. Plágio...

É provável que, nessa hora, você pense, ou melhor, tenha a certeza de que não tem talento nenhum. Nunca teve. É preciso parar com aquela enganação. Tantos livros, tantas peças já foram escritas. Para que mais uma? Advirto também que este momento pode demorar uma vida inteira.

Boa sorte é a única coisa que temos para lhe desejar. Aguente firme, porque não há bem que sempre dure nem mal que não se acabe. Sua angústia perdurará somente até o momento em que os personagens se dignarem a falar com você. Esse momento pode não chegar... Mas, quando chega, a escrita começa a correr como rio; a delícia tem início. O bom escritor ouve vozes como Joana d'Arc.

Os personagens estão falando. Sabem o que, para eles, é secundário ou primordial. Se você não souber, pode perguntar. Pergunte que cenas precisam para que expressem seus ódios e desejos. E escreva essas cenas. Não discuta com seus personagens.

Está na hora de ir à papelaria comprar uns cartões. Sem pauta. Escreva o resumo de cada cena em poucas linhas num cartão, e comece a bagunça da casa. Esses cartões são colocados numa mesa, ou na parede, ou no chão, para que você possa visualizar a ordem de suas histórias. E criar, em novos cartões, as preparações! Sim, como no ato amoroso, preparações são necessárias. Se aquela flor no jardim é importante na trama, talvez seja interessante mostrar como foi plantada.

Daí em diante, seja sábio. Isto é, inconsequente.

Não tem a menor importância por onde você começa! Você pode começar com qualquer cena. E então, quase por acaso, como aprendiz de feiticeiro, ir colocando na ordem que parece acertada. Você vai descobrir que duas ou três cenas são a mesma, e então rasgar alguns cartões. E que algumas possibilidades impossibilitam outras. Vai deixar de lado dezenas de boas coisas que você escreveu.

*

O último passo do autor é a escaleta: um resumo da obra em cenas. Na televisão, a técnica de roteiro é começar pela escaleta. Saber o clímax e deduzir tudo daí. Não concordo.

A palavra escaleta é ruim. Eu não chamaria assim. Talvez escadaria ou escadão, tamanha sua importância.

É escrito o diálogo que nasce a peça. Agora sabemos quem é quem.

Poderia ser dito que escrever um diálogo é uma improvisação em que o autor faz todos os personagens. Um grande autor tem de ser um grande ator. Não duvide disso. Não acredite nos que dizem detestar subir em cena. É mentira.

E agora você terminou o que começou. Vá para o telefone e reúna os amigos dispostos a te ler. Porque uma peça de teatro, um filme, mesmo um romance somente têm sentido diante do outro. Não há arte na ilha deserta.

Outro dia, numa festa, conversei com um colega autor/diretor. Ele queria saber se eu, com minha idade avançada, não me arrependia de ter perdido tanto tempo arquitetando peças, personagens, espetáculos. Em vez de estar na praia, bebendo com os amigos ou fodendo. Via-se o arrependimento do meu colega, que era imenso. Mas tive de lhe dizer que essa questão nunca me foi colocada, que não tive essa opção. Mesmo no fundo da depressão e da angústia, onde até Dostoiévski parece um chato, sempre soube me alegrar com a tarefa de inventar ou melhorar um detalhe do texto que estou escrevendo. Sou um escritor confesso. Bom ou mau, isso já é outra coisa.

Um escritor tem de amar a obsessão. A obsessão é tão necessária quanto o computador na confecção de um bom texto. É preciso pensar o dia inteiro naquilo, comendo, dormindo. O que ainda é uma força de expressão, porque os obcecados não dormem.

274

PARTE TREZE

Diário da dor

1 | Diagnóstico

Quando os anos voam para além do horizonte, você vai ficando velho. E aí passa por doenças. Afinal, ninguém pode morrer totalmente sadio. Portanto, é fenômeno naturalíssimo. Porém, é algo que sempre o pega de surpresa, porque, jovem, você não se preparou para isso.

Nossa sociedade tende a não gostar dos velhos e dos doentes. Como se tivessem cometido um crime. Se forem doentes velhos, aumenta o preconceito. Dizem que no Oriente é diferente. Mas, pelas bandas de cá, é impressionante a primazia da juventude. Todo mundo tem horror de uma coisa que um dia obrigatoriamente será. A civilização ocidental esconde a morte e seus derivados.

Um velho ou um doente é apenas alguém que se vê, por circunstâncias várias, com seu campo de ação diminuído. Muitas vezes, se é um homem corajoso, saberá substituir o campo perdido, fazendo o todo da parte que ainda lhe pertence.

Há 15 anos tenho a doença de Parkinson (P.). Sou parkinsoniano. Fora isso, minha saúde é excelente. Os médicos dizem que sou um fenômeno, porque não tremo, e assim a doença não me atrapalha o trabalho. Há dois ou três anos, contudo, fui invadido por uma infecção bacteriana, causada por uma doença nada elegante, coisa de mendigo, mas muito bem ranqueada, no *Guinness*, na lista das mais dolorosas: a erisipela (E.). E essa deu trabalho. Quando fiquei bom da E., acredite se quiser, fui precipitadamente ao teatro e, incauto, voei cinco degraus de escada, quebrando o úmero. Vocês sabem que têm úmero?

2 | Parkinson

Vou ao neurologista, o puto. Levo meus exames de sangue. O puto, o rapaz bonito atrás de uma mesa, estende um papel e um lápis, e pede que eu lhe escreva um bilhete. A situação é tão estranha que me apavoro: "Doutor, estou com uma doença tão grave que o senhor não tem coragem de me dizer?" O jovem responde: "Parkinson. Sorte sua. É a gripe das doenças neurológicas. Não mata. Aborrece um bocado! Mas não mata. Você vai morrer de outra coisa." E o puto riu, sem perceber o instinto assassino que corria dentro das minhas veias.

"Até poucos anos atrás não tinha remédio para os sintomas, mas agora já tem." Continua o puto: "Não viu o filme? *Tempo de despertar*, com Robert de Niro? É muito bom." Eu tinha achado o filme péssimo. "Com os remédios eu vou me sentir bem de novo? Quando vou me livrar desse maldito mal-estar?" Ele responde, elegante: "Nunca mais! O Parkinson é uma doença irreversível, crônica e degenerativa." Como a vida. "Parkinson não é uma doença, é uma disfunção. Seu cérebro está produzindo menos dopamina e sem dopamina não há transmissão das ordens mentais para os músculos."

Mas como o doutor tem certeza de que é Parkinson? Não quer que eu faça uma ressonância, uma tomografia no cérebro? Peter, eis o nome do puto, riu de novo. "Não existem exames diretos. O diagnóstico do P. é por exclusão. Quando lhe pedi que escrevesse um bilhete era para ver a sua letra. Olhe o senhor também: letra de parkinsoniano. Pequena, miúda, mesquinha. Típica! O diagnóstico é feito assim, por exclusão. Se o senhor arrasta a perna, tem tremores, sente exaustão e no entanto seus exames básicos estão bons, é Parkinson!" E riu de novo, o bastardo. Depois falou a sério. "Também tenho um problema neurológico. O nervo da minha perna dói muito. Preferia mil vezes ter Parkinson!"

Realmente, outro dia o vi na rua caminhando, chegando ao consultório. O puto bastardo mancava fortemente e usava bengala com elegância, lembrando o Dr. House, da série de TV que foi muito interessante nas cinco primeiras temporadas.

No fim do ensaio de *Alma boa* (Brecht por Maria Mariana), Priscilla notou que minha mão esquerda tremia fora de quadro enquanto eu dava uma entrevista. Foi lá e a segurou discretamente. Pouco tempo depois, na filmagem de *Amores*, senti muito cansaço, muito mais do que esperava. Isso não aconteceu ontem, e sim há 15 anos.

3 | Úmero

Voei cinco degraus e quebrei um osso do braço, pois estava com pressa de ir falar com um ator antes que entrasse em cena. Caí contra uma porta que fechava o vão da escada antes dos bastidores. Pessoas vieram me acudir, mas foi difícil. Eu tinha caído exatamente contra a porta, que não podia ser aberta sem que me tirassem de lá. Resumindo a contradição: algumas dezenas de minutos depois, eu estava num lugar estranho, porém habitual na vida das pessoas comuns: um pronto-socorro ou emergência hospitalar. Que se caracteriza por ter cadeiras separadas, na melhor das hipóteses, por uma cortina de plástico, e pessoas tão fodidas ou mais do que você. Olhar os outros em dificuldade diminui as suas? Parece que essa é uma convicção da medicina moderna. E olha que meu plano de saúde é bem caro.

Meu ombro tomara a forma de uma bola de beisebol e me davam injeções para diminuir a dor. Lembro que de repente começou a doer mais do que o esperado imaginável. E eu vi, pleno de agradecimento, a enfermeira me aplicar na veia uma dose supimpa de morfina. Que não adiantou nada. Acreditem se quiser.

Então decretaram, para mim e para meus acompanhantes, que eu teria de ficar no hospital e me submeter a uma série de radiografias e tomografias no braço, a fim de saber o que havia. Exclamei que não conseguia mover um milímetro do braço e questionei como poderiam examiná-lo. Além disso, o que havia com meu braço é que estava quebrado! Ninguém entendeu minha lógica. Contudo, rapidamente, ou seja, passadas algumas horas, botaram-me diante de outro médico, noutra sala, onde eu devia preencher uma ficha para ter o direito de ficar no hospital. Retruquei com naturalidade, pois já estava me acostumando à temperatura do inferno, que não ia preencher porra nenhuma, que não podia e não ia ficar no hospital de jeito nenhum, que tenho terror de médicos, que são todos umas bestas, e devo ter dito mais coisas assim.

4 | Invasões bárbaras

O ano é 2011. Não posso ficar sem ocupar a minha cabeça, senão penso besteira, por causa do Parkinson. Priscilla teve de sair e voltará dentro de uma hora. Talvez eu sobreviva a esta manhã, apesar do mal-estar que sinto. Porém, há tarefas necessárias, porque estou com outra doença além do Parkinson. Erisipela! Meu principal sintoma é a fortíssima dor na perna, às vezes insuportável, que enfraquece a outra e me tira o equilíbrio. Os braços também perderam todo o vigor. De modo que não me levanto sozinho das cadeiras.

A erisipela é uma invasão oportunista de bactérias por algum imperceptível furo no seu corpo, geralmente nos pés. Com presença de febre alta. Se não for tratada a tempo, pode matar por infecção generalizada. É brutal. Estou convencido de que se trata de uma vingança. Afinal, as bactérias já foram, durante 3 bilhões de anos, a única forma de vida sobre a Terra. Tendo depois de dividir o espaço com os dinossauros. É natural certa virulência cruel em tal perda do status.

5 | O medo

O Parkinson é a doença do medo. O medo também paralisa e faz tremer. Exaustão. Fui a mais de dois médicos de estilos diferentes, ambos parecendo muito contentes em me julgar doente.

Tenho medo de morrer.

Tomo um porre cinco dias depois de começar o antibiótico. Não pode! Bêbado no primeiro uísque, bebo mais dez. Repetindo: tenho medo de morrer. Chamo o Príncipe e ele finge que nem liga, não quer comparecer. O Príncipe se lembra da proximidade do meu aniversário. Então, galhardamente, alardeio para a galera que vou montar em seguida o próximo *Cabaré*. Trêmulo e paralisado de medo, uma vez que não sei se terei força para fazê-lo. Título? *Cabaré 3: para quem gosta de mim.*

O *Cabaré* estreou! Eu em cena, de *dinner jacket* copiado de um filme de John Houston, e ninguém sequer reparou no meu P. É um sucesso! O mais bem-sucedido de todos. E quem viu não esquecerá. A cena final, criando a ilusão de que tinha sido aberto um buraco na parede, deixando entrar a luz do amanhecer, era inspirada! Me orgulho fácil

Provei assim que ainda tenho alguma vitalidade. Durante os espetáculos, vou me monitorando com o uísque, que é sem dúvida um método nobre. Chego a me esquecer da doença!

Doutor, uma pergunta: qual é a percentagem de pessoas que têm Parkinson no mundo? O que me espera, na melhor das hipóteses? E na pior?

6 | Ode à alegria

Osso quebrado na altura do úmero. Fratura exposta.

O recém-formado imberbe à frente me explicou que eu estava dizendo absurdos e ameaçou sem piedade que a dor seria insuportável se não ficasse lá naquela poderosa casa dos horrores; perdão, hospital. Mas que ele não me obrigaria. Ali não era uma prisão. Se aceitasse assinar um termo de responsabilidade, podia ir para casa. Agradeci a Santa Edwiges, que é padroeira das fraturas expostas, e assinei imediatamente.

Quando vi, Priscilla, assustada, falava com meu médico pessoal e colocava o telefone no meu ouvido, para que conversasse comigo. Ele concordava com o imberbe e ordenou que eu me internasse imediatamente; que estaria maluco se não ficasse no hospital.

Depois, no dia seguinte, Priscilla me contou que eu não tinha sido educado ao telefone com meu médico. Ligou para mais três e terminei vencido pela maioria. Fiquei no hospital. Mas sabe que não me arrependi? Fui operado na manhã seguinte. O P. não atrapalhou, nem a E. Correu tudo rápido e bem. Algumas horas depois, estava operado, e o úmero, osso do braço, encaixado em seu lugar legítimo.

*

Justiça seja feita, a César o que é de César: lá em cima, antes de você entrar no centro cirúrgico, dão uns comprimidos. Que, fora de sacanagem, eu gostaria de ter em casa! Meu irmão mais moço, em quem confio inteiramente, disse que, ao atravessar de maca aquela porta implacável do centro cirúrgico, eu cantava, bastante afinadamente, a *Ode à alegria* da Nona de Beethoven.

Mas não tem graça nenhuma constatar que muito poucas coisas na vida podem ser feitas com um braço só.

7 | Queda da própria altura

Ontem tropecei e caí sozinho na sala. Me machuquei bastante. Na linguagem médica, chama-se isso de "queda da própria altura", fator responsável pela maioria dos óbitos de idosos. Bom título para uma peça. Quem nunca caiu dificilmente me entenderá. Você esquece tudo, mas permanece a memória daqueles momentos em que ficou no ar.

"É preciso ficar sábio antes de ficar velho", diz o bobo para Rei Lear. Um passarinho cai do galho morto de frio, sem nunca ter tido pena de si mesmo. Quero ser passarinho.

A erisipela eu fiz questão de tratar em casa. Não é fácil, pois você não pode usar a perna, porque dói muito. Se tiver a audácia de querer exercer o legítimo direito humano, como bípede, de ficar em pé, a descida do sangue para as pernas o leva aos píncaros da dor.

Mas agora você tem de ir ao banheiro. Em vez de recolher pipi no pato (artefato que lembra uma escultura moderna conceitual), terá de levantar da cama. É preciso no mínimo duas pessoas para diminuir o risco da sinistra queda da própria altura.

Utilizando técnicas iogues olímpicas, quem está me ajudando? A enfermeira contratada, doravante chamada de "catcher", que é como, no circo, chamam o trapezista que agarra o outro depois do voo espetacular. Bem, como ia dizendo, a "catcher" o levanta da cama, recomendando que preste atenção no equilíbrio, que você absolutamente não possui. Enquanto isso, o ajudante da "catcher", doravante chamado "assistente da catcher", que pode ser um amigo ou o porteiro, troca habilmente a cama em que você estava deitado pela cadeira de rodas na qual pretende estar sentado daqui a alguns segundos. Se Deus quiser. Tudo isso seria facílimo, se não tivesse de ser feito em regime de máxima urgência urinária, sintoma que resulta do próprio ato de levantar. E a urgência ocorre em meio a um grande nível de dor. Você respira como uma mulher prestes a parir, para aguentar. Cuidado para que isso não a perturbe, "catcher" amiga; não deixe o paciente cair. A situação só tem uma vantagem: esquece-se do Parkinson.

8 | Medonho

O Parkinson não mata, mas piora. Realmente essa porra piora, como me disse o doutor Peter. Como tem P nessa frase.

Aprendi que, quando me perguntam sobre se estou bem, devo sempre dizer que estou ótimo, porque sei que poderei estar pior. Anteontem passei muito, muito mal. Tenho medo do daqui a pouco. Será que ficarei o dia inteiro me sentindo assim?

Decido então revelar o segredo que me atormenta para Priscilla e para quem mais estiver por perto: cansei.

É que ultimamente ando pensando, com toda certeza, que este ano é meu último. Sendo, portanto, este o último *réveillon*, o último Natal, a última vez em que vejo os amigos, a última praia que observo cheia de gente, e tenho saudades. Não é medo da morte nem nada parecido. Saudade! Imensa, das queridas pessoas. Saudade! Que me faz o dia inteiro chorar, às vezes por dentro, às vezes por fora.

Aí formulo uma atitude e me dou bem: a melhor coisa que se faz com o medo é vê-lo, enfrentá-lo em voz alta. Se possível, escrevê-lo, a marteladas de cinzel, numa grande pedra. Confessar um medo já o enfraquece muito. Assim como confessar uma saudade traz forças.

*

Já foi falsa tanta coisa que entendi como verdadeira. Pode ser que eu morra neste ano. Meu corpo me manda mensagens berradas. Mas também pode ser que esteja cometendo aquela velha idiotice de permitir a entrada do "se" no pensamento. Ninguém fica bem com o "se". O "se" é poderosíssimo. "Se" o avião cair em cima de mim, "se" o carro atropelar, "se" eu tiver, além desta, outra doença? "Se" o serial killer bater na minha porta? O "se" faz de tudo.

Somente de abrir esse segredo sobre meu medo de morrer neste ano já me sinto livre dele. Vou morrer com 111 e assim vai. Quantos rounds tem esta luta?

Nos últimos dias tenho feito um exercício interessante. Quando o mal-estar parece não ter mais para onde crescer e sinto o fim... Nessa hora pratico meu exercício. Que consiste em não ter medo nenhum daquela situação. Nenhum. Nenhum. Nenhum. Bom exercício. Incrível. E tenho conseguido modestos resultados.

9 | Esquisita

Devo registrar aqui uma conversa que tivemos eu e Priscilla, a portas fechadas, no final de uma noite interminável, no tempo da E. junto com o P. Eu disse: "Priscilla, preciso conversar com você. Você sabe que estou louco. Esta casa não é minha casa, embora pareça. Há algo diferente. Você está ótima, eu te amo loucamente, estou totalmente dependente de você, mas você também está um pouquinho esquisita. Então é com você mesma o assunto. Eu penso que não existo. Não tenho concretude. Nem desejos fora da perna. A única hora que sei que existo é quando falo e você responde. Então preciso te perguntar uma porção de besteiras para que você me responda e me concretize. É muito angustiante permanecer inconcreto."

Assim Priscilla fez durante o resto da noite, até que um sono, provido pela exaustão da qual não tenho conhecimento, dominou-me inteiramente, enquanto ela falava.

Quem não está com dor não entende quem está. Exatamente porque não está. A dor emudece, paralisa e descoordena os pensamentos. É indecente. Cansa, leva à depressão, muda os valores. A dor, como aquela que senti regularmente durante a E., pode ser comparada a um triplo naipe de dez violoncelos tocando cada um uma nota. Quando o som já está bem alto, surge um metal, talvez um pistom, sobrepujando todos os demais instrumentos numa nota aguda, inspirada naquela do motor do dentista encostando sem querer no nervo. Ou seja, a dor é uma coisa chata pra caralho. Ficar sem ela, claro, é a felicidade.

10 | Exames

É controverso; porém, penso que algumas profissões, na sociedade em que vivemos, não são recomendáveis para um homem de bem. A de político, por exemplo, é uma. Policial é outra. Assim como economista, intelectual acadêmico, especialista do mercado financeiro, mercenários mais ou menos graduados, traficante de drogas pesadas e outras.

O leitor já percebeu que não tenho, por exemplo, simpatias pela classe médica. Todo mundo precisa muito dos médicos, de modo que a arrogância lhes é inevitável. Costumo discutir com eles, os mais inteligentes, minha posição formada: que a medicina preventiva é uma coisa útil apenas para jovens, e proibida para maiores de setenta anos. Depois de certa idade, se eu tiver uma doença grave, ela vai se desenvolver devagar. E ninguém pode garantir, por outro lado, que os tratamentos médicos, geralmente generosos em efeitos colaterais, não acelerem qualquer doença que porventura tiver.

Assim sendo, defendo ardorosamente que é melhor não saber, não fazer exames, para não morrer antes de preocupação ou infecção hospitalar ou mesmo pela burrice generalizada dos médicos. Os médicos são um erro médico. Quem vai a um médico vai a dez.

*

Certa vez, um jovem médico de triagem, desses que servem de *sparring* (ajudante de pugilista, discípulo, aquele que leva porrada no treino), havia me pedido uma biópsia do material da próstata. Irritado com minhas perguntas sobre a intervenção notoriamente desagradável, respondeu-me na lata: "Não dizemos a verdade para os pacientes porque, se eu te disser os riscos que qualquer intervenção cirúrgica, mesmo a mais simples, pode provocar, o senhor sairia correndo daqui. E os hospitais ficariam vazios. Vale a regra de ouro dos CTIs, consagrada em todo mundo: O que acontece no CTI fica no CTI."

Exame de sangue, por exemplo, é assim. O cara do laboratório vem, você não acorda na hora porque está prostrado pela doença, e ele então tira o seu sangue ali na cama mesmo. Depois vem a espera do resultado. Sempre prometido para certa hora, mas entregue cinco horas depois, se você der mais de dez telefonemas reclamando do atraso. Mas vale a pena. É comovente ver a alegria dos médicos diante daqueles números. Eles agora sabem quem você é! Discutem a validade de cada item. Discutem e interpretam.

Comigo aconteceu assim: um dia, depois de um mês perigoso, o exame de sangue veio a meu favor. As plaquetas e os leucócitos tinham descido, e outros índices também baixaram. Enfim, ouvi do sofá o grito entusiasmado do médico com quem Priscilla falava! Vencemos a infecção! Como se gritassem: Gol!

Emocionante.

Num dia do verão passado, eu estava péssimo e deprimido. Priscilla, escondendo sua aflição, resolveu me arrastar até a praia. Achou que era bom eu tomar sol etc. Nunca gostei de praia. A praia para mim nunca foi mais do que um lugar para descobrir a verdade que se esconde debaixo dos vestidos das mulheres. Priscilla foi mergulhar num lugar distantíssimo e me deixou numa daquelas cadeiras baixinhas que se enfia na areia. Tive certeza absoluta de que não poderia sair de lá com recursos próprios. Então fiquei olhando. Várias pessoas estavam fazendo coisas incríveis! Uns jogavam bolas com raquetes, outros passeavam de lá para cá, mergulhando naquelas ondas violentíssimas sem nenhuma dificuldade. Houve até um pai que, dentro d'água, levantou o filho até o alto para que o menino risse mais e mais. Um verdadeiro Cirque du Soleil. E ninguém sabia naquele momento o tesouro de que desfrutava. Tive vontade de gritar para avisar a multidão daquela felicidade estonteante.

Mas não gritei.

E vejam só como é a vida da bailarina! A tal da erisipela passou completamente. Minha perna ferida curou-se e é atualmente um modelo de integridade epidérmica. Por outro lado, o Parkinson persiste, cada vez mais difícil de suportar. Já virou filosofia. Outro dia alguém me disse que existem dois estados de saúde, somente dois. Ou você está vivo ou você está morto. Ele tem razão.

Os homens são animais acidentais. Têm pelo menos três características nítidas: polegar opositor, são bípedes, acham que possuem uma alma e discutem o tempo inteiro se ela é moral ou imoral.

Ridículo.

São jogadores envolvidos num jogo, cujas regras eles mesmos inventaram, esquecendo-se disso depois.

PARTE CATORZE
Final dos livros

1 | Burros

Para aquele que deseja viver adequadamente dentro da sociedade, é essencial não esquecer que ela é constituída, quase que completamente, por burros. As pessoas são muito burras. Mas não me levem a mal. Eu explico. Em todo grupo, comunidade, agrupamento ou patota, a maioria é burra. Urgente afirmar que não vai aqui qualquer julgamento moral.

Os inteligentes não são melhores do que os burros. Nem merecem mais. Os burros também são dignos de paixão. Todo homem é esplêndido, burro ou inteligente, todo ele contém o universo. Uma das primeiras obrigações da inteligência é, exatamente, reconhecer este fato simples.

Escusado igualmente observar que a inteligência nada tem a ver com a cultura ou o nível de formação de cada um. Pelo contrário, entre homens cultos de modo geral é encontrado um índice de burrice estonteante. Em contrapartida, verifica-se que a ignorância e a pobreza têm constituído campo fértil para o aparecimento das grandes almas.

A propósito, alma é sinônimo de inteligência.

Difícil conceituar a inteligência. Fácil, porém, reconhecer-lhe atributos, sendo o primeiro deles, sem dúvida, a humildade. Humildade é sinônimo de inteligência.

O homem sábio sabe que não sabe, ao passo que o burro é arrogante. Considera-se possuidor de algum saber e, consequentemente, superior aos outros burros que sabem menos. Atenção: o burro compete, julga, condena e, muitas vezes, mata.

No entanto, com a inteligência acontece justo o contrário. A despeito de si mesma, ela ama.

Mozart disse que para ser um gênio não basta talento. Nem inteligência. É preciso também um grande amor.

A propósito, amor é, também, sinônimo de inteligência.

Quem é inteligente sabe que é. Já o burro desconhece sua burrice. Isto seria um drama, não fosse uma tragédia. Uma vez que o burro, no fundo de seu ignorado esplendor, sente que lhe falta algo, algo que o inteligente possui. Neste momento, então, advém, soberana, a inveja. A inveja dos burros. Como se não bastasse ser diferente, o burro passa a odiar o inteligente.

Com a inteligência, entretanto, acontece o contrário. Ela sempre se reconhece! O homem inteligente não inveja, mas, sim, compraz-se, exulta, quando vê brilhar uma inteligência igual ou maior que a dele. Os inteligentes, além de terem entre si grande amor e admiração, plagiam-se constantemente, sem o menor pudor. Não tentam ser originais. Sabem que são... um só. Um só acidente da natureza. Ou terá sido seu recurso de emergência, do qual a natureza lançou mão para cuidar da sobrevivência da espécie, antes que os burros a destruíssem?

Concluindo: a imprensa é burra, a TV é burra, o esporte é burro, a política é burra. Quase tudo que é considerado importante na sociedade atual não apenas é desimportante, mas também é burro.

Trata-se do império da burrice, como outrora foi o Império Romano.

2 | Diálogo dos cinquenta e setenta

Eu tinha cinquenta anos, estava sozinho na casa em Teresópolis e resolvi escrever sobre a crise daquela idade. Botei um título, que me pareceu adequado: "Notas de uma encruzilhada."

Nunca mais tinha visto esses papéis. E agora, compondo esta biografia, acho-os sobre um armário, no meio de uma pilha de discos de vinil. Releio. E não resisto a comentários.

Domingos aos cinquenta:

> Crise existencial, como nunca tive antes!
>
> A fonte do prazer é a fonte do conhecimento. Acontece que o desconhecido mora longe e, com esta idade, já é penoso ir lá. Apenas dentro de si mesmo um homem pode buscar a satisfação. Então, acuado, sem saída, com o terror nos olhos, me entrego flácido ao passar dos dias. Meu pai morreu, minha mãe está longe. O dia e a noite continuarão se alternando diante de meus olhos cansados. Um homem pode, até um extenso ponto, fazer o que quer. Tem direito de querer a morte, mas eu preferia a vida... Me lembro: era tão bela!

Comentário aos setenta:

Tudo indica que eu era um imbecil aos cinquenta. Porque, aos vinte, você acha um homem de quarenta velho. Aos quarenta, acha um de sessenta velho. Aos sessenta, o de quarenta é um garoto. Mas, aos setenta e tantos, a situação se complica: quem você vai achar velho?

Domingos aos cinquenta:

O casamento me atira no colo de uma mãe que, evidentemente, não é uma boa mãe, porque é uma mulher! Que estou fazendo da minha vida? Não sei. Porque não sou eu quem faz, é um autômato, que controlo mal. Uma das coisas que, se não me engano, ando fazendo é representar um papel numa peça chata escrita e dirigida por mim.
O que desejo fazer? Ter outras mulheres e manter o casamento. A pior coisa do mundo é um homem saber o que deve fazer e não fazê-lo. Conseguirei alcançar esta simples meta ou morrerei no impasse, como um vampiro à luz do sol? E se isto não for possível, por culpa, então a separação!

Comentário aos setenta:

Neste parágrafo, movido por uma clássica crise masculina dos cinquenta, Domingos Oliveira chega a atingir uma constrangedora vulgaridade. Perdoem. No próximo, de alguma forma se redime pelo caminho da sinceridade.

Domingos aos cinquenta:

Quanto ao trabalho... Outro dia Dostoiévski me pareceu prolixo! Me perguntei seriamente: e eu com isso? Perdi meu vínculo com a humanidade. Aquela corda que nos unia desapareceu

Hoje, faço parte da corja dos impostores. Daqueles que se fingem artistas. Minha sensibilidade está aberta. Porém, apenas para o sofrimento. A noção de alegria já não tenho mais. Cito frequentemente a grandeza do mundo, seu mistério. Mas são apenas recordações.

Quero ser reconhecido!

Eis o vergonhoso dado que surgiu na equação.

Reconhecido. Pelos outros. Por todos.

Sei e tenho certeza de que sou o melhor de todos. O mais moderno, o mais inteligente, sempre dez anos à frente de seu tempo. E cansei de ser malhado pela crítica, desprezado pelo público e até pelos amigos, porque sou um homem essencialmente humilde.

Mas é impossível ser inteligente sem ser humilde!

Queria que ao menos se pusessem de quatro diante de mim! Como fazem com Bergman, com Fellini. Que não entendessem porra nenhuma, mas, ao menos, se pusessem de quatro.

No entanto, não é isso o que caracteriza os artistas verdadeiros. A arte deve ser uma dança que enleva em si. E gratifica o dançarino pelo contato com o divino. Fazer arte para ser reconhecido é coisa de impostor. Disso não temos falta nesses tempos de inflação.

No entanto, é o que desejo nesta minha hora de decadência, de queda vergonhosa.

Chega de levar PORRADA. Quero ser Big. Imbecil, mas Big. Fazer sucesso, ganhar dinheiro, ser elogiado pelo *JB*... Imbecil, como todo mundo. Ser um imbecil comum.

Já sei! Compilo minha obra e vou trabalhar em São Paulo.

Evidente que não farei nada disso. É apenas um mau impulso, talvez porque vi ontem um filme de Schwarzenegger.

Mas, coisa parecida terei de fazer! Porque esta questão se confunde inteiramente com a do dinheiro. Se eu tivesse dinheiro, arranjaria um local meu e estaria preparado para trabalhar anos só para os amigos, até que o público se dignasse a ir lá.

Comentário aos setenta:

De alguma forma ele tem razão, coitado.

Domingos aos cinquenta:

Como será que agiram os ídolos? Bergman, Fellini, Woody Allen? Como resolveram a questão? Certamente tiveram esse problema. Todos os três dedicaram-se a realizar um sucesso de bilheteria! Coisa não subjetiva, de gosto da gente boa, mas também dos imbecis. Bergman fez *Sorrisos de uma noite de verão*; Fellini, *La dolce vita*. *Play it Again, Sam*, embora dirigido por Hebert Ross, é dos mais autênticos Allen, feito na Broadway com ele e a principiante Diane Keaton. Dedicaram-se a unir, por meio da inteligência, audácia e bom comportamento, e ficaram famosos. No Brasil, quem tem essa classe? É o que devo fazer. Mas não farei. Não tenho essa classe.

Comentário aos setenta:

Compreendamos, por favor, o sofrimento deste D.O. aos cinquenta. Este tipo de homem não pode perder a autoestima. É como um náufrago perder sua boia no alto-mar.

Domingos aos cinquenta:

A morte de meu pai. Ocorreu de repente. Faz alguns meses. Não me lembro qual foi a última vez em que o vi. Meu pai, sua pureza, sua força, sua resignação, seu senso de realidade. Antonio. Belo Antonio. Ele estava vivo, depois estava morto. Quero fotos dele, enormes, me cercando. Ele sou eu, é assim que sinto. Olho no espelho e vejo um velho. Será ele? Meu pai? Quero que ele me veja viver e dê opiniões. Ao escrever isso, olho no espelho e saio da máquina. Não vejo meu pai. Vejo eu mesmo.

304

É um pouco diferente. Dele herdei meu lado que compreende as coisas, um misto de aceitação e malandragem. Uma lágrima corre para fora dos meus óculos, assim como o nariz também escorre. Que modificação causou em mim a morte de meu pai? Compreendi de verdade, e pela primeira vez, que uma parte de minha vida já se foi, e para sempre. Depois que o coração para de bater e talvez o cérebro de pensar (talvez!), a vida vai deixando o corpo pouco a pouco. Dizem os padres que a casa do Senhor tem muitas moradas, e eu sempre choro muito quando ouço isso. Porque não acredito, nunca pude acreditar, embora ache esse tipo de promessa justa, dadas as nossas boas intenções...
E cuidar da minha mãezita com certa rotina, isso não posso deixar de fazer! Como se eu fosse inglês, almoçar uma vez por semana com ela, levá-la ao teatro.

Comentário aos setenta:

Nunca tomei conta da minha mãe. Acabei deixando esta tarefa para meu irmão mais moço, que morava mais perto. Almocei poucas vezes e nunca a levei ao teatro. Sou muito agradecido ao meu irmão por ter me livrado desta pesada tarefa.

Domingos aos cinquenta:

O ciúme devia ser proibido. Seria uma agressão covarde se não fosse uma grave falta de educação.
Outro dia minha esposa teve um ciúme violento por causa de Z, atriz com quem eu trabalhava.
Só porque eu tinha marcado com ela às onze e cheguei à meia-noite e meia... Tinha perdido a hora. Diante da potência do esporro, fiquei muito puto. Por quê? Porque achei que o amor não existe. Minha própria esposa não compreende que fiquei desesperado quando olhei o relógio e verifiquei o atraso? E que, depois de galinhar galantemente, vim disparado, correndo

perigo com o carro pelas ruas, em direção ao nosso encontro? Mais do que nunca, com enorme vontade de vê-la, e consciência de que ela é o meu amor? Chego e levo um esporro!? Será que não vê? Que ninguém pode gostar de mim me tolhendo a liberdade? Ninguém pode gostar de botar o outro numa jaula. Mas isso é exatamente o casamento. Não gosto de ver nem meus cachorros presos!

Levantei da cadeira. Me deu angústia escrever esta recordação intolerante. Saí andando pela sala. Ouvi um ruído de chuva no telhado. Mas estava sol. Num instante, a tempestade! O sol e a chuva, combinação deslumbrante, quando você está confortavelmente seguro por trás da janela. Isso é o casamento! Depois perdoei minha esposa. Achei normal. Não cheguei nem a confessar esse sentimento de revolta. Mas aquilo foi uma porrada, confesso.

Comentário aos setenta:

Muitas vezes não é fácil pensar no outro e não apenas em si mesmo. Não nos foi dada essa inteligência ou vocação.

Domingos aos cinquenta:

Há anos, muitos anos, tenho um desejo. De seguir o caminho do elefante. De seguir sozinho a estrada que leva à morte. De poder pirar brabo, agora, neste tempo final. A alegria deste caminho solitário me é bastante clara e inegável. Porque é a loucura — a quebra dos limites, portanto — a riqueza. A fortuna em chifre de marfim. Tolstói fez isso: saiu pela estrada para morrer.

Aos cinquenta, é impossível fugir de certos sombrios pensamentos estatísticos. Você percebe que sua geração está indo embora, que aquela velha festa está ficando vazia, que mais cedo ou mais tarde vão te expulsar dali; afinal, são quatro horas da manhã. Schopenhauer descobriu há uma centena de anos que todas as glórias do amor não passam na verdade de exigências da reprodução da espécie. E parece que a natureza, apesar da modernidade dos tempos, ainda prefere os jovens para reprodutores.

Quero dizer que, enfim, os prazeres da revisão podem ser mais profundos, mas não são tão intensos quanto os da visão. Compreendo que tudo isto não é mais que um movimento misericordioso da sábia natureza, preparando o ser para uma próxima extinção. Porém, quando se trata do seu caso pessoal, é duro. Aos cinquenta, já percebo com clareza certa diminuição no ritmo, ou melhor, na velocidade de meus pensamentos. Muitas vezes olho uma cadeira, ou coisa assim, sei perfeitamente de todos os atributos daquele conhecido e útil objeto, mas levo alguns segundos para lembrar como aquilo se chama...

Mas a velhice é da vida, certo, e há muito o que dizer do outono e até do inverno, embora as férias sejam na primavera ou no verão.

Comentário aos setenta:

Pessimista, este Domingos. Não sei por que tinha tanta pressa. Não sabia o que vinha pela frente.

Domingos aos cinquenta:

Priscilla quer ter um filho. É natural. Priscilla quer ter um filho. Agora, a idade é essa. Talvez nada esteja me desestruturando mais.

Os homens mais velhos com as mocinhas. Os moços com as senhoras mais velhas. Agora compreendo onde está o problema e por que a sociedade nunca chegou a consagrar esse tipo de relação, aparentemente tão saudável. Priscilla quer um filho. E eu não quero.

Comentário aos setenta:

É bem evidente, visto na distância do tempo, que não devia ser nada agradável para uma mulher como P. ouvir o idiota do seu marido repetindo esse tipo de coisa insistentemente.

É comum esse tipo de procedimento masculino. Os homens sempre provocam, provocam, provocam, querendo a separação. As mulheres resistem, resistem, resistem com tenacidade inacreditável. Até que um dia subitamente resolvem e metem um pontapé irrevogável na bunda deles. Muito comum.

Aqui terminam as páginas, que achei outro dia, com a minha letra, no alto do armário, entre os discos de vinil.

3 | Princípio do fim

Olho essa pilha de papéis ao meu lado e confesso: não é uma biografia. Não coloquei aqui nem um décimo das minhas lembranças. É, no máximo, uma coleção de sentimentos escolhidos, gracinhas que se dizem em festas quando falta assunto. Porque sou dramaturgo, sei a importância de um final! O bom final é aquele que diz uma coisa que não foi dita antes. É algo que lança luz, como um farol retroativo sobre toda a obra.

A maioria dos livros não termina. Desiste.

O autor de ficção procura criteriosamente o final obrigatório, inevitável, da história. Essa história é a vida de um homem. Todo mundo sabe como termina um homem.

Anda também me preocupando o fato de que, nos últimos tempos, acostumei-me a ser algo que nunca fora antes: personagem. Certamente sentirei a falta de um autor que me guie os passos. Estou sozinho outra vez.

Baile do Copa no sábado. Domingo, no Municipal. Segunda, escola de samba. E terça, no Monte Líbano. Hoje acredito que seja mais democrática e até divertida aquela espalhação randômica de blocos, completamente bêbados, mais ou menos ferozes, criando engarrafamentos monumentais. Mas não vem ao caso. É tudo carnaval.

Quero — isto, sim — contar um baile. Terminando com uma música conhecida, que diz assim, em ritmo de marcha pesada: "A noite é linda nos braços teus, é cedo ainda pra dizer adeus." E depois continua, ralentando o ritmo da marcha, tendendo para o rancho: "Vem! Não deixes pra depois. Vem! Que a noite é de nós dois. Vem! Que a lua é camarada e em teus braços quero ver o sol nascer." E então anima o ritmo sofregamente, violentamente. A multidão tira os pés do chão e, não sei se eufórica/desesperada, canta que é cedo ainda pra dizer adeus.

Lembro que era a hora do Lobo. Cinco horas da manhã da terça-feira, no Monte Líbano. Um minuto antes de a orquestra esgotar sua prorrogação. Havia gente dançando e cantando esta música pelo chão, pelas paredes e pelo teto. E os amores zumbiam no ar como balas de AR-15. Vi as mãos do baterista. Que, todas cheias de viris bandagens, sangravam sem perder o ritmo. Às vezes é assim. A gente sangra sem perder o ritmo. Nunca mais me esquecerei.

A harmonia daquele caos.

4 | Balanço geral

Albert Camus conta uma história de um autor jovem que desejava tanto chamar atenção para seu livro que se suicidou. Todo mundo leu o livro, mas ninguém gostou. Não é o meu caso, certamente. Tenho intenção expressa de viver no mínimo 111 anos.

Queixar-se da vida é o oitavo pecado capital. Disse-me certa vez, escondida em seus cabelos louros, a espetacular Rozenbaum.

Tenho gostado ultimamente de pensar a vida como uma lenda sobre uma gente que mora num lugar ignoto e que talvez não tenha existido nunca. Domingos Oliveira mora no Leblon, Rio de Janeiro. Casado com Priscilla Rozenbaum há trinta e não sei quantos anos. Tem uma filha, Maria Mariana. Três netas e um neto. Clara, Laura, Gabriel e Isabel.

Fiz muitos gols no tempo regulamentar e ainda pretendo fazer outros antes do fim. Como Pelé, chutando de bicicleta do meio do campo. É difícil, ele é um craque; porém, não se perde nada em tentar. Como dizia babá Maria rindo de vestido vermelho, bêbada no meio da sala, no Natal do ano em que morreu, ostentando a bravura de sua luta contra uma terrível doença: "Tô na área. Se me derrubar, é pênalti."

Este trabalho me fez lembrar Salvador Dalí. Li num livro ou me contaram, ou inventei, que Dalí, a certa altura de sua carreira, ganhava dinheiro com moluscos, que apanhava na beira da praia de Cadaqués. Afiava o lado oposto das cerdas de seu pincel. Depois, molhava-o com tinta colorida, e então splasht! Cravava o molusco contra uma folha em branco! O bichinho se debatia até morrer. E, ao fazer isso, lançava sobre a folha conturbados e caprichosos desenhos, que vendia por 10 mil dólares a unidade.

Assim leio minha ação nesta biografia. Um homem se debate, estertora enquanto vive. O homem é aquele que se debate. A vida inteira e todo o tempo. Como poderia ser chamado um ser assim? O debatedor? O debatista? Preciso de um substantivo mais nobre. O debatente! O homem é o debatente.

E a alma é um amálgama.

A alma é de ferro e bronze. Vi a alma humana! Pelo amor de Deus, não me entendam mal. Sei que foi apenas uma fantasia concreta. Nada insensato ou espiritualista.

Vi que tudo se passa como se tivéssemos, dentro do nosso corpo, um amálgama! Ao qual chamamos alma, que é um objeto metálico de mais ou menos um metro e meio de altura, com a forma de uma bonequinha matrioshka.

Carregamos esse objeto solene por toda a existência, apesar do peso. Ele tem por característica ser praticamente indestrutível. Sua alma às vezes é amiga, às vezes inimiga. Se a atacarmos com uma picareta furiosa, aplicarmos toda nossa fúria dias e noites, depois basta passar um pano para retirar os fragmentos da ferramenta e verificar que a alma não foi sequer arranhada. Sou essencialmente a mesma pessoa que era aos 15, 18 anos. Mudanças houve apenas nas aparências. Minha alma é o que é.

Direi mais: sendo um amálgama do belo bronze dourado e do mais brilhante metal, a alma é essencialmente dividida; dividida por definição. O *Homo sapiens* não é como costumamos pensar, um neurótico que não sabe o que quer. Não fica dividido eventualmente, não é a vítima de uma pressão psicológica eventual: o *Homo sapiens* é um ser essencialmente dividido!

Quanta energia, quanta dor gastei, neste mundo inconformado, com as minhas divisões internas! Que atrapalharam essencialmente meus progressos: "sou casado, mas quero ser solteiro"; "trabalho para ganhar dinheiro, mas quero trabalhar com o que gosto"; "quero ser parte do grupo, porém não abro mão das minhas particularidades"; e outras coisas assim. Quanto tempo tentando acabar com minhas divisões! Trabalho desperdiçado. Não devia ter gasto nem um segundo, nem um tostão! O homem uno, coerente, definido é um mito do racionalismo. Esta raça à qual pertenço tem uma essência dividida entre o bronze e o metal.

Quando não há motivo para divisões, o homem inventa algum, custe o que custar. Esta é uma de nossas tarefas.

O funcionamento da vida é simples de compreender. O mistério está na existência dela, a vida ela mesma.

5 | O editor

Um homem não cabe num livro. Isso eu já sabia. E, numa biografia, você não pode contar tudo. Vão te trucidar e processar por invasão de privacidade. No entanto, obcequei-me na tarefa. Fazer uma autobiografia. Era mais intrusivo do que a própria psicanálise. A possibilidade de comparação do plano geral da vida com o seu detalhe era embriagadora; dava-me autoinformações que nunca tivera! O desenho de quem sou aparecia como uma foto no fundo de uma bacia fotográfica.

Nesse momento, o meu mais que amigo Guilherme Fiuza, especialista em biografias, entrou no páreo. Leu, gostou e levou para seu editor. Queria ter uma opinião profissional. Não acreditei muito que pudesse dar certo. Contudo, continuei com a cara enfiada nas páginas, rumo a este último capítulo, embora precisasse aflitamente sair dali para pagar as contas do mês.

O editor leu a biografia em poucos dias. Para surpresa minha, portou-se não como um editor, mas como um anjo da guarda de filme de Frank Capra. Adorou o texto. Viu em mim estilos e valores que não vejo. Enfim, caiu do céu luminoso como a estrela Dalva. Meu livro seria publicado pela Editora Record, maior distribuidora do país! E mais, sem que eu tivesse de lutar por isso. Tudo que é divino é sem esforço — lembrei de Goethe. E mais! Inadequadamente, expliquei para o editor que um homem de teatro como eu sentia necessidade de ler os capítulos em voz alta para uma plateia. Ele se prontificou e trouxe auxiliares da profissão.

Bem, um livro tem muitas páginas, de modo que não é habitual o autor ler em voz alta. Demoraria dias. Mas insisti, porque tenho muitos medos. Meus amigos citados não vão gostar de ver sua vida devassada. Meus amigos não citados reclamarão que não me lembrei deles. Não iam compreender que não era falta de amor, e sim de espaço. E aqueles que não simpatizam com a minha pessoa alardearão que sou uma puta literária. Eu temia acabar, enfim, com uma multidão correndo atrás de mim com porrete nas mãos. São muitos os perigos em fazer uma biografia!

Porém, as forças do bem venceram e, em sessões de quatro horas, seis ou sete noites, li minha vida sentado na poltrona da sala, como se fosse uma matriarca ancestral. Não preciso dizer que foi muito emocionante. O editor, chamado Carlos, Guilherme Fiuza e mais meia dúzia, um grupo pequeno, ouviram tudo entre emoções e risos. O Carlos, que eu não conhecia antes, é um tipo Ludwig, não sei se ligam nome à pessoa. O príncipe que eleva as artes, construtor de castelos.

Permitam-me um rodeio para poder finalizar.

Semana passada, retornei a Teresópolis, onde fui tão jovem e feliz. Visitei a cachoeira exuberante. Perfeita de forma, como a mais perfeita obra de arte. O colorido, a água gelada, o ar generoso de oxigênio.

Como estou mal das pernas e o terreno do portão até a água é extenso e pedregoso, senti enorme medo de cair. Estava em companhia de minha mulher, minha filha, genro e netos. Eles conseguiram botar uma cadeira perto do rio, a dois braços da correnteza.

Mas eram braços que eu não podia ultrapassar. Tinha certeza de cair dos altos degraus da pedra, bater com a cabeça e morrer ali.

Então, por falta de outra coisa, fiquei lembrando. Olhava a cachoeira aonde seria impossível chegar e aonde, em outros tempos, eu fazia questão de ir todos os dias para mergulhar da pedra alta e depois ir para trás da cortina d'água, acenando para meus amores e amigos queridos. Olhei.

Compreendi, naquele momento, que nunca mais irei a Teresópolis. Nunca mais. A cachoeira não é mais o meu lugar. A velhice e a doença me fizeram perder muito, mais do que pensara. Fizeram-me perder dimensões insubstituíveis.

No entanto, dentro de mim um sentimento inesperado aconteceu. Em vez da depressão, para minha surpresa, fui tomado por uma ira guerreira, nível Henrique V quando convoca os soldados à impossível Batalha de São Crispim, onde lutavam dez franceses para cada inglês. Sim, porque, perdido aquilo tudo que era a cachoeira, eu teria de pôr outra coisa no lugar! Ambição desmedida. Teria de fazer isso ou não seria um Homem merecedor desse nome! Mas o que colocar no lugar? Qual das minhas peças, filmes, palavras ou atos, que autobiografia poderia ter o tamanho da magnífica cachoeira? Ainda não sei a resposta. Mas vejo meu cortês editor na minha frente. Neste momento, tendo uma surpresa com a novidade que comunico. Não quero mexer em mais nada. O livro está pronto. É este: *Vida minha*.

Decido, neste momento, livrar-me do monte de páginas que ainda fazem parte das minhas mãos. Passo-as adiante e entrego oficialmente ao editor e aos possíveis futuros leitores.

É certo, porém, que, antes de fechar satisfeito a obra, o autor deveria fazer a si mesmo pelo menos uma pergunta:

> É só isso?
> Será que é isso somente?
> Será mesmo que é só isso?

FIM

ADENDO

Os músicos terminam seus shows fingindo que não voltam à cena, sendo obrigados a isso pelo aplauso da plateia. É o que se chama do "bis". Nesse epílogo, quase aleatoriamente interpretam o que mais os diverte, o que não poderia faltar ali.

Numa parede da minha infância, havia um ladrilho pintado· uma casinha, de cuja porta saía um caminho, que dava num poço· embaixo escrito: "Uma cabana na montanha, em volta da cabana, coqueirais, viver feliz com meu amor e nada mais."

A verdade é uma coisa que é dita a toda hora. O difícil é ouvi-la.

Escrever é uma atitude perigosamente consequente. Certa vez escrevi um roteiro que previa o estouro de uma barragem de um rio. Era muita água, desciam grandes troncos e até pedras na água barrenta, que passavam bem perto da câmera. Os contrarregras tinham armado aquela operação, mas não eram engenheiros! O rio podia muito bem passar por cima de nossas cabeças, levando câmera e tudo, além de nossas vidas. Disse eu no escuro da noite para Lenita Plonczynski:

"Viu, Lenita, no que deu? Só porque outro dia escrevi no roteiro: 'Enchente no rio. A barragem não resiste'."

Joaquim Assis, meu melhor amigo junto com Dino Menasche, cantava assim no tempo dos Castelas: "Esse amor feito de raiva/é o que eu tenho pra te dar/em troca do teu carinho/em troca do teu olhar/gosto do jeito vadio/que você tem pra me enganar/muito mais do que você/do meu sorriso mais falso/fingindo que não percebo/procurando acreditar..."

Ele não se lembra mais das letras que fez naquele tempo. Eu me lembro de todas.

O mais pobre dos mendigos entoa sua canção na calada da noite. O mais feroz dos bandidos dança seu tango. Todas as pessoas veem as novelas por causa da pílula de arte que há nelas. Multidões acorrem nos fins de semana aos cinemas, aos teatros. As novas publicações nas livrarias são extraordinariamente frequentes, fazendo-nos perguntar: "Quem afinal lê aquilo tudo?" A arte é uma fome. O melhor antidepressivo, portanto importantíssima na prevenção do enlouquecimento geral.

A arte é uma atividade de utilidade pública.

A arte torna as atividades culturais importantes.

A finalidade da arte é ensinar os homens a viver melhor.

A arte engrandece as almas, tornando-as dignas. É amiga da utopia, possibilitadora dos grandes ideais.

A arte leva em consideração o mistério que nos cerca.

Creio pessoalmente que a arte é o mais importante trabalho do ser humano na Terra. Mais do que a ciência ou mesmo a filosofia.

A arte é a professora. Se vejo num canteiro um girassol amarelo, penso que aquilo é uma flor estranha, exagerada, que não entendo bem, não sei bem o que é. Mas, se vejo o girassol que o Van Gogh pintou, aí eu sei o que é um girassol.

A arte é o retrato de um país. Infeliz de um país que não faz sua arte.

A arte não pode ser confundida com a cultura, porque tudo é cultura. E nem tudo é arte. Pode-se até dizer que a cultura, apesar de sua larga importância, refere-se ao passado. A arte, como observou Heidegger, é o arauto do futuro.

A arte continua o milagre. Coloca no mundo coisas que antes não estavam lá!

A arte é a mãe da ética, da moral, da cidadania, do patriotismo, do amor, da beleza, da honestidade. Enfim, de tudo que construiu, a despeito das forças destruidoras, a civilização.

Se um amigo seu quer morrer, morrer mesmo de não ter jeito, toque para ele uma música de Mozart, ou mostre um quadro de Renoir, um bom filme ou até mesmo simplesmente conte-lhe uma sólida história humana. Se o seu amigo não ficar alegre, desista. Ele já está morto.

A arte, guardiã da consciência, melhora o caráter dos homens e salva da barbárie a sociedade.

Todos os problemas sociais são culturais.

Nunca me pareceu que o julgamento sobre arte fosse uma coisa subjetiva. Sei que estou dizendo quase um absurdo, mas não tenho dúvida de que, quando a arte é grande, toca algo que é superior ao subjetivo. O cinema americano usa como estética o lugar-comum. Exacerba o lugar-comum, tornando-o raro. O lugar-comum é o passaporte industrial que possibilita a existência de um cinema tão caro. O cinema americano industrial contemporâneo preserva a arte. Porque sabe que isso é preciso. Sem a arte, pode ser ganho um dinheirinho. Dinheirão, só com arte. Os americanos sabem disso. Brasileiros nem desconfiam. Um dos filmes que deu mais dinheiro até hoje foi *Titanic. ...E o vento levou* também faturou fortunas. Risos, lágrimas, dólares e bom cinema.

Ouvi sobre Sartre do jornalista e escritor Carlinhos de Oliveira, eu garoto quase imberbe, sentado numa calçada de Copacabana: "Nós que dormimos tarde, bebemos muito, trocamos nossas mulheres e não conseguimos cumprir nossos compromissos... Nós somos loucos! Vocês, que respeitam a rotina, obedecem às leis, mantêm os casamentos, competem pelos cargos, protegem os bens... Vocês são nojentos."

A graça da filosofia ocidental é que não alcança nada e não termina nunca.

Há algo de sonso no conhecimento humano. Poucos conhecimentos foram obtidos com clareza pelos homens até hoje. Trago dois deles, por exemplo: "Violência gera violência" e "Os fins não justificam os meios". Essas regras sociais de escandalosa clareza, de espantosa certitude, têm a concordância de todos, teoricamente. Porém, são usadas na prática, sem escrúpulos, com alarde, sempre que necessário para o bem de cada um. É espantosa a incoerência. Não haverá guerras se a humanidade realmente acreditar que violência traz violência. Não haverá holocaustos nem sequer mensalões se for aceito por todos que os fins não justificam os meios. Há algo de sonso no conhecimento humano.

Amo Priscilla Rozenbaum. O resto é "debatência".

> Vejo com clareza imensa
> Que você, caso não existisse
> Faltaria ao mundo um bruto pedaço!
> Que faria o mundo
> Sem tua devoção de filha e amiga constante
> Tuas pernas de Dietrich Marlene
> Teu rigor perene com tudo que é amor?
> Sem teu gosto em ler livros russos
> Sem teu talento de atriz
> Teu amor fiel, mesmo quando infeliz
> (...ela poderia ter nascido Sonia, Nina ou Natasha
> Mas nasceu princesa, Priscilla; que me aniquila
> Com seus encantos, trejeitos, quebrantos,
> E outros gentis recantos profanos
> Nos quais me perco faz 25 anos!)

Se você tem quem o ame, uma mulher, ela fará tudo para que você sofra o menos possível neste mundo. É conhecido, embora polêmico, o sentimento "seria melhor se fosse comigo". Um dos maiores dramas do ser humano é não poder evitar o sofrimento daqueles que ama.

Nenhuma outra atividade humana, mais que o teatro, fornece tantos recursos para amar o outro.

O humor não pode abandonar o homem. Tem de fazer parte de sua corrente sanguínea. O medo tem muitos disfarces. Pode dar um baile à fantasia sozinho. Mas, na verdade, é um só: o medo da morte.

De Priscilla Rozenbaum em *Confissões das mulheres de 30*:

> A minha geração foi aquela que realmente aproveitou a liberação sexual. Na minha adolescência já existia a pílula anticoncepcional, a penicilina contra qualquer doença, ser virgem era feio, os pais vigiavam, mas permitiam. Mas aí o tempo passou como um rato passa na sala. E apareceu a Aids. Chegamos aos 30, na flor da idade, testemunhas e inocentes de uma hecatombe sexual. Confesso que não acredito. Eu sei que tenho de acreditar, mas não acredito. Nós assistimos ao início e ao fim da liberdade do amor (1960/1980). Isso caracteriza a minha geração.

A coisa que mais detesto é assistir a texto meu dirigido pelos outros. Não que a minha seja a melhor direção, mas, se não é minha peça, é outra coisa.

Quando voltei do exílio de 21 anos, acreditei na possibilidade de um cinema realmente barato, ao alcance de todos. Teorizei: duas coisas encarecem o cinema, o som e a imagem.

Meus primeiros filmes são todos dublados. Dublagem é um recurso técnico poderoso. Fellini nunca fez som direto.

O som direto pode ser captado pelo microfone de lapela ou pelo boom. Boom é aquela girafa que acompanha as pessoas e vaza no quadro, para tristeza dos assistentes. Quando o microfone é colocado nos atores, eles ficam mais livres. Quanto a mim, tenho dificuldade de suportar aquele homem se arrastando aos meus pés, ou aquela piroca voando na minha frente, enquanto tento representar.

Toda e qualquer iluminação colocada artificialmente resulta, em menor ou maior grau, numa não credibilidade e numa queda de emoção. Sei que é radical, mas cuidado com as luzes.

Quanto aos atores, obrigue-os a fazer pouco. Se estiverem achando que estão fazendo pouco demais, peça menos ainda.

Deus veio à Terra e escreveu pela mão de Dostoiévski.

Lido Dostoiévski, não é preciso ler mais nada. Exemplo: o personagem principal vai procurar alguém que trata com uma intimidade que não tem. A quem sugere a existência de um segredo importante, que grita e afirma ser do conhecimento do outro. O outro nega, não sabe de nada. Nosso personagem retira-se a passos largos e o segredo não é revelado.

Exemplo: os personagens têm sempre um grande orgulho de si mesmos. Uma certeza desmedida em meio à grande insegurança.

Tudo é muito importante para eles. Importância de vida e morte. O personagem surpreende-se com a própria voz!

Sempre espera prevendo, com certeza, a reação dos outros. Que, todavia, não sucede como ele esperava, mas de modo oposto.

Exemplo: nosso herói constrói reflexões em aguda dúvida, até o momento do agir decidido. E então faz o contrário, num impulso sem pensamentos. Pensa horas em um segundo e realiza ações enormes sem pensar.

São essas algumas das estonteantes técnicas dostoievskianas. Aprenda se puder.

Todo mundo tem medo de Fassbinder. Porque todo artista gostaria de se embebedar na sua arte até morrer de overdose. Ele não conseguiu resistir ao ritmo produtivo ao qual se impôs. Kubrick almeja a cristalinidade. Welles respirou as profundidades de campo. Os maiores de todos são Fellini e Chaplin. Fellini porque filmou o mistério e Chaplin porque foi o que mais amou.

Sempre achei que filmar duas vezes a mesma história era coisa desaconselhável, uma vez que a fonte do prazer é a fonte do conhecimento. Nem tão desaconselhável assim. Nos meus dois remakes feitos para a TV, esqueci o original antes do fim do primeiro dia de filmagem. Não se passa duas vezes pelo mesmo caminho.

O remake de *Todas as mulheres do mundo* para a TV tem Pedro Cardoso e Fernanda Torres substituindo à altura Leila Diniz e Paulo José. Uma chance de maior desenvolvimento dos personagens devido à duração maior. Inesquecíveis para mim três sequências: a de Priscilla Rozenbaum com os chapéus, a de Fernanda/Fernandinha/Pedro Cardoso/Jorge Dória na casa dos milionários e a de Clemente Viscaíno como diretor de TV.

Meu segundo remake para a TV, o de *As duas faces da moeda*, é melhor que o filme. Contém a vasta figura humana de Ivan de Albuquerque. Notável canção de Joaquim Assis.

Amo a incoerência, eu. Penso que a coerência muitas vezes trai a verdadeira lógica. Introduz impurezas na limpidez da lógica, demonstrando assim, logicamente, que há muitas coisas que a lógica não alcança.

*

A TV não gosta do que faz. Se você é ruim, eles o despedem. Se você é bom, aumentam seu salário. Se você for ótimo, trucidam-no cruelmente.

Uma de minhas poesias, das poucas que tenho, narra um juízo final que se repete enquanto a humanidade reclama seus diretos:

> Em sonora badalada, que soe a hora dos lamentos.
> Que abracemos e, juntos, gritemos aos ventos: "Nada temos e não sabemos nada!"
> Que alguém diga: chegou a hora de chorar os amigos idos, as traídas promessas, os amores perdidos por falta de zelo ou sorte, e também, por que não dizê-lo, chorar a própria morte. A fantasia falida, o anseio frustrado, o sonho querido jamais realizado!
> Que alguém decrete: exerçam as unhas seu direito de arrancar a alma do peito!
> Passou a ser permitido lançar os corpos no abismo, desfazer a linha do mundo, entoar o hino do sofrimento confessando sem pudor que a dor é maior do que se pensa. A angústia move a terra e em tudo pulsa uma saudade imensa. Da beleza prometida, da felicidade impossível, embora merecida!
> Que alguém garanta, porém, um julgamento decente! Que seremos amados como gente, que será devolvida nossa inocência, sem o que não poderemos perder o medo. Que alguém contenha a insensatez e revele logo o segredo: em qual colo descansaremos os corpos cansados para amanhã começar tudo outra vez?

Há quem me peça resultados. Não tenho. Depois de uma vida dedicada ao estudo das mulheres e do amor, impetuosamente chego à conclusão final de que não adianta pensar sobre esse assunto. Ele é exatamente superior ao limite da razão. O que há de mais profundo para dizer sobre o amor é que "ela gosta dele e ele gosta dela". O resto é debatência.

Não se decepcionem. Creiam. Leiam a fábula exemplar de Leonídeo e Benício para melhor compreensão do fenômeno, conforme representada por mim e Ricardo Kosovski num certo vagabundíssimo cabaré.

Foi mais ou menos nessa época que, na hora do almoço, na rua do Ouvidor, dois colegas da escola de engenharia se encontraram: Leonídeo e Benício. São muito amigos. Semana passada mesmo, saíram para comer uma pizza crocante que Benício descobriu. Na verdade, diga-se, são quase irmãos, uma vez que unidos também por uma identidade de princípios. Ambos foram casados, separaram, sofreram o peso dos chifres, a humilhação das separações, e agora odeiam a instituição do casamento com todas as forças, e juram nunca mais amar.

Leonídeo, com o mesmo bigode, e Benício, o único chapéu visível na rua do Ouvidor, concordam que não há amor no casamento, nem lealdade verdadeira, nem honestidade digna deste nome, que mulheres são animais malvados, perigosamente competitivas, que, na verdade, não gostam de homens, e sim de machos. Quanto mais estúpidos, melhor, contanto que lhes garantam a sobrevivência e a compra de alguns vestidos.

Assim gostam Leonídeo e Benício de repetir um para o outro. E mais: que homem que é homem não tem uma mulher só; que a fidelidade no homem é uma patologia. É sempre nesta hora que começam a falar de um amigo em comum muito querido, colega de faculdade, reconhecido pela sua inteligência sadia e sempre pronto a ajudar, sujeito que chamaremos aqui de Domingos. Ele está casado há dezenas, ou serão centenas?, de anos com a mesma mulher, chamada Priscilla, e insiste em afirmar que é feliz no casamento! Trata-se evidentemente de uma mentira hipócrita.

Outro dia mesmo, Leonídeo e Benício ousaram almoçar juntos com o casal. Priscilla cinicamente se diz esposa feliz de um homem feliz. Domingos alardeia de modo patético que o casamento é a melhor das posições do Kama Sutra existencial. Ou seja, os dois mentem revoltantemente. Leonídeo e Benício aventam com olhares a hipótese de o casal estar à beira do suicídio e procuram onde está o buraco da história, a falseta.

Angustiados, têm por missão desmoralizar a farsa de Domingos e Priscilla.

Porém, hoje Benício traz a sensacional descoberta de um novo aplicativo de escuta e espionagem. O microfone é capaz de realizar gravações de imagens em HD através de qualquer parede. Leonídeo rapidamente baixa o citado aplicativo. E, empunhando seus iPhones, rumam para a casa de Domingos e Priscilla. Chegam sem se deixar notar e encostam o telefone na parede do casal. Estão num momento de lazer: ela lê ao lado da televisão apagada, ele escreve em seu computador ultrapassado. Falam pouco, aqui e ali quebrando o silêncio.

Caros leitores, transcreveremos aqui, ao pé da palavra de Priscilla e Domingos, imparcialmente:

Ele — Na sessão das oito? O filme não é muito bom, mas a gente vê abraçadinho.

Ela — Vamos passar uns meses numa praia?

Ele — Ando querendo escrever um romance de amor cujos personagens são insetos.

Ela — Vamos foder o dia inteiro?

Ele — Deixa eu fazer festa em você até você dormir?

Ela — Deixa eu te alegrar quando você estiver triste? Te animar quando você estiver deprimido? Te ninar quando você estiver cansado? Vamos foder o dia inteiro?

Ele — Vamos jantar com teu pai? Almoçar com meu irmão?

Ela — Vamos ajudar a tua filha a criar os filhos dela?

Ele — Põe uma rosa na minha mesa?

Ela — Vamos abrir um negócio nós dois. Sei lá, uma boutique-livraria-restaurante-centro cultural?

Ele — Vamos foder o dia inteiro?

A conversa, no início surpreendente, está soando insuportável para Benício e Leonídeo. Indignados, não querem ouvir mais nada. Devem estar delirando! Não é possível que um casal de longo convívio fale assim. Microfone na parede:

> Ele — Deixa eu ajoelhar e beijar tua mão? Vamos ser tão felizes que fiquemos calmos?
> Ela — Tão calmos que fiquemos fortes?
> Ele — Tão fortes que possamos ajudar todos os amigos que precisarem?
> Ela — Vamos abrir nossos braços num único abraço enorme?
> Ele — Vamos foder o dia inteiro?
> Ela — Vamos aceitar tudo que o outro é? Defender tudo que o outro é? Amar tudo que o outro é?
> Ele — Vamos provar para o mundo que o amor vale à pena?
> Ela — Vamos foder o dia inteiro?

Leonídeo e Benício, rubros de raiva, resolvem definitivamente ir embora. Há algo que não compreendem... Não é possível que estejam errados. Não é possível que o amor exista. Não é possível que, no custo/benefício do casamento, pessoas inteligentes suportem tamanha indignidade. A troco de quê? Leonídeo atravessa a rua, mas volta. Para ouvir mais um pouco. Benício tenta impedi-lo, sem efeito. Aplicativo notável! Aguçam os ouvidos, melhoram a nitidez do aparelho:

> Ela — Me ajuda a largar o calmante?
> Ele — Me ajuda a ser um grande artista?
> Ela — Vamos foder o dia inteiro?
> Ele — Vamos morrer juntos, velhinhos e no mesmo instante? Esperar o dia em que nossa idade for a mesma?
> Ela — Vamos ser uma alma só?
> Ele — Vamos foder o dia inteiro?

Foi aqui que Benício desfaleceu. Os dois engenheiros sentem um grande mal-estar, inexplicável, e vão ao chão quase ao mesmo tempo, como se tivessem combinado. Mas, no chão, continuam ouvindo aquelas vozes implacáveis.

Benício, botando um filete de sangue pela boca, sussurra que talvez o amor não seja para entender e sim para decorar. E, antes de desfalecer, talvez sentindo uma dor no peito, ambos concluem olhos nos olhos, antes de chamar a ambulância, que Domingos gosta de Priscilla e Priscilla gosta de Domingos. É essa a falseta.

Lembrando a juventude. Quando eu era pouco mais que um adolescente, 26 anos, fui *ghost writer*. Um grande amigo ator, Napoleão Moniz Freire, teve por oferecimento uma coluna diária no jornal *Tribuna da Imprensa*. Como ele não sabia escrever, convidou-me para ser o fantasma dele. Aceitei imediatamente, animadíssimo. Escrever sobre qualquer assunto que me viesse à cabeça naquele dia!

Caprichei enquanto durou. Mandei bilhetes cifrados para namoradas da véspera. Usei todas as vantagens da imprensa e foi também na coluna que comecei minha mania de tecer filosofias e parábolas.

Lendo um desses artigos outro dia, num papel de jornal que parecia desmanchar-se na minha mão, de tão velho, constatei novamente minha teoria da rigidez da alma. Poderia ter sido escrito ontem. Então transcrevo aqui, interferindo apenas nas últimas linhas:

> Era uma vez um filósofo. E contava-se que passara noites sem dormir, tentando explicar de modo lógico por que as borboletas amarelas são mais bonitas do que as azuis.
>
> Com vinte anos ele conheceu o amor. A filósofa.
>
> Passeavam todo dia por alamedas e usavam seu tempo em explicar ao outro a razão de todas as coisas. Logo a amada estava tão filósofa quanto o filósofo. Faziam amor filosoficamente. Depois fumavam vários cigarros sem filtro.
>
> Certo dia, tentando sintetizar suas filosofias, disseram: "A morte é a única força que destrói tanto as borboletas azuis quanto as amarelas."
>
> Não achavam justo que assim fosse. Não achavam justo que um dia tivessem de dizer adeus e morrer cada um para o seu lado.

Numa tarde em que tinham relido o Velho Testamento, compraram dois punhais iguais, estudaram o sincronismo da operação e enterraram cada um o seu no peito do outro.

Tinham decidido que era chegada a hora de falar sério com Deus.

Partiram num jato imaginário cujo GPS sabia onde Ele estava. A Terra foi ficando redonda, como enorme lua. Era noite. Sempre é noite no infinito. O filósofo, astronauta principiante, não tinha coragem de dar as costas para a Terra. Com medo de que esta estourasse de repente, como uma bola de sabão.

Deus morava em Saturno, que era, por isso, um planeta organizado. A parte mais pobre da população morava nos anéis, enquanto as famílias ricas habitavam o planeta *itself*.

Demorou até serem atendidos, embora tivessem marcado entrevista e telefonado para saber se Deus estava atrasado. Já encolerizados com a espera, ouviram a ordem para entrar. O filósofo levou um susto: Deus era uma espécie de dinossauro, com três metros de comprimento e um olho só. Grunhiu. O filósofo foi direto ao ponto:

— Senhor! Estamos mortos e nos matarnos para não morrer. Viemos colocar pessoalmente certos pingos em certos is. Reivindico a imortalidade, já que a natureza colocou em nós esta vocação de eternidade!

A filósofa anuiu em concordância.

Silêncio de Deus.

— A morte é a falta de talento para arranjar uma solução melhor para os problemas da vida — agrediu o filósofo.

E agora falava junto com ela, exaltado e confusamente:

— Uma grosseria, uma ignomínia, uma falta de educação, uma mediocridade, uma filhadaputice. Por que têm os homens de morrer? Esta obrigatoriedade faz de toda a criação uma leviandade, injustiça, uma bobagem, palhaçada...

Mas, para surpresa de nosso casal ideal, Deus não se ofendeu com a falta de modos. Também Ele passava por uma crise existencial. Divinamente volúvel, transformou-se à semelhança de

329

Orson Welles. Tirou uma baforada do charuto e a fumaça saiu cor-de-rosa. Então sussurrou com voz lúcida:

— Tenham calma, mortais. Concordo que a humanidade é um fracasso. Não foi uma boa ideia. A culpa é sempre do autor. Mas não pensem que eu não tenha tentado soluções. Já criei a humanidade onde ninguém morria. Ali, na sexta nebulosa da quarta dimensão. Uma sociedade sem problemas, onde os jornais não tinham assunto. Foi terrível. Suicidaram-se todos antes do fim do primeiro milênio. Eram infelicíssimos. Zumbis tão violentos que tive de espalhar todos em órbitas por aí. Tudo isso me deprime. Também eu tenho vontade de me matar. Mas não posso, porque, por definição, sou imortal — disse Deus, mascando o charuto.

O filósofo não esperava tamanha complexidade. Sacudiu a cabeça.

Deus continuou implacável, e agora parecia uma poetisa inglesa:

— Quando criei o homem, à minha imagem e semelhança, num surto narcísico, tive por bem dotá-lo com muita imaginação, muito desejo. Tive as melhores intenções, destas de que o inferno está cheio. Porém, achei que aquele bípede arrogante tinha de ter algum limite! Pelo menos ser mortal. Achei que isso colocaria nele uma urgência criativa, sei lá. Errei. Justiça seja feita.

Deus quis levar à boca seu copo de uísque, mas não teve sequer ânimo. Balbuciou:

— Eles nascem sem terem pedido, vivem uma vida inteira reclamando sem entender nada de nada, e morrem querendo viver muito mais! Esta é a condição humana! Eles fazem tudo para escapar dessa camisa de força em que lhes meti. Uns fazem arte, outros viram santos, outros matam em série! E a maioria simplesmente vive aquém das suas possibilidades.

O filósofo estava atônito diante das lágrimas douradas de Deus.

— Então **o Senhor** pretende a abolição da morte para todos os homens!? Será esta sua próxima tentativa?

— Suprimir a morte seria uma solução simplista, catastrófica.
Ainda é ela que lhes empresta a medida.

O filósofo, indignado, gritou:

— Mas então que recompensa o Senhor oferece a nós homens
por ter de suportar esse pessimismo tão absoluto?

Deus respondeu, tentando agradar:

— Para os homens bons, o paraíso.

— Não somos mendigos! Já tinha um paraíso na Terra: eu com
a minha filósofa...

Deus então ofereceu-lhe a onipresença e a onisciência, tendo de
ouvir do filósofo que essas coisas também não valiam nada para
quem fosse dono de um Macintosh. Deus hesitou, mas chegou a
oferecer a onipotência. O filósofo, impaciente, explicou que um
homem de sabedoria não quer o poder. Deus ficou irritado sem
poder evitar, estourou trovões e relâmpagos por todo universo
conhecido. Depois falou:

— Então sou obrigado a lançar mão de meu último recurso para
a felicidade humana. Para mim não quero mais nada, entrego
tudo. *Crème de la crème*!

Três galáxias explodiram e um enorme buraco negro fechou.

— O que é? — perguntou exaltadamente o filósofo.

Deus falou no seu ouvido:

— Já ouviu a definição de Deus, minha definição, para o que
Agostinho fez? Agostinho, o santo?

E disse a definição tão baixo que o filósofo não ouviu. Então,
tomou uma atitude. Levantou e gritou, para que ecoasse na
eternidade:

— Deus é aquele para quem todo o tempo é presente!

Finalmente o filósofo ficou interessado:

— Mas como é isso? — falou lentamente. — Posso viajar no
tempo, ir e voltar para o tempo que quiser? Viver dois tempos
ao mesmo tempo? — perguntou, já parecidíssimo com Domingos Oliveira.

— Sim. E isso lhe entusiasma?

— Não posso dizer que não entusiasme. Inclusive, é exatamente
o que tenho feito extraoficialmente nesses últimos tempos em

que ando escrevendo a minha biografia. Esta seria uma recompensa justa pelo que o Senhor já nos fez passar.

Foi quando ocorreu, naquele templo sem colunas ou relógios, um evento mais que misterioso. Antes amargo, Deus sorriu. Apareceram na sala, aqui e ali, e também perto de um enorme pombo que tinha estacionado numa nuvem próxima, cinco mulheres nuas. Que sorriam para o filósofo, numa chuva de emoções meteóricas. Suas cinco esposas. O filósofo sorriu para Eliana, Leila, Nazareth, Lenita e, bem pertinho, tocou no rosto de Pink Priscilla. Eram todas lindas — ele tinha de admitir. Naquela reunião estava a remissão de todas as saudades e a justificação de todos os pecados do mundo. A razão de ser do próprio pensamento! O filósofo transbordou de emoção e não se conteve. Jogou-se em cima de Deus, em agradecimento desajeitado. Mas foi ao chão, pois Deus, que tinha asas nos pés, já tinha montado no pombo branco e se afastava dali em câmera lenta, ou melhor, numa velocidade superior à da luz.

Então o filósofo, também chamado Domênico, isto é, Mingão, isto é, Dimanche d'Olivier, isto é, Rodrigo, Felipe, Vieira, Cabral, Brandão, também chamado O Príncipe ou O Poeta, isto é, Domingos José Soares de Oliveira, isto é, Domingos Oliveira, isto é, eu, olhou ao mesmo tempo para todos os amores da sua vida e desejou ao mesmo tempo cada um daqueles corpos, sem, porém, esquecer a peculiaridade de cada um. Uniram-se. Todos os seis atingiram o orgasmo ao mesmo tempo. O som de um prelúdio de Bach, que ainda não fora composto, jorrou altíssimo na eternidade, e Domingos compreendeu que todos os amores são um só, de acordo com o que intuíra desde menino. Todas as paixões do mundo eram uma só.

Perdeu a matéria, esvaiu-se, desmanchou-se cercado daqueles olhos inesquecíveis, num prazer que não sabia se era a vida ou a morte.

FIM FINAL

AGRADECIMENTOS, OU O LIVRO DOS OUTROS

Às pessoas que me deram a honra de viver comigo a mesma fatia de tempo.

Com as pessoas que conheci, daria para encher a Praça da Sé. Cada uma, a mais insistente, inadequada, sublime, medíocre, deslumbrante, cada uma me deu alguma coisa, amor ou conhecimento, que nenhuma outra poderia dar!

Muita gente importante na minha vida não foi mencionada no livro. Que não se achem sem importância, e que não fiquem chateadas.

Resolvi chamar esses agradecimentos também de "O Livro dos Outros". O mundo é os outros. A vida é os outros. Sem os outros não sou.

Em ordem aleatória, como a vida é:

Aderbal Freire-Filho, Afonso Tostes, Alexandre Vaz, Amir Haddad, Eva Doris, Walmor Chagas, Oduvaldo Viana Filho, Orã Figueiredo, Ivan Albuquerque, Ubiratan Correia, Walter Marins, Ana Kutner, Alcione Araújo, Ana Maria Assis Ribeiro, André Pessanha, Gilda Sobral Pinto, André Mattos, Guilherme Fiuza, Tereza Gonzalez, Andreia Alencar, Carmem Mello, Cacá Diegues, Antonio Gilberto, Malu Mader, Claudia Abreu, Paloma Riani, Bosco Brasil, Marcelo

Mendes, Walter Avancini, Luis Carlos Avelar, Alberto Salvá, Juliana Piquet, Tereza Trautman, Marcelo Pedrazzi, Luiz Beneto, Bernardo Jablonsky, Ricardo Kosovski, Cacá Mourthé, Damião, Maria Clara Machado, Breno Silveira, Biza Viana, Andrucha, Rose Marie Muraro, Deborah Colker, Tony Platão, Camila Amado, José Bechara, Newton Cannito, Dani Barros, Carlos Vereza, Marieta Severo, Tônia Carrero, Clarisse Derziè, Clarice Niskier, Dedina Bernardelli, Claudio Cavalcanti e Maria Lucia, Nico Nicolaievski e Marcia do Canto, Tina Saphira, Natara Ney, Adriana Rattes, Millôr Fernandes, Bianca de Fillipo, Pedro Cardoso, Cristina Bettencourt, Cristina Ache, Denise Bandeira, Debora Duarte, Dib Lutfi, Duaia Assumpção, Angeli, Gisele e Lu Fróes, especialmente Eduardo Wotzik e Michele Fontaine, Vanessa Gerbelli, Vanessa Cardoso, Fernando Philbert, Fernando Gomes, Fernando Mello, Ronald Teixeira, Alberto Goldin e Elza, Graça Salgado, Helena Severo, Heloisa Vinade, Guilherme Rozenbaum, Paulo Betti, Heitor Ramos, Maria Gladys, José Jofily, Ingrid Guimarães, Carol Machado, Patricia Perrone, Sophie Charlote, Joana Ribeiro, Maria Ribeiro e Caio Blat, Joana Fomm, José Dias, Kika Lopes, Luis Alfredo Lamy, Denilson Albuquerque, Renata Paschoal, Luis Alberto Py, Maurício Godoy, Lucia Braga, Luiz Eduardo Soares, Luiz Leitão, Eva Mariani, Luiz Carlos Maciel, Maitê Proença, Marcia Zanelatto, Tatiana Muniz, Glauce Guima, Bel Nessimian, Tracy Segal, Marcos Flaksman, Margot Bittencourt, Paulo Oliveira, Celia Fernandes, Maria Paula, Matheus Souza, Moises Bittencourt, Nelson Pereira dos Santos, Luiz Paulo Nenem, Osvaldo Montenegro, Jorge Furtado, Person, Pitty Webo, Roberto Baker, Roberto Berliner, Roberto Nogueira Sábato Magaldi, Sara Antunes, Silvio e Ari Band, Stefan, Tiago Santiago, Zé Roberto Oliveira, Raimundo Oliveira, Bia Oliveira e família, João Ubaldo, Vladimir Pinheiro, Domenico Lancelotti, e uma lista pelo menos do tamanho desta de pessoas que de novo esqueci.

A noção desse povo inteiro, dessas sete quedas de afeições eternas, é o sentimento final que este livro me traz.

SOBRE O AUTOR

Em mais de sessenta anos de profissão, seu nome é diretamente vinculado — como autor, diretor, ator, produtor — a mais de 130 títulos encenados.

Já escreveu 23 peças, dirigiu 59, publicou dois livros, lançou seis traduções, dirigiu dezesseis longas-metragens, desde *Todas as mulheres do mundo* (1967), comédia considerada a melhor jamais feita no cinema brasileiro e sucesso espetacular de bilheteria, até a comovente crônica de sua infância, que devassa a intimidade da moral burguesa: *Infância* (2014).

Tem um estilo próprio definido e reconhecível que não dispensa nunca o humor nem a visão filosófica.

É um autor sério, que faz um enorme esforço para parecer que não é.

Talvez seja o único artista brasileiro com obra relevante nas três áreas: Teatro, Cinema e Televisão. No entanto, afirma que, embora exerça tantas funções, é basicamente um autor.

Nesse momento, Domingos dedica-se a escrever um romance, *Primeiro dia da morte de um homem*. Como em todos os trabalhos que faz, afirma ser o melhor da sua vida. Escreveu *Vida minha* aos 78 anos.

Este livro foi composto na tipologia Berling
LT Std, em corpo 11/16, e impresso em
off-white no Sistema Cameron da Divisão
Gráfica da Distribuidora Record.